suhrkamp taschenbuch 1073

*Reinhold Schneider, geb. 1903 in Baden-Baden, gest. 1958 in Freiburg/Breisgau, lebte zunächst als kaufmännischer Übersetzer in Dresden. Unter dem Eindruck des spanischen Existenz-Philosophen Miguel de Unamuno unternahm er zwei längere Reisen nach Portugal und Spanien, wo er seine ersten frühen Hauptwerke als historiographischer Schriftsteller konzipierte (Camões. Philipp II.).* 1933-1937 arbeitete er als freier Schriftsteller in Potsdam und ab 1938 in Freiburg/Brsg. Gegen Ende des Krieges wurde Schneider, der den Nationalsozialismus aus einer in schwerer Zeit errungenen christlich-humanistischen Position verwarf, wegen Hochverrats angeklagt. 1956 wurde ihm der Friedenspreis des Deutschen Buchhandels verliehen.

*Werke:* Mehr als 120 Buchveröffentlichungen, darunter *Das Inselreich,* 1936; *Las Casas vor Karl V.,* 1938; *Das Gottesreich in der Zeit,* 1943; *Die neuen Türme. Sonette,* 1946; *Innozenz und Franziskus,* 1953; *Verhüllter Tag,* 1954; *Winter in Wien,* 1958; *Pfeiler im Strom,* 1958.

»Vielleicht wird man nicht wegen der Landschaft nach Portugal reisen, vielleicht auch nicht wegen der Architektur – so einzig sie in ihren großen Werken ist –; was an diesem Lande bezaubert, ist seine Seele, was hier erschüttert, ist die rücksichtslose, gewaltige Linie seines Schicksals.« In diese Eingangsworte seines »Reisetagebuches« *Portugal* hat Reinhold Schneider die Schwermut einfließen lassen, die sein ganzes Leben überschattet hat. Aus einer Seelenverwandtschaft heraus, aus einem Gefühl der Vergeblichkeit allen Tuns hat er 1928 den Weg bis an den äußersten Rand des gefährdeten Kontinents angetreten und dort im Erlauschen dieser unstillbaren Sehnsucht, der stets rückwärts gewandten Saudade, das Wort gefunden, das dieser in die Geschichtslosigkeit fallenden Welt noch einmal zu Gestalt verhilft. Stets von neuem diesen Grundton abwandelnd, sucht er das Geheimnis des Landes und seiner Seele aufzuspüren, aus seiner Geschichte ebenso wie aus seinem Alltag, den er lange Monate aus dem »Blauen Haus in Cascais« beobachtete. Und in Belém, vor dem dreifachen Grab in einer Seitenkapelle, dem Grab des Träumerkönigs Sebastian, dem des Weltenentdeckers Vasco da Gama und dem des Dichters der »Lusiaden«, Camões, hat er in einem schöpferischen Augenblick den Plan zu seinem ersten Buch *Camões oder Untergang und Vollendung der portugiesischen Macht* erschaut.

Nach mehr als 50 Jahren erscheint das »Reisetagebuch« erneut in seiner ursprünglichen Gestalt, erweitert um die Studien aus den Jahren 1956/57 und den Vortrag von 1957 »Europa und die Seele Portugals«.

# Reinhold Schneider
# Portugal

Mit einem Nachwort
von Peter Berglar

Suhrkamp

Umschlagfoto: Lissabon
K. Kerth – ZEFA

suhrkamp taschenbuch 1073
Erste Auflage 1984

Quellennachweis am Schluß des Bandes
Suhrkamp Taschenbuch Verlag

Satz: IBV Lichtsatz KG, Berlin
Druck: Nomos Verlagsgesellschaft, Baden-Baden
Printed in Germany
Umschlag nach Entwürfen von
Willy Fleckhaus und Rolf Staudt

2 3 4 5 6 – 89 88 87 86 85

*Inhalt*

# Portugal
# Ein Reisetagebuch

## *Das Einmalige*

Vielleicht wird man nicht wegen der Landschaft nach Portugal reisen, vielleicht auch nicht wegen der Architektur – so einzig sie in ihren großen Werken ist –; was an diesem Lande bezaubert, ist seine Seele, was hier erschüttert, ist die rücksichtslose, gewaltige Linie seines Schicksals. Von ihnen strahlt es auf die schroffen Gebirge und verhangenen Täler, auf die leeren Felder, die verwilderten Gärten und die festlichen Palmenalleen am Meere zurück, auf das Meer selbst, das Schöpfer und Vernichter ist; sie umspielen jeden Stein, der gefügt ist, und alle die Trümmer, die sich lösten. Hier fesselt der Mensch und sein eigentümliches Los am Rande des Erdteils, am Anfang des Meeres, und weil er immerfort spürbar ist in jedem Stein, den er einmal brauchte, auf jedem Stück Erde, darauf er ging, wird endlich der ganze schmale Küstenstreifen zu einem Erlebnis, das sich nicht wiederholen kann.

Es handelt sich nicht darum, ein Erlebnis zu konstruieren aus Geschichtswerken, etwas Antiquarisches mühevoll in eine gleichzeitig leere und übersättigte Gegenwart zu tragen; wer einmal vor der kleinen Kapelle Nossa Senhora do Monte über Lissabon stand oder unter der ganzen Fülle des Lichts durch die schimmernden, ewig unfertigen Straßen ging, der weiß, daß das Unglück dieser Stadt noch seltsam nah ist und geheimnisvoll im blauesten Himmel blitzt, daß das Weltreich gleichsam über Nacht verlorenging – in der letzten vergangenen Nacht –, der hört die Höhen jenseits des Tejo noch widerhallen von einem ungeheuren Sturz. Das Schicksal ist unmittelbarste Gegenwart und kommt nah mit der Luft, die man atmet; das Unbegreifliche an diesem Spiel mit Erdteilen wird selbstverständlich auf dem Boden, wo es begann, im Rhythmus dieses uneuropäischen Lebens, der so fremd ist, daß unser Ohr erst lernen muß, auf ihn zu achten.

Oder es steht ein Mann in grüner, rotgesäumter Wollmütze auf einem Eselskarren und ruft, um eine Ecke biegend, den seltsamen Ruf arbuuh, in dessen armem Laut etwas ganz Unaussprechliches schwingt. Eigentlich genügte diese grundlose Schwermut schon als Erklärung für das ruinenhafte Bild der Hauptstadt und den Zusammenbruch, den die Geschichte doch nur registriert. Könnte man ihn ausschöpfen, diesen Schmerz verdorrender Palmen, verbrannter Äcker, diese Ergebenheit, die sich im Leiden genügt und sich endlich des Leidens erfreut, diese alte Weisheit von der Vergeblichkeit der Tat! Forscht man dann dem Leben dieser Menschen nach, und hat man das Glück, dieses Leben zu teilen, so weiß man bald, wie nahe die Gefahren sind, die Macht und Glanz zerstören, und daß sie auch heute wirksam sein müßten, wenn Macht und Glanz noch zu verlieren wären. Noch immer ist die Wirklichkeit ganz im Innern: Herz, Verlangen, Phantasie erschaffen sie rücksichtslos, ewig wechselnd.

Vielleicht ist das Erlebnis Portugals nur in Musik zu gestalten; denn es ist hier alles Melodie, Zwischenton, feinste und zugleich entscheidende Nuance. Das Wort abstrahiert, der Gedanke tötet, weil man nirgends dem Gedanken und der Leidenschaft zu denken ferner steht als im Lande der »Saudade«, des alles überschwemmenden und in sich selber schwelgenden Gefühls. Wie fern ist die Erlösung durch den Geist, wie unmöglich die Bewältigung des Lebens durch das Gehirn!

Der problematische Begriff Europa wird hier völlig zur Utopie. Wie sollten auch die zackigen Umrisse unseres Erdteils zu einem Bilde sich fügen, wenn schon die scheinbare Geschlossenheit der Pyrenäenhalbinsel zerteilt wird durch den ungeheuren Spalt zwischen ihren beiden Nationen? Nein, die vielberufene »iberische Einheit« kann nicht bestehen: sie will zwei Charaktere verschiedenster Art, zwei sich entgegengerichtete Tendenzen verbinden. So willkürlich die Erscheinung Portugals ist: diese Abtrennung eines Küstenstreifens aus dem Körper eines von Meer und Gebirge eindeutig umgrenzten Landes, so begründet ist seine Existenz. Man kann Spanien von Norden nach Süden, von Osten nach Westen durchreisen, und man wird nichts gewonnen haben zum Verständnis des portugiesischen Charakters; man kann jahrelang in Portugal leben, und man wird nicht wissen, was Spanien ist. Eine kurze Charakteristik wäre zu allgemein, als daß sie umschreiben könnte, was sich so leicht erfühlen läßt: es genügt, einmal die Grenze zwischen beiden Ländern zu überschreiten und mit der Verschiedenheit der Sprachen den Wechsel des Tempos zu erleben. Es ist kaum begreiflich, daß die Schriftbilder sich so nah, die Lautbilder so entfernt sind, daß zwei Völker in diesem Maße auseinanderleben. Im Spanischen ist alles klar, hart, streng; kein Apostroph, keine Verkürzung, trotz des treibenden Temperamentes; es sind unerbittlich geformte Linien unter einem grausam klaren Himmel; Satz und Wort sind vom Geist geläutert zu Kristall, geschaffen zur Dialektik, zur Antithese, zur leidenschaftlichen Diskussion der Dramatiker; denn ihre Geistigkeit ist Leidenschaft im höchsten Sinn. Im Portugiesischen ist alles Vermählung, Verfließen, Aufhebung der Grenzen zwischen den Worten, der Scheidung zwischen den Vokalen, zugunsten eines unendlichen Gesangs. Hier wird die Leidenschaft nicht mehr gebändigt vom Geist: die Sprache ist ihr willenlos ausgeliefert, und sie formt sie überstürzend, verkürzend, vermischend um, aber doch nur, um am Ende ihrer Jagd ruhend zu verströmen und sich hinzugeben an das nachhallende Vibrieren ihres Sturms. Dann tönt das Echo ihres Kampfes zurück von den Bergen, und die Seele schwingt im Genuß ihrer selbst und aller verschleierter Tiefen ihrer Verlassenheit.

Es gibt vielleicht keine bunteren Straßen in Europa als in der Alfama und der Mouraria von Lissabon; es gibt vielleicht keine seelische Eigenart, die in solchem Maße fremd ist und den Reiz des Fremden hat, als die portugiesische. Und läßt nicht allein die allen sichtbare Hieroglyphe des Schicksals den Schluß vom außergewöhnlichen Erlebnis auf seinen außergewöhnlichen Träger zu? Gerade aber um des Fremden willen lohnt die Reise; etwas noch nie Empfundenes aufzunehmen und sich zu eigen zu machen, bedeutet die größte Erweiterung des Lebenskreises, der weiter und weiter sich ausbreitend uns immer tiefer verwachsen läßt mit der Welt der Erscheinung und ihrem geheimnisvollen Grund.

# *Porto*

Den ersten portugiesischen Gruß rufen ein paar Frauen, die in einem Kohlenkahn am Schiff vorüberschaukeln; sie tragen große Männerhüte, auf ihren Gesichtern mischen sich Schweiß und Kohlenstaub. Langhin an der Uferstraße, wo verlassene Fabriken wie Ruinen des Mittelalters die Trümmer der noch stehenden Umfassungsmauern langsam ausschütten auf Agaven und verbranntes Gestrüpp, eilt eine Reihe solcher Weiber mit nackten Füßen, hochgefüllte Körbe auf den Köpfen, einem Kahne zu. Ein Mann, der auf dem Rande des Kahnes sitzt, gibt ihnen mit lässiger Handbewegung an, wo sie ihre Last ausleeren sollen. Überall Ruinen: unter herrlichen Palmen zerfällt auf der Höhe ein Palast, lange Risse fingern über seine Wände, der Verputz bläht sich auf und stürzt ab. Unten sind die Ruinen noch bewohnt; wenn auch das oberste Stockwerk der schmalen, zusammengedrängten Häuser längst eingestürzt ist, und der Schutthaufen bereits in das nächste hereinbrach, so ist doch noch das folgende und der vor ihm klebende, schiefe Balkon, der mehr von eingestemmten Stützen als von den Wänden getragen wird, Heimstätte für unzählige Menschen und Tiere. Die eine Hälfte des Balkons dient als Hühnerstall, an seinen Gittern und dahinter an der Wand hängen Vogelkäfige zwischen Topfpflanzen, Katzen hocken außen auf dem Sims. In den Türöffnungen und davor lehnen Männer, die nur mit Hose und Hemd bekleidet sind, streiten sich die Kinder, halten Frauen die Kleinsten in den Armen. Daneben scheuert eine Frau wie eine Besessene die morschen Bohlen eines Balkons und singt eine eintönig-traurige Melodie dazu, die sich unablässig wiederholt. Noch bunter als die Häuser selbst flattert die Wäsche zwischen ihnen an weitgespannten Schnüren, zerfetzt, geflickt, gleichgültig sich selbst überlassen, wie die ganze Stadt, die dahinter ansteigt, und schillernd wie sie in einem verwirrenden Farbenspiel.

Denn nur notdürftig sind die beiden Teile, in die der Douro Porto zerrissen hat, zusammengeflickt durch die schmale Eisenbrücke wie mit einer rostigen Spange – welch ein Blick in den portugiesischen Abgrund für die Tatlosen, die sich über das Geländer lehnen! – und völlig voneinander getrennt heben sich einzelne große Gebäude aus dem Häuserschutt. Es ist das immer wiederkehrende Bild der portugiesischen Stadt, der die Linie fehlt, die ihre Ungleichheiten verbindet. Fast immer auf Bergen stehend oder gleichsam über Berge herunterstürzend, scheinen alle Städte des Landes in einem Zustand der Auflösung, dem sich nur noch einzelne große Blöcke widersetzen.

Eine sonderbare Dreieinigkeit verlockt am Aufgang zur Stadt: in der Mitte die Börse, links das alte Beinhaus, rechts die Kirche, alle drei in einem Komplex. In der Mitte das Geld, links der Tod, rechts die Ewigkeit, unlösbar verknüpft; mit diesen drei Häusern hat jedes Leben genug. Was für ein kurzer Weg, vom Tod zur Ewigkeit, von der Ewigkeit zum Tod, vom Gelde zu beiden! In der Mitte auf dem freien Platze steht zaudernd der Mensch.

Das Innere der Kirche blendet durch eine unerhörte Verschwendung an Gold. Wände und Dach sind ausgekleidet von übergoldeten Holzornamenten, die in den bizarresten, üppigsten Formen Altäre und Heiligenbilder umwuchern und den ganzen Raum mit jenem alten Goldglanz erfüllen, der einmal nicht sehr selten gewesen sein soll in Portugal. Mit Erstaunen erinnert man sich daran, daß man von außen den Eindruck eines gotischen Bauwerks hatte; hier im Innern ist diese Strenge ganz überwunden von dem schweren, schwülen Pomp eines übersättigten Barocks. Wie merkwürdig, daß man immer die gleichen Gebete sprach, im gotischen Dämmerlicht, im barocken Prunk; wie wandelbar ist der Sinn der Worte, daß sie allen Zeiten dienen; wie wandelbar die Religion, die in beharrender Form ewig eine andere ist! Dasselbe Gebet vom gotischen Mönch, vom barocken Jesuiten gesprochen, galt es wirklich demselben Gott?

Nun ist die Börse das einzige der drei Gebäude, das noch der Gegenwart gehört; sie genügt für das Porto von heute und birgt vielleicht in sich die Dreiheit, die man früher noch trennte: Geld, Tod und Ewigkeit. Denn die Türe des Beinhauses ist zu; wer weiß, wozu es verwendet wird, in der Kirche wird keine Messe mehr gelesen. Hier ist der Boden aufgerissen und mit Brettern, Leitern und zertrümmerten Steinen bedeckt; zwei Männer haben die alten Grabsteine entfernt und legen neue Platten ein. So sind alle großen Bauwerke in Portugal seit der Revolution (1910) oder seit noch früherer Zeit in »Restauration« begriffen; damals ergriff man mit Feuer die Tradition und die Pflicht, sie glorreich fortzusetzen, mit jenem Feuer der Redner und Phantasten, das so schnell verraucht. – Am Ausgang liegt mit zerspaltenem Haupt und unkenntlichem Gesicht ein Ritter auf seinem Sarkophag.

Man empfindet es rasch, daß in dieser Hafenbevölkerung kein Haß gegen den Fremden und auch nicht der Klassenhaß besteht, an den wir gewöhnt sind. Ohne Bedenken kann man sich in die winkligsten Straßen der Altstadt wagen. Eine davon heißt die »Rua Escura«, die finstere Straße; hier liegen die Fenster und Läden in einem ewigen Dämmer, das sich nach unten fast bis zur Nacht vertieft. Fern an einer Kreuzung ziehen die Ochsenkarren durch den Lichtkreis, begleitet von einem Bauern mit langem hölzernem Speer. In den wundervoll geschnitzten Jochen bildet noch frei und selbstherrlich die Phantasie; die Räder sind noch Scheiben, wie in ältester Zeit. So winden sich die Karren Berge hinauf und hinab; jeder Schritt der Tiere, jede Drehung der Räder ist gemessen, gesetzmäßig, als erfolge sie nach einem alten heiligen Ritus, und nur selten tönt ein langgezogener Ruf über sie hin. An die Mauern gelehnt, oder auch direkt auf den steil ansteigenden Steinen, schlafen einige Männer vor den Eingängen unkenntlicher Höhlen in dieser »finsteren Straße«, die auch am Mittag dunkel ist wie ein Grab.

Die schwere, fast bleigraue Kathedrale steigt auf in orientalisch-romanischem Stil, überwachsen von Ornamenten neuerer Zeit. Der tote Pomp des Inneren, das wie überall der Überheblichkeit des siebzehnten und achtzehnten Jahrhunderts zum Opfer fiel, ist vorübergerauscht; ich will gehen, da weist mich der Führer an einen »anderen Beamten«, outro empleado, der vor einem verhüllten Altar steht, eine Schnur in den Händen. Der Purpurvorhang fliegt zurück, und die Augen, die noch getrübt sind vom Dunkel der Straßen und des Elends, senken sich geblendet vom Übermaß seiner silbernen Pracht, die wie ein einziger Schild mit getriebenen Figuren und Symbolen von der Erde bis zur Decke funkelt und blitzt. Dahinter spielt eine Drehorgel eine traurig-fröhliche Melodie; in einer Nische steht ein zerlumptes Mädchen und erhascht einen Blick von diesem Glanz, der sich sofort wieder verschließt.

An die Kathedrale schließt sich ein Kloster an. Ein gotischer Kreuzgang umfaßt einen Hof, dessen Boden aus Grabplatten besteht, die sich hügelartig wölben. Auf der Höhe steht ein Kreuz aus Granit mit übermäßig langem Querbalken und einem Totenschädel am Fuß. Hier ging das Leben seinen ewigen Kreis um den Tod. Die Mönche traten aus den Zellen, gingen in die Kirche, schritten unter den Bogen, den Tod immer in der Mitte und über allem das Kreuz. Das Leben war geordnet und sicher, das Ende so nah wie die Ewigkeit. Auch von hier vertrieb man die Religion: Kirche, Kloster und Kreuzgang sind leer, es ist nichts geblieben als die Toten und der Tod, der den ganzen Bau überwältigt. An nichts wird die Gewalt des Todes deutlicher als an den Versuchen, ihr zu widerstreben und mit Mörtel, Balken und Gerüsten die Formen zu retten, aus denen längst die Woge des Lebens schlug.

Das Kloster stammt aus der Zeit, da Portugal noch im Frühdämmer seines großen Tages lebte und die Mission noch nicht kannte, der es geopfert werden mußte. Denn Porto ist die alte Hauptstadt der Grafschaft Portugal, die Ende des elften Jahrhunderts der König von León einem burgundischen Grafen als Dank für seine Waffendienste im Maurenkrieg verlieh. Hier entstand, nach des Camões selbstbewußtem Wort, der »ewige Name Portugal« aus dem römischen Portus Cale, einer alten Siedlung an der Douro-Mündung. Auch über diese Hügel schlugen jene Völkerwellen, die in ihrer Gesamtheit die Seele der Halbinsel erweckten, ohne daß man wüßte, welche das Entscheidende tat: das Rätsel der afrikanischen Urbevölkerung im Anfang, die Kelten, die Römer, die Westgoten und Sueven, die Mauren und endlich die Wiedereroberer aus dem spanischen Norden. In Portugal, wo man den nationalen Ursprung gern möglichst weit zurückführen möchte, setzt man an den Anfang die »Lusitaner« aus jenem Bedürfnis nach langer Ahnenreihe und [reiner] Rasse, das fast alle Völker verführt. Vielleicht ist in der Tat die so auffallend ausgeprägte nationale Eigenart, die eigentliche »alma portuguesa«, mit einem Überwiegen des keltischen Elementes in Verbindung zu bringen, das hier an der äußersten Grenze und dem notwendigen Ende seiner Flucht aus Europa, sich erhalten mußte.

Was sofort deutlich wird, ist das Zerbrochensein, die Unmöglichkeit, den erlittenen Sturz von der Höhe der Weltmacht zu überwinden. Im Rittertum, das die dauerhaftesten Denkmäler schuf, lebte die größte innere Kraft; im Krieg mit den Mauren und Spaniern entstand und erhielt sich der Staat. In dieser Zeit verdichtete sich der Wille, der endlich an die Tore der Meere schlug, sie aufbrach und, aus der Enge des kleinen Landes plötzlich in das Ungemessene versetzt, sich haltlos verströmte. Nichts ist natürlicher, als dieser Vorgang, und doch ist die Tragik aller Völker und Menschen darin beschlossen, die wachsen und steigen als Werkzeuge, und als Werkzeuge wieder vernichtet werden. Wer aber kann antworten auf die ewig gültige Frage und den Vorwurf der Vernichteten?

Wie Portugal den Nachhall alten Ruhmes und ein phantastisches Scheinkönigtum sich gerettet hat, so ist Porto eine heimliche Hauptstadt, die ihre Rechte noch nicht ganz an Lissabon abgetreten hat. Zwischen den beiden Städten besteht ein ähnliches Verhältnis wie zwischen Barcelona und Madrid; Porto ruft der Hauptstadt das ewige Nein entgegen; es ist das Zentrum des Widerspruchs, von dem oft die Erneuerung, oft auch der Umsturz ausgegangen ist, weil es ewig der »anderen« Partei gehört.

Ich denke an den strahlenden Stolz auf seine Nationalität, mit dem ein portugiesischer Offizier zu mir sprach, und empfinde draußen vor der Kathedrale, im Angesicht der zerbrochenen Stadt, eine etwas nachdenkliche Bitterkeit, während mich ein Rudel verelendeter Kinder umdrängt. Ob unter diesem Haufen von bittender Unterwürfigkeit doch ein Enkel der großen Seefahrer sein mag? Einer von jenen, deren Hand zu hochmütig war, um zu greifen, die das Gold nur sammeln ließen aus indischen Tempeln und maurischen Palästen, die nicht mehr töteten und raubten, sondern an dem höheren Genusse sich sättigten, töten und rauben zu sehen auf ihren Befehl.

Aus dem Portal des ehemaligen bischöflichen Palastes, den der Zerfall umspinnt, tritt ein Mann in guter Haltung auf mich zu. Er jagt die Kinder weg, verbeugt sich und gibt mir die Hand, entschuldigend, aber mit Würde. Etwas von dem Anstand der großen Helden, von der Sicherheit alten Herrentums ist in seiner Geste. Er ist der bewußte Vertreter einer großen Nation.

An der Praça da Liberdade, wo an alten Baugerüsten vorüber, die so lange schon stehen mögen, wie manches Haus, Wagen und Menschen treiben, sich kreuzen, vereinigen in einem Tempo, das man in Lissabon nicht erlebt, komme ich in einer Buchhandlung ins Gespräch mit einem Verkäufer. Ich erwähne Camões, und in seine Augen kommt ein Leuchten, das vielleicht kein anderer Name zu erwecken imstande ist. Er nennt ihn den einzigen, den größten Dichter der Welt, und ich stimme ihm gerne zu. Der junge Mann, ein im Leiden erfahrener Patriot, fühlt wie sein Volk die Notwendigkeit einer Rechtfertigung durch das Ewige in dieser entfesselten Vergänglichkeit.

Der Abend sinkt über das breite Flußtal, hinter der Kathedrale glimmt eine gelbe Wand. Hunderte von Männern, die oft nur noch von Fetzen umhüllt sind, liegen auf den Steinen, auf Säcken und den Schwellen der Schuppen. Von einem Segler wird noch Stockfisch abgeladen und in Körben in die Stadt geschafft. Es sind flache, breite Platten, die in den Körben geschichtet sind, wie getrocknetes Holz, und von den Armen roh und trocken gegessen werden. Gebückt, mit einer Ergebung ohnegleichen, einer Demut, die sich nicht empören kann, folgt ein Mann den Trägern und liest die heruntergefallenen Stücke sorgfältig aus dem Straßenschmutz auf. Oben, am Ende der Straße, gibt er sie den Trägern zurück. Ein Angler sitzt am Fluß und hält mit unendlicher Geduld seine Rute in die trübe Flut, die Resignation von Jahrhunderten im Gesicht, und dahinter auf der Treppe hockt ein anderer mit schwarzem Vollbart. Er hat das Gesicht in die Hände vergraben, er weint nicht, er scheint eingeschlafen zu sein in gänzlicher Verzweiflung. O Portugal, Portugal –

Meine Ankunft war etwas aufsehenerregend. Ich drängte mich durch die staunenden Weinbauern und Ochsentreiber, erreichte ein Auto und bat den Chauffeur, mich zu einem Hotel zu fahren. Nach zwei Minuten stand ich vor einer hohen, beängstigend steilen Treppe, drei oder vier Weiber mit wirrem Haar und nackten Füßen stürzten herab und bemühten sich um mein Gepäck. Aber das Zimmer, das ich über eine zweite, noch steilere Treppe erreichte, war ruhig, sauber und hell. Ein Balkon lief der ganzen Front des Hauses entlang und verband auf eine vertrauensvolle und arglose Art die Zimmer des Stockwerks.

Draußen zogen die Berge, steil sich türmend, in langen Linien fallend, und unter ihnen der Strom. Die Kämme, auch die Hänge, waren schon kahl; auf der Fahrt, die von Porto ostwärts zur spanischen Grenze verlief, hatte die Erde ihren üppigsten Reichtum schon verschenkt; dort reiften und glänzten Äpfel im gebogenen Geäst; Maisfelder füllten die Täler; die blauen Winden umkränzten den Palmbaum. Dahinter stand, über die Freude am Schatten der Gärten und an der gehäuften Frucht hinweg, zum Großen leitend und das Große fordernd, das Gebirge, wie es der Strom im Kampf um die Mündung zerteilt, besiegt und geformt hatte.

Regua, Mittelpunkt des Weinbaus am Douro, Hauptstadt des Portweinlandes. Wie fremd! Wie fremd! Wenn ich durch die gebuckelten Straßen ging, die der Weinduft füllte, vermischt mit Stockfischgeruch, so riefen die an den Türen Stehenden in die Häuser zurück. Dann erschienen sie alle auf dem Balkon oder im Fensterrahmen, die Frauen mit den Säuglingen an der Brust, die verschlafenen Männer, die Kinder mit den nackten runden Bäuchen. – Aber reisten wir wohl, wenn wir nicht die Hoffnung hätten, an einem ganz fremden Ort uns selbst zu begegnen? In Lyon, in St. Jean, als vom Pavillon der astronomischen Zauberuhr der Hahn seinen Schrei tat, und Gott und die Drehung der Sphären, der ganze Kreislauf des Alls bis zu dem armen Tag des Menschen, der wieder den Zeiger rücken sieht, sich offenbarten im Glockenschlage der Vergänglichkeit; auf der Guadarrama, wo im Juli noch Schnee auf den zerstörten Gipfeln liegt: nicht schmelzender Schnee unter glühender Sonne, Eis der Verzweiflung im südlichen Tag; in Marokko, wo die Trommel des Schlangenbeschwörers monoton und dämonisch summt: dort sah ich mich, eine Möglichkeit, eine Wahrheit, die das Dasein bestimmt.

Es ist schön, fremd zu sein, mit allen Städten vertraut, nirgends daheim zu sein. Im Grunde – wer, der viel reist, gibt es nicht zu – sind wir in der Fremde nicht, aber auch in der Heimat nicht ganz zu Hause. Das Endziel alles Reisens wäre vielleicht dieses Gefühl, das die Welt entschwert: ich kenne alles, ich lebte überall, aber ich kann nirgends bleiben. Die Welt gehört mir, aber ich gehöre nicht ganz hinein. Warum sonst hätten wir Deutsche die riesigen Systeme unserer Metaphysik errichtet, diese Festungen der Zuflucht, rücksichtsloser Dauer, unbegrenzter Eroberung, als weil wir uns nirgends zu Hause fühlen? Die Wandernden und Umhergetriebenen sind die Metaphysiker von Geburt.

Eine kleine Straße senkt sich zum Fluß, der hier breit und flach geworden ist und die grünen Fächer seiner Flut über die runden Steine legt. Vor einem Haus, in dessen Tür ein Büschel vertrockneter Zweige hängt, hocken die Armen und Elenden im Kreis. Aus ihrer Mitte tönt die Stimme eines rotleuchtenden Instrumentes, das halb Dudelsack, halb Flöte ist. – Was für eine sonderbare Stimme zwischen den Bergen, am Strom! »Bleibe einen Augenblick stehen und höre mir zu! Ich singe nur jetzt, und auch du wirst niemals wieder derselbe sein, der hier, zwischen verfallenden Häusern, am Rand eines weltfernen Ortes steht und lauscht. – Kamst du meinetwegen oder warum sonst? Ich sang schon früher; ich werde wieder singen; aber jetzt, in diesem Augenblick, singe ich für dich. Ob ich immer bin; ich bin nur einmal, nur jetzt. Hast du die schon angesehen, die mit dir auf mich hören? Sie haben denselben Tag wie du; du willst nicht in ihren Kreis, aber ihr alle habt einen Tag. – Dein Fuß will schon nicht mehr haften; deine Hand bewegt sich; deine Augen suchen über die Berge. Die andern hören mir ruhiger zu. Noch ein paar Wochen, und die Segelboote treiben mit vollen Fässern auf dem Strom; willst du nicht warten? Wir auf der Uferstraße haben Zeit. Noch hängt die Traube am Stock, und alle Hänge und Täler tragen ihre Last. Wir warten; die Sonne arbeitet für uns. Sie vergißt keinen Hügel; sie geht durch alle Wege, jeden Tag. Wenn du warten könntest, wenn der Strom dich nicht verlockte und du ihn ziehen ließest, ohne ihm zu folgen: wie glücklich würdest du sein. – Wir haben die Körbe bereitgestellt und die Fässer gereinigt: was sollen wir vor der Ernte tun? Uns genügt ein wenig Schatten und ein wenig Wein. Frage nicht nach dem, was wir wissen. Jeder

Ton ist ein verlorener Tag, und alle Jahre, die wir versäumten, sind nicht mehr als ein kurzes Lied. Wir hören es an, und es macht uns glücklich, weil es uns so traurig macht.«

Bald höre ich auf den Straßen, durch die noch immer der Gesang vom Flusse schwebt, die heimatliche Sprache. [Wohin wären die Wandernden nicht getrieben, und wo fänden sie nicht, da sie heimatlos sind, eine scheinbare Heimat!] – Es gibt kein Restaurant in Regua. Wir gehen in einen Warenladen, wo die tausend Dinge für Küche und Haushalt nach einem schwer zu durchschauenden System in Kästen und Regalen aufgestapelt sind und von der Decke baumeln. Im Lagerraum hinter dem Laden steht ein Tisch. Eine Lampe brennt, über uns stützen schwere schwarze Balken das Haus. In der Ecke dreht der Lehrling die riesige Kaffeemühle, daß der Boden leise zittert, und der Duft in dicken Wolken steigt. Von der Erde bis zur Decke lagern Wein, Bier und Mineralwasserflaschen in ihren Gehäusen. Makkaroni und Nudeln quellen aus hochgetürmten Säcken, Reiskörner krachen unter den Sohlen, Erbsen springen über die Balken. Große Fässer warten im Dunkel wie Glocken im Dachstuhl ehe das Seil sie schwingt. Wenn der Wind hereinweht, tanzen die aufgehängten Geschirre an ihren Schnüren, und die hölzernen Löffel klappern. Wieder höre ich die Stimme des rotleuchtenden Instrumentes: ist sie wirklich? liegt sie mir im Ohr? Eine Gitarre bebt dazwischen wie eine ungewisse Hoffnung.

Aus dem Halbdunkel sehen wir sie draußen vorbeiziehen, die vielen Armen und wenigen Reichen von Regua, die alle, wie erfundene Gestalten, in diesen Kaufladen gezogen werden, den Rahmen der Notwendigkeit. Die hier ein wenig Gemüse, Mais oder die ringförmigen Brote kaufen, sind Winzer; aber dieses Mädchen, das nicht besser gekleidet ist als ein Dienstmädchen in einer größeren Stadt, ist die Tochter eines Millionärs, und bald kommt der Vater selbst im schmutzigen abgetragenen Anzug. Er hat Berge zusammengekauft; sein Gewinn wurde sagenhaft; doch noch immer unterscheidet er sich kaum von seinen Knechten.

Der Besitzer des Ladens setzt sich zu uns; er hat den Typ der Winzer: eine breite und hohe Gestalt, die keine Verwandtschaft zeigt mit den verkümmerten Erscheinungen des portugiesischen Südens. Es steht schlecht mit dem Weinhandel, und das Volk ist namenlos arm. »Unser Land ist reich, aber wir können nichts daraus gewinnen. Wir haben den schönsten Kork, doch wir müssen ihn an das Ausland verkaufen; dort wird er zu Matten und Tapeten verarbeitet, dann kaufen wir ihn wieder zurück.« – So war es schon im 16. Jahrhundert, als man die indischen Edelsteine in Frankreich fassen ließ und dann für teures Geld wieder einführte, so ist es heute: Portugal produziert Material, aber es schafft keine Werte; der Portugiese lebt vom Handel, nicht von der Fabrikation.

Aber das Volk ist zufrieden; auch die Armen sind glücklich in Regua. Ein Winzer wird meistens nur für den Morgen verpflichtet; in fünfstündiger Arbeit verdient er noch nicht sechzig Pfennig. Die Hacker, die den steinigen Boden bearbeiten, denn die Rebe wächst im Stein, verdienen in 14 Stunden kaum 8 Escudos, noch nicht zwei Mark. Morgens bekommen sie eine Sardine, mittags einen Topf Suppe und etwas Reis. Sie arbeiten streng, denn sie gehören nicht dem trägen Geschlecht der Hafenstädte an; dazu werden sie von Aufsehern überwacht. Zu Hause haben sie kein Bett; sie schlafen auf ebener Erde oder auf einem Sack, den Kopf auf einem Stein.

Dennoch sind sie froh; sie singen, sie spielen; zur Erntezeit tragen sie in langem Zuge die vollen Körbe durch den Ort, von Musikanten gefolgt. Noch einmal tönt Musik: wenn die Knechte im Kreis mit ineinandergeschlungenen Armen mit nackten Füßen die Trauben zertreten, so steht einer in ihrer Mitte und spielt. Die Beeren platzen und springen; der Saft sprüht auf und schäumt; die Schönheit der Frucht vergeht unter den stampfenden Füßen; im dumpfen Taktschlag der Zerstörung füllen sich die Fässer mit Most und Wein.

Die portugiesische Erde treibt die wunderbarsten Früchte; das Volk bebaut sie mit zähem Fleiß um den geringsten Lohn, aber Portugal selbst erntet seinen Reichtum nicht. Mitten in der Fülle, die ihnen dem Namen nach gehört, leben die Armen und trösten sich mit einem Lied, mit dem Traum, dem grundlosen Schlaf des Müden auf hartem Stein. Denn die Fässer, die sie füllten, werden nach England verschifft; doch auch die Erde, ihre Erde, ist zum Teil in englischem Besitz. – Wir wollen einen der großen Keller besuchen; da es schon spät ist, finden wir ihn verschlossen. Aber hier in Regua wirkt das Wort, daß ein Fremder da ist, noch Wunder. Ein Fremder kommt nach Portugal, endlich erinnert man sich dieses Landes, und sofort ist jeder Portugiese bereit, zu helfen, zu erklären, die Schätze der Heimat zu zeigen.

Wie Festungstürme stehen die großen Fässer im Dunkel des Gewölbes. Sie setzen mit breiten Fundamenten an und verjüngen sich nach oben. Eiserne Reifen aus Deutschland umfassen das portugiesische Kastanienholz. Wenn der Finger an sie pocht, so antworten sie hohl und verschlafen: es ist noch nicht Zeit. Bald wird ihnen die gesammelte Kraft eines Jahres, der Sonne, der Berge überliefert, und sie werden sie bezwingen. Jetzt ist es still; noch verdichtet sich die Gewalt in den Reben, aber schon sind alle Werkzeuge bereit, die furchtbare Empörung zu unterwerfen. – Ein Knecht verschließt das Tor, hinter dem die Giganten warten. Aus dem Reblaub überm Garten hängen die dunklen Früchte herab.

Der Gründer des Hauses war ein englischer Baron, der in jener romantischen Zeit, als die Damen noch Reifröcke trugen, eines Tages auf den Gedanken verfiel, selbst auf einem Weinboot den Douro hinunterzufahren. Vielleicht lockte ihn die Gefahr der Reise. Zwischen Sandbänken und Felsen, im Schatten zerklüfteter Berge, von Stromschnellen gejagt, vom Winde getrieben, sucht das Boot mit dem schwermütigen Segel seinen Weg. Wahrscheinlicher ist es jedoch, daß die Dame, die den Baron begleitete, Verlangen trug nach dieser Fahrt. Das Boot wurde gegen einen Felsen getrieben, und der Herr der Weinberge versank im Land seines Glücks. Nur die Begleiterin wurde gerettet: denn ihr weiter Rock breitete sich über das Wasser und bewahrte sie vor dem Versinken. So war das Abenteuer vollkommen: ein romantischer Tod in heroischer Landschaft, und an der Rettung in letzter Sekunde hatte die Mode noch ihren Teil.

Unser Führer will mir noch ein Etikett mitgeben, damit ich mich an den Namen der Kellerei erinnere. Doch statt dessen bringt er mir eine Flasche. Mit jener feinen und einfachen Liebenswürdigkeit, die ich portugiesisch nennen möchte, weil ich ihr Gegenstück nicht angetroffen habe, versichert er mir: er habe nur aufgeklebte Etiketten finden können. – Da ich Grund habe zu befürchten, daß ich am nächsten Morgen den Zug mit einer Kollektion aufgeklebter Etiketten werde besteigen müssen, geben wir den Besuch der anderen Keller auf.

Nun sind die Ochsenkarren von den Straßen verschwunden; vor den Kneipen schaukeln sich rote und grüne Vögel aus Stoff, die eine elektrische Birne von innen erleuchtet, und Müde und Schlafende hocken auf den Stufen der Häuser, während in den finstern Winkeln das Klimpern der Gitarren wie Grillengesang erwacht. Maria heißt die portugiesische Frau meines freundlichen deutschen Begleiters. Sie sorgt für ein kleines Haus mit dünnen Wänden aus Holz und Gips. Die Zimmerchen sind frisch tapeziert und gepflegt wie die schmalen Hände Marias. Ganz wie in Deutschland stellt sie einen Korb betauter Trauben unter die brennende Lampe, und die Äpfel baut sie schön auf grünen Blättern auf. Für einen Augenblick ist es, als wehte Herbstnebel aus einem Tannenwald über feuchte Wiesen herein.

Maria geht leise und rasch durch die Zimmer; sie mag keine Minute bleiben; denn daneben, hinter der Glastür, schlafen die Kinder. Zärtlicher kann keine Mutter über die weichen Wangen, die geschlossenen Augen streichen, die ihre Berührung nicht spüren. Maria ist fromm; sie trägt immer ein kleines Kreuz um den Hals. Nie hat sie es anders gehört, als daß die Frau dem Manne gehorchen muß, und sie ist glücklich darüber, daß es so ist.

Sie ist zart und durchsichtig wie Glas, aber sanft und schmiegsam wie eine Weinranke, die unter jedem Windhauch bebt. Ein wenig zerbrechlich ist sie, wie alle ihre portugiesischen Schwestern; dieses Volk wird ja seine Müdigkeit nie mehr ganz los. Aber darum ist sie so leise, weiß sie soviel zu sagen, ohne das Gefühl mit Worten zu verderben. Sie betritt nicht gerne das Zimmer, ohne von ihrer Freundin begleitet zu sein, noch weniger die Straße. Sie ist ja ganz noch ein Mädchen und verrät sich nie. Zuviel kann sie nicht arbeiten; darum muß das Haus so klein sein; sie wäre unglücklich, wenn man zuviel von ihr verlangte, und man muß sie vor Sorgen bewahren; denn die Frauen ihrer Art verwelken rasch. Sie sind eine Schwingung, ein zeitloser Ton; man muß schweigen und lauschen, um sie zu hören.

Später holen wir sie im Garten ab. Sie sitzt unter der breiten, dunklen Palme und wartet. Wie sollte sie nicht warten? Der kleine Springbrunnen und die Beete sind so sauber umrandet, als seien sie Marias Werk. Sie hält ein Kind auf dem Schoß und erklärt ihm, warum der Eukalyptusbaum den vergitterten Käfig trägt. »Das ist für eine Nachtigall. Weißt du, was eine Nachtigall ist? Das ist ein Vogel, der sehr schön singt.«

Aus den Häusern kommt noch immer Gesang; der Mond kühlt die erhitzten Berge mit seinem reinen Licht. Der Fluß glänzt und zieht an fruchtschweren Hügeln vorüber, die ihm nicht gehören, so wie das Volk der Armen und Glücklichen durch das Land zieht, das es nicht besitzt. Aber die Seele, die abends wartet unterm Palmbaum im umdunkelten Garten, ist so wortlos und reich wie die Besitzlosen sind.

## *Vianna do Castello*

Die Weinstöcke des Minho, die sich wie Girlanden von Baum zu Baum schlingen, führen von Porto in den Norden hinauf. Das Gebirge streitet sich mit dem Meer um das Land; endlich bleibt ihm noch eine sich sanft neigende Fläche, auf der Vianna do Castello liegt. Hier gibt es keine Ruinen und kein Stück unfruchtbarer Erde.

Wieviel Schatten geben die Reben! Sie sind wie ein Korbgeflecht in das Mauerviereck der Gärten gespannt; unter ihnen grünen die Beete, denn noch immer genügt die von Laub und Astwerk geschwächte Kraft der Sonne, um wachsen und reifen zu lassen; oder aber es ziehen breite Wege in den Schatten hinein. Vom Dach des Laubenganges hängen die Früchte herab, die sich, wie Tropfen in einer feuchten Höhle, noch nicht lösen wollen, bis endlich die gesammelte Schwere sie befreit. Einmal durchbricht eine Palme das Geschlinge; mit ihren vielen Kronen und ihrem verknoteten Stamm steigt sie wie ein Korallenstock aus dem grünen Tang der Tiefe.

Es ist kühl in den Gärten; das Wasser fließt; tief im Schatten am breiten Becken singen die Wäscherinnen. Wie sonderbar tönt das nordische Vogelgezwitscher aus dem zitternden Gefieder des Palmbaums! Intensiver noch als die gelben Blüten leuchten die reifen Melonen, die auf einem schattenlosen Fleck Erde liegen, und doch trennt nicht eine Stunde die Blüte von der Frucht. Wie die Wasserräder auf Mallorca bringt das Jahr ohne Pause seine Schätze herauf; ein Gefäß folgt dem andern; jedes ist voll, gießt sich aus und wird wieder gefüllt.

Am Hotel prangt ein Ritterwappen aus grauem Stein; wie Geschützrohre springen die Wasserspeier vor. Aber das Haus ist dennoch behaglich und hell. Lang ausgestreckt liegt es in der Sonne; die Zimmer sind verschwenderisch groß. Hier, im Speiseraum, entdeckte ich einen Gobelin, den ich als Kind in einer kleinen deutschen Stadt jahrelang vor Augen hatte; ein plumper Jagdhund scheucht eine Ente aus dem Schilfe auf. Natürlich ist er kein Kunstwerk, sondern eine Fabrikarbeit des vergangenen Jahrhunderts; aber in diesem altmodischen Raum, wo Familien leise und wohlgesittet zu Mittag essen, kommt es einem nicht in den Sinn, daß diese Dinge vergangen sind. Draußen steht der Kastanienbaum breit entfaltet im herbstlichen Himmel; schon ist er braun, bald werden die glänzenden gemaserten Kugeln auf die trockene Erde prasseln; das Reblaub glüht. Doch auch der alte Orangenbaum schaukelt noch Früchte, grüne und goldene, über den erregt gackernden Truthühnern. Um den Oleander rankt sich die Glyzinie; sie blühen zugleich. Ob auch die Sonnenblume noch immer sich dreht an der weißen Wand, als verkürzten sich die Tage nicht: Dahlie und Aster stehen auf dem Tisch; von den Bergen, die den Schein des Meeres tragen und die Brandung hören, kommt der Herbst.

Jedes Haus will echt portugiesisch sein. Wenn es nur vier Fenster hat, zwei zu ebener Erde, zwei im ersten Stock, und darüber ein spitzes, geschwungenes Dach, es kann allein in Portugal stehen. Denn diese Behaglichkeit, diese kleine Freude an Möbeln, Blumen und Vögeln, an Gardinen und blanken Azulejos, diese Melancholie der gebogenen Giebel und die ängstliche Flucht in den Schatten vor dem überhellen Licht: sie kommen nur einmal zusammen.

Aber die Bejahung der Art, der Wunsch, portugiesisch zu sein und nichts sonst, greifen viel tiefer in Vianna. Es ist ein Idyll, aber ein Idyll der Großen; in seiner Stille bebt ein heroischer Ton. An den Häusern des Adels, der hier ganze Straßen baute, bildete das nationale Schicksal in allen seinen Phasen; nur selten fand es eine so reine Gestalt. Während schon in Porto die Baukunst dem Schwelgen im Ornament erlag, mäßigte sie sich in Vianna. Strenge romanische Türme verteidigten sich gegen das Barock; ein wie ein Würfel gefügtes Haus ruht auf tiefgeschnittenen gotischen Bogen. Das Zeichen der Weltherrscher, das schon in den Stein gehauen ist, verschwieg noch seine Gefahr; im Stile des Königs Emanuel ist kein Exzeß. Ernst und prächtig, aber ohne Übermaß, verbinden sich die Linien; diese Türen sind für selbstbewußt Handelnde bestimmt; noch öffnet sich kein von Schlinggewächsen überwuchertes Tor in die grundlose Höhle des Traums.

Der graue Stein der Rahmen hebt sich streng von den grellweißen Wänden ab; an allen Häusern wechseln die beiden Farben, verbindet sich der Ernst der Form und des Willens mit dem Frieden der Gemächer. Hinter den Wohnungen des Adels schweigen die tiefen Gärten, aber vor der Stadt rauscht das Meer, warten die Schiffe. Groß ist die Linie der Berge und ihr Absturz gegen die See; und weil das Land unerschöpflich ist an Fruchtbarkeit, so fordert es um so dringender die Tat. Einmal muß ein Geschlecht hier gewohnt haben, das von diesem Zusammenhang wußte; das in der Fülle die Forderung begriff und dem Reichtum, der ihm verliehen wurde, Beherrschung und Willen gegenüberstellte.

Das Los fiel nicht hier, sondern im Süden; wie aber auch die Dinge sich wandelten, das Wappen entwertet, der Anspruch entkräftet wurde: Vianna entwürdigte sich nicht. Die alte heilige Kathedrale von Porto wurde beschmutzt und geschändet, andere Kirchen wurden geschlossen, weil sie einzustürzen drohten, Gräber und Leichen verdeckt; doch hier in Vianna ist das Vermächtnis bewahrt. Noch krönt der Globus den Brunnen, und die Flut fällt von Schale zu Schale in das runde Bassin; unbeschwert lächeln die Karyatiden der Renaissance unter den Bogen des Palastes.

Es ist, als habe sich Vianna den Katastrophen entzogen, um zu sagen, was war, eine letzte Nachricht zu bringen von dem heitern Portugal, das einstmals, in den ersten Jahren Emanuels, bestanden haben soll. Nachts, wenn Laternen von alter Form in den Winkeln, über den Bogen und vor den gezackten Türmen leuchten, ist die Stadt noch immer bereit, Szene jener großen Ereignisse zu sein, die unwiederbringlich geworden sind. Dann hallt aus Gewölben, durch verschlossene Holztüren, ein fremder Gesang; der Schauplatz ist fertig gebaut; die Fenster sind hell; aber die großen Schauspieler treten nicht mehr auf. Über den Fluß, der stillsteht wie ein See, zieht der Mond; das Land biegt sich vor und schützt die Fläche vor den Erschütterungen der Brandung; nur die Kiefern, die weit drüben in dunklem Schwarme stehen und sich regen wie Vögel im Schlaf, wissen vom Meer, den gescheiterten Schiffen und von denen, die niemals wiederkommen.

– Der Morgen ist schon verhüllt; erst gegen Mittag kämpft sich die Sonne durch. Während ein Glöckchen kaum hörbar bimmelt, bewegt sich ein kleiner Zug durch die Adelsstraße. Voraus gehen Kinder, dann folgen die Frauen des Armenhauses in sonderbaren weißen Hauben und grauen Joppen und Röcken. Ein alter Mann, der krumm ist wie der Mond, trägt das Kreuz. Aber der Schrein, der vorübergetragen wird, ist weiß getüncht wie die Dächer am Rande der Stadt, die das allzu starke Licht zurückwerfen sollen. Draußen, hinter der Kirche, blühen die Winden zwischen den Kreuzen. Rote Adern durchbluten den blauen Kelch der Schwermut und machen ihn durchsichtig und hell. In dem weißen Sand des Minho flimmern tausend Sterne. Die steinerne Platte, die den Grund bedeckt, ist an zwei Stellen durchbohrt; und wenn nun wirklich der Same aufgeht, den man in die kleinen Löcher wirft, und aus dem grauen Korn eine schwankende Blüte wird, die heraufsteigt aus dem Stein: wer anders kann ihn erweckt haben, als jener Stumme im weißen, vor dem Übermaß des Lichtes schützenden Sarg? Auf den Tafeln steht wieder das Wort »Saudade«, der Name der portugiesischen Sehnsucht, die nach allen Dingen der Erde greift, ohne sie zu finden; hier an der Stelle, wo das Tor sich schloß, verrät sie ganz, was sie ist: letzter Ausdruck eines nicht zu stillenden Wunsches, erstes Verlangen aus der Welt hinaus.

Wie die Provence im Frühling, so erfüllt sich der Minho im Herbst; auch hier berühren sich die Jahreszeiten, nimmt die eine die Schönheiten aller anderen in sich auf und gibt in ein paar Tagen oder Wochen den vollen Segen des Jahres. Der Herbst im Minho ist ein Frühling zugleich; im Frühling der Provence glüht der Sommer, schimmert der Herbst. Die Gebrochenheit der Provence, die Wehmut Portugals spinnen den Schleier, dessen die Vollendung bedarf; nun erst werden die Formen rund, liegt der Schein auf dem Gipfel.

Oben auf Santa Lucia duftet wie im Frühjahr die Mimose, und die Erika blüht unter dem Oleander- und Eukalyptusbaum. Vor dieser letzten Höhe am Meer entfaltet sich der Ansturm des Gebirges, das Gipfel um Gipfel errichtete, die ganze Halbinsel durchmaß, und hier, vor dem Ozean, unwiderruflich enden muß. Die Gewalten treffen zusammen. Unerschüttert hält sich die weiße Angriffslinie der Brandung auf dem Sand; der Fluß kommt aus weiter Ferne dem Meer zu Hilfe und gräbt ihm ein Tor. Tief weitet sich das Tal in die Berge zurück. In die Sandinseln, auf denen die Möwen sich scharen, zeichnet das Wasser die wunderbaren parallelen Schriftzeichen seines Siegs. Näher, zur Rechten der Mündung, ist der Kampf noch erbitterter; dort durchdringt das Meer das Land und das Land das Meer; Inseln fallen und werden überspült; das Wasser gewinnt ein Becken, eine Mulde und muß wieder zurück, oder es wird von der Erde gefangengehalten und von der Sonne verzehrt.

Inzwischen türmte das Meer eine Wolkenwand, die sich schwer heranwälzt und schon die Sonne erreicht. Nebel löst sich von ihr ab und wagt den Einfall über die kahlen, mit Steinen besäten Berge des Nordens. Aber es ist, als drängte ihn ein unsichtbarer Helfer zurück: vor der Stadt kann er die Küstenlinie nicht überschreiten. So wehen die immer rascher getriebenen Dunstfetzen und geheimnisvollen Bildungen an den gedrängten Häusern vorüber: auf der Grenzlinie zwischen den beiden Reichen jagen die tausend Möglichkeiten des Schicksals, die erwählt und verworfen werden können. Die kleine Stadt an der Mündung hat keine Wünsche mehr; beglückt von der Fruchtbarkeit eines Herbstes, der wieder und wieder kommt, wie die vollen Gefäße des Wasserrads, will sie nur dauern und ernten. Jener andere große Herbst, der Portugal am Morgen seiner Tat überraschte, ist vorüber; aber hinter den Häusern, die das Wappen der Gestürzten und Vergessenen tragen, im Schatten der Rebengänge, endet das Wachsen und Reifen nicht.

# *Thomar*

Glücklicherweise vergeht in Portugal noch immer eine recht lange Zeit zwischen Projekt und Tat – und wie oft erschöpft sich der Wille im Projekt! Die Eisenbahn nach Thomar war jedenfalls noch nicht gebaut, und ich vertraute mich in Payalvo, drei Stunden nördlich von Lissabon, dem Auto an. Auf den Ölbäumen liegt der Staub wie Schnee, und die Blätter der Feigenbäume hängen an den Ästen wie zerknittertes Papier. Die Landstraße wirft das Auto wie einen Ball über die Schwellungen und Vertiefungen, aber der kleine, schwarzhaarige Lenker ist seiner völlig Herr. Er jagt in schnurgerader Linie auf Bäume zu, so daß es scheint, im nächsten Augenblick werde der klapprige Wagen an einem der dunklen Stämme zerschmettern; dann biegt er aus; rast in schärfster Kurve um die Ecken, stürzt sich förmlich in die Talmulde, in der das kleine Städtchen Thomar sich birgt, beginnt von neuem sein tolles Spiel um die Baumreihen auf der Straße und hält vor einem breiten Haus, das durch nichts als Pension kenntlich ist. Oben finde ich ein verschwenderisch geräumiges Zimmer und eine leicht gebaute Veranda, die als Eßraum dient.

José, der Wirt, sitzt neben mir; er ist ein jüngerer Mann von eleganter Gestalt. Seine Kleidung ist, ob er sich auch sofort umzog, abgetragen, fast fadenscheinig, aber ihre Mängel werden völlig verdeckt von dem Schick, mit dem er sie trägt. Nach einer halben Stunde weiß ich sein Schicksal: er war reich, spielte, liebte, verlor; dann gründete er die kleine Pension, nicht für sich, sondern für seine Frau, seine übrigen Verwandten. Was gehen ihn diese Geschäfte an, was überhaupt sein Haus! Er lebt auf der Straße, im Gespräch, geht am Abend in einen der vielen kleinen Läden von Thomar, wo alles zu haben ist, von der dicken wollenen Zipfelmütze des Bauern bis zu den von der Decke baumelnden Blechgeschirren, von Schreibzeug und Briefmarken bis zu den großen, netzüberdeckten Geflügelkörben, oder er geht in die Apotheke; denn alle diese kleinen Geschäfte dienen den Männern als Treffpunkte: hier sitzen sie an Tischen oder auch vor dem Haus in langer Reihe und reden durch die Hälfte der Nacht.

José liebt die Frauen; sie woben gewiß an seinem Schicksal mit, aber all seine Reue löscht doch ihre Bilder nicht aus. Er tanzte am liebsten mit Französinnen, ließ sich hinreißen vom spanischen

Temperament und wies es endlich doch ab. »Die Spanierin ist zu wild, zu laut; sie hat zuviel Feuer und zu wenig Herz. Ich liebe die Portugiesin vor allen; sie ist weich, sie kann weinen und verfließen, ihre Süßigkeit ist noch schwerer, betörender; in ihrem Schmerz ist mehr Lust verborgen, als in spanischen Küssen, im französischen Tanz. Und noch eins: die Portugiesin ist die beste Gattin, weil sie alles verzeiht. Meine Frau weiß von allen, die ich liebte, und es ist nichts, das sie mir nicht vergeben hätte.« Die dunklen Augen Josés verschleiern sich von der Wehmut in der Liebe; es treibt ihn, weiter zu bekennen. »Der portugiesische Mann ist schwach, phantastisch und leidenschaftlich. Wir gehen nur Träumen nach; wir tun Unrecht, und am Ende verlieren wir alles; aber so will es unser Herz.« Dies ist die portugiesische Leidenschaft, die im tiefsten Sinne passiven Charakter hat: was in der Liebe anzieht, ist das Leiden; was im Leiden gesucht wird, ist die Lust.

Aber José hat ein Kind, und ihm gehört vielleicht der beste Teil seines Lebens. Die zehnjährige Leonor setzt sich widerstrebend auf sein Knie; ihre kleinen Hände halten sich, als müßten sie sich gegenseitig helfen. In dem krankhaft blassen Gesicht glühen aus tiefer Schattennacht die Augen, auch dem Blick des Vaters weichen sie aus. Endlich beruhigt sie seine Hand, die ganz leise auf den schwarzen Haaren liegt, während seine Stimme sie schmeichelnd bettelt, uns portugiesische Verse zu sagen. Die kleinen Arme finden seinen Hals; die blassen Lippen bewegen sich nun doch, und immer schöner tönt die Musik der zärtlichen Sprache. Die Worte treten nicht hervor, und ich suche sie auch nicht; es genügt diese modulierende Wehmut, der langsame Aufstieg einer vorsichtigen Frage, die schon nicht auf Antwort hofft, die große Nachdenklichkeit der Seele, die ihre eigenen Wunder verfolgt und über sie erstaunt. Das Kind spricht ganz für sich selbst im Arm seines Vaters; das Volk spricht, das in ihm flüchtig erwachte, und eine verlorene Klage singt zwischen Schlaf und Schlaf.

Inzwischen zog der südliche Mittag unbarmherzig über die Stadt, an geschlossenen, vergitterten Fenstern vorüber, und ich kann den Gang wagen nach dem alten Kastell der Tempelritter und späteren Kloster, um dessentwillen ich eigentlich gekommen bin. Wie eine Kuppel aus Granit wölbt sich der Unterbau des ältesten Teils aus dem sonnenverbrannten Berg, um den zerbrochenen Turm in den Himmel zu halten; die Form dieses Fundamentes ist organisch, unzerstörbar, gleich einer natürlichen Felsenkuppe, die die Höhe abschließt. Hinter einem offenen Tor, über dem noch das Zeichen der Weltbeherrscher prangt, beginnt das Labyrinth des Klosters, eine Unform, ein Ungetüm von einem Bauwerk. Viele Stunden lang führt der Weg durch kleine idyllische Kreuzgänge im Laubschatten, wo die ganz kindliche, fast embryonale Mumie eines Mönchs in glasbedecktem Sarkophag liegt, und durch andere, die breit und leer sind wie gewaltige Festsäle, durch Kirchen und Kapellen, über Treppen, durch Gänge, an unzähligen Türen vorüber, hinter denen niemand mehr schläft, an Betstühlen, wo kein Gebet mehr gesprochen wird, an Grabplatten, wo niemand mehr trauert. Es öffnet und schließt sich, hallt und schweigt; es gehört den Toten nicht und nicht den Lebenden. Die Sonne zeichnet von morgens bis abends den Säulenschatten auf den Fußboden von rotem Stein und geht; sonst geschieht nichts in diesen tausend Kammern, als das kreisende Wandern der Schatten. Noch warten seit Jahrhunderten Steine, die gefügt werden sollten; aber plötzlich sind die Hände erlahmt, den sinnlos gewachsenen Bau noch mehr zu erweitern, und bald verließen ihn die wenigen, die es noch wagten, seiner Leere zu widerstehen. Der letzte Hauch des Lebens ist verströmt aus den vielen offenen Fenstern, den großen Gevierten der Kreuzgänge; die Kraft ist unbegreiflich geworden, die hier plante, baute und schuf. Der ganze riesenhafte Bau umfängt einzig Leere und bröckelnden Verfall; er ist eine Sanduhr, in der es unablässig rinnt, ein maßlos gesteigerter Wunsch, der nicht mehr greifen konnte und zerbrach. War ein Plan vorhanden? Und wohin trieb dieser Plan durch alle Stile hindurch, von denen keiner genügte? Hatte er irgendein anderes Ziel als die Größe an sich, die Aufhäufung, die Überdeckung von Flächen, das Zusammentragen von Masse und Stein? So griff Portugal nach drei Erdteilen zugleich und ließ nichts zurück, als die Trümmer des Imperiums, einen gigantischen Wunsch.

José erwartet mich unten, und wir bummeln durch die kleine Stadt. Zwischen den Gitterstäben des Gefängnisses halten die Gefangenen die Arme heraus und betteln um eine Münze, andere unterhalten sich mit vorübergehenden Frauen. Von oben schwebt an einer Schnur ein kleines blaukariertes Säckchen herunter; eine Bauernfrau entnimmt ihm eine kleine Münze, füllt gelbe Bohnen hinein, und langsam steigt das Säckchen wieder hinauf.

Wie bunte Luftballons von Kindern schweben den ganzen Tag Trompetensignale über der kleinen Stadt. Sie schmettern, als müsse jeden Augenblick eine Reiterattacke durch die weißen Straßen fegen, sie feiern jede Stunde einen welthistorischen Sieg, manchmal aber werden sie elegisch, und aus der Trompete steigt ein leichtes Wölkchen der alma portuguesa. Auf dem Exerzierplatz wird ein wenig Soldat gespielt, und ich erkenne den Oberst wieder, der heute mittag neben uns saß und eine so merkwürdige Ähnlichkeit hat mit einem Abt. Überhaupt: hat man in Portugal nicht einfach die Kleider vertauscht und den Soldatenrock übernommen statt der Kutte? Sind es nicht ganz die gleichen Gesichter, die früher aus den Zellen sahen und nun aus den Kasernen? [Und wie oft sind die alten Klöster zu Kasernen geworden.] Die Mönche trieb man aus, aber als Soldaten ließ man sie wieder ein; sie leben ein wenig unbequemer als früher, aber immerhin dürfen sie ihre Übungen im Schatten machen, immerhin darf der Abt-Oberst bis Mittag schlafen. Es ändert sich wenig mehr an einem Volk als das Kostüm: für die verlorene Behaglichkeit des Klosters hat der Portugiese die Behaglichkeit der Kaserne.

Wir gehen durch den Laubengang eines Weingartens zu dem klaren, stillen Fluß; noch immer brennt das Feuer der Sonne so heiß, daß wir die unwahrscheinlich große Traube, die José durch einen geschickten Griff vom Stamm löste und dann zu seinem eigenen Erstaunen auf der Erde fand, im Wasser kühlen müssen, nachdem wir das Boot bestiegen haben. Die Weiden hängen in die Flut, Brombeergestrüpp will uns halten, wie ein Netz überspinnt uns der Schatten der Eukalyptusbäume. Die Perlen steigen von der Traube auf, die ich noch immer hinunterhalte und uns langsam folgen lasse, während wir gleiten; ihre Beeren sind zum Zerspringen voll, sie schimmern wie durchsichtige Kugeln, es ist, als tönten sie, wenn sie sich berühren in der klaren Flut.

Drüben an dem runden Steintisch unter dem Kamelienbaum erwartet uns ein Knabe mit einem Korb. In Gläsern aus reinstem Kristall dunkelt alter Wein. Der weißbärtige Gärtner schleppt eine Melone herbei, in der alle Glut der Sonne, alle schwere Feuchtigkeit der Erde gefangen sind. Kaum mehr hörbar klappert eine Palme. Auf der Mauer am Fluß stehen zwei Tauben unbeweglich wie aus Porzellan, fern zwischen den Eukalyptusbäumen ruht das Bild des Kastells der Tempelritter, umstellt von den schwarzen Schwertern seiner Zypressen. José faßt mich am Arm und singt:

Ninguem lê no rôsto
O que a nossa alma inspira;

A vida è gôsto e desgôsto,
Mentira, todo mentira.

Was die Seele will verborgen
Niemand sieht's dem Antlitz an;
Es sind Freuden oder Sorgen,
Es ist alles Traum und Wahn.

Seine Augen sind erfüllt von grenzenloser Melancholie. Alles, was uns umgibt, verliert den letzten Anschein der Wirklichkeit und löst sich auf zu einem wesenlosen Traum, mit dem wir selber vorüberziehen und schwinden. Die Liebe tönt noch nach, José spricht wieder von den Frauen, aber auch über sie fällt der Schleier der alles verzaubernden Illusion; nichts ist so gewiß in diesem Portugiesen als die Überzeugung von der Traumhaftigkeit, der »Lügenhaftigkeit« unseres Seins. Sie greift mitten in seinen Tag, läßt ihn den Mut verlieren zu handeln und ersetzt ihm, was er verlor, durch die Allmacht der Phantasie, deren Gebilde nicht unrealer sind als die immer bezweifelten Dinge der Welt. Der Fluß steht; der Widerschein über uns in den Ästen zittert nicht mehr; wir feiern die Stunde entdeckter Bruderschaft im Namen unserer Flüchtigkeit und des Schicksals, das uns, die Stadt, den Garten und die Landschaft zu einem phantastischen Tage verflocht.

## *In einer portugiesischen Pension*

Mit demütigen Verkrümmungen seiner magern Figur tritt der Wirt ein; sein kahles Haupt wagt nicht, sich über die Höhe der Türfalle zu erheben. Er hält gleichmäßig beschnittene Papierstückchen und ein Glas mit Kleister in der Hand und beginnt, an jeden Fensterflügel einen dieser Zettel zu kleben, »auf das Fenster zu schreiben«, wie er sich ausdrückt; dies ist die Ankündigung, daß das Haus zu vermieten ist. Die Pension falliert.

So geht er weiter, immer mit der gleichen Demut, von Zimmer zu Zimmer, denn auch das kleinste Dachfenster des Hauses muß mit diesem Zeichen versehen sein. Er tut diese Arbeit, die einzige, die ich ihn jemals verrichten sah, zufrieden, mit einer gewissen Genugtuung: seine Schuld ist es nicht, wenn die Pension, die er erst vor drei Monaten eröffnete, schon wieder geschlossen werden muß, sowenig, wie er etwas daran ändern kann, daß das Personal revoltiert, die Gäste unzufrieden sind. Dies sind Umstände, über die es sich nicht lohnt, nachzudenken, weil man sie nicht erklären kann; er hatte hier kein Glück, aber an einem anderen Platze hat er es gewiß. Nur die dünnen Tischchen und Stühlchen, die er als einziges Inventar außer den Betten erwarb und in die kahlen Zimmer stellte, bereiten ihm einigen Kummer.

Im Erdgeschoß wütet seine Frau, gelbbraunen Gesichtes, mit Negerhaaren und zwei Augen, die nach eigenem Willen in ihrem Kopfe leben und sich bewegen, auseinanderstrebend, einander sich nähernd, das eine nach oben, das andere nach unten eilend, kreisend wie die Raketen bei portugiesischen Festen. Um sie herum weinen die Kinder, mit denen sie in beständiger Fehde lebt, das Mädchen schluchzt, der Kellner protestiert, der Koch reißt sich mitten in der Arbeit die Schürze herunter und geht. Wo sie hinkommt, entbrennt der Streit, und sie vermag keine Viertelstunde im selben Raume zu bleiben. Es wirbelt um sie her, ohne daß sie die Hände rührt, nur ihre Stimme peitscht, schürt, entfacht; hier ist die erste Vertreterin jenes Temperaments, das Oliveira Martins, der tiefste Psychologe seines Volkes, das afrikanische nennt.

Die Demut des Mannes ist zu groß, als daß sie nicht Verdacht erregen sollte, und wirklich erweist er sich eines Abends als das, was er ist: ein vermeintlich erlittenes Unrecht bringt ihn in fessellose

Wut. Die Stimme, die sich ergoß in den weichsten Komplimenten, den schmeichlerischsten Liebenswürdigkeiten, die oft förmlich erstarb vor Ergebung und Dienstbereitschaft, schäumt über von Schimpfworten, deren Maßlosigkeit auch der geringsten Rücksicht nicht mehr fähig ist. Nicht einmal so weit Herr seiner selbst, um sich aufrecht zu halten, sinkt der kleine, schwächliche Mann glutübergossen mit zuckenden Fäusten auf den Tisch hin und schleudert die ungeheuerlichsten Beleidigungen besinnungslos hervor. Hinter der abgeworfenen Maske der Ergebenheit zeigt sich der zweite Vertreter des afrikanischen Temperamentes, das geheimnisvoll unter allen Menschen dieses Landes glüht und ihrer Passivität einen so seltsamen, gefährlichen Charakter gibt.

Das Haus ist wie eine Zigarrenkiste, die auf der schmalen Seite steht; die Wände sind wie aus Papier zwischen die Bretter gezogen. Noch niemals ward in Portugal die Kunst erlernt, eine Tür in ihre Angeln, ein Fenster in seinen Rahmen, eine Schublade in eine Kommode zu passen. Nachts schlägt der Wind das Fenster in einem Zimmer unablässig auf und zu, so daß das ganze Haus davon zittert, aber die Klage, daß er selbst nicht habe schlafen können, ist die einzige Antwort des Kellners auf eine Beschwerde.

Im übrigen wagt niemand von den Gästen, so sehr sie auch verwöhnt sein mögen durch ihr eigenes Heim – die Häuser vornehmer Familien in Lissabon glänzen durch die Großzügigkeit des Lebensstils, die Unbedenklichkeit in der Verschwendung des Raumes und den Ernst des Geschmacks –, eine Kritik zu üben; mag der Tintenfisch schmecken wie Häcksel aus Gummi, mögen die Melonen völlig unreif wieder zurückgewiesen werden, mag die Kahlheit der Zimmer noch so trostlos wirken: man nimmt dies hin als etwas einem Sommeraufenthalt Angemessenes, höchstens mit der einen, wahrhaft portugiesischen Äußerung: der Klage; einer Klage, die nichts erreichen, nichts ändern will, die sich selbst genug ist und keinen Hörer braucht.

Ungestört treiben die Kinder des Wirtes ihr Wesen: ein schmaler, gewalttätiger Knabe mit den wilden Augen der Mutter, aber einem noch dunkleren Scheine in ihnen, und ein Mädchen, dessen tränenvolle Passivität den anderen Pol der portugiesischen Seele bezeichnet. Es läßt sich jedes Spielzeug aus der Hand nehmen und ist zu jedem Spiele wieder bereit; es weint über jeden rauhen Griff, jedes laute Wort, ohne aufzuhören, fast schon glücklich versinkend in ein uferloses Meer von Tränen, und lächelt doch wieder, wenn seine Peiniger das verlangen; schmutzig, nackt auf kaltem Boden, kränkelnd, vergessen, aber immer ohne Groll, beleidigt, aber nicht von einem Menschen, sondern von Anfang an, gleichsam vom Leben überhaupt, bewahrt dieses armselige und vielleicht bald vergangene Wesen etwas vom portugiesischen Vermächtnis, von der großen Wehmut und der großen Güte. Denn jenes verborgene, fast unter der Erscheinung schwelende afrikanische Temperament hat längst keine Durchschlagskraft mehr wie zu den Zeiten der großen Helden und der großen Verbrecher; es findet bestenfalls noch den Weg zum Wort oder zum wirkungslos verrauschenden Taumel des Gefühls, niemals zur Tat und wird deshalb nichts mehr erschaffen, das dauern kann, aber vom portugiesischen Herzen wird etwas bleiben, etwas von seiner bodenlosen, fast transzendenten Trauer, die allen Kummer des Menschen und des Lebens empfindet und bewahrt.

Die portugiesische Sprache ist zärtlich wie die russische und ebenso weich; eine sonderbare Verwandtschaft scheint zu bestehen zwischen diesen Völkern an der Peripherie Europas, die beide schon eigentlich nicht mehr zu Europa gehören, beide die Grenzen bezeichnen, die uns in unserer inselhaften Mitte gezogen sind. Im Westen wie im Osten verliert sich das Maß; hier wie dort tönt der gleiche Überreichtum des Herzens und der Melodie, träumt dieselbe lyrische Passivität, lauert die gleiche verborgene Tiefe des Temperamentes, traf ein ähnliches Unglück. [Rußland vergrößert freilich alles ins Ungeheure; Portugal ist wie ein Ausschnitt, ein russisches Idyll.] In beiden Sprachen lebt jene Zärtlichkeit, die von »Väterchen« und »Mütterchen« heruntersteigt bis zu den geringsten Dingen des Alltags und sie mit der liebkosenden Verkleinerungsform beschenkt, um sie einzubeziehen in das allein gültige Reich des Gefühls. Über beide Länder sinkt unbarmherzig die Schwermut: von der Ebene her in Rußland, vom Meer in Portugal.

Unter mir wohnt eine junge Mutter zusammen mit ihrem achtjährigen Knaben und in getäuschter Gemeinsamkeit mit ihrem Gatten, von dem sie vier Jahrzehnte trennen. Der alte Herr, in dem Greisenhaftigkeit die Eleganz, sein temperamentvolles Wort noch immer nicht ganz überwand, legt die Hand um ihren dünnen Nakken, als könne die schlanke Gerte ihrer Gestalt ihn stützen; nachsichtig und klug, mit allzu großem, fast verdächtigem Ernst trägt sie die Knochenhand des Alters auf ihren Schultern. Sie ist eine schmale, rassige Frau mit jenem Profil, das sich so entschieden prägte im Gesicht des Vasco da Gama; und immer wiederkehrt an portugiesischen Frauen: ein hoher, schmaler Kopf, eine klar gezeichnete Nase mit langem, dünnem Rücken und ein starkes Vortreten der unteren Gesichtshälfte. Alle Dornenhecken der Zärtlichkeit verbinden sie mit dem Knaben, der niemals von ihrer Seite geht und nicht anders als mit ihr im gleichen Bette schläft. Ein Schlag von ihrer kleinen Hand versetzt ihn in einen rasenden Schmerz, unter dem er aufbrüllt, als ob Flammen seine Haut versengten, aber auch sie kann selbst das Zerwürfnis einer gerechten Strafe nicht ertragen und versöhnt ihn rasch, indem sie ihn liebkost, wie er es liebt, oder ihn sich ausweinen läßt in ihrem Schoß. Auch hier droht, wie so oft in Portugal, die Erziehung zu scheitern an der übergroßen Zärtlichkeit der Eltern; es bleibt nur der Ausweg ins College oder die Erziehung im Lande der Colleges: in England.

In der Tat läßt sich keine größere Gegensätzlichkeit des Charakters bei der Kongruenz der Ziele denken, wie sie zwischen diesen beiden Seemächten besteht, von denen die eine freilich längst zertrümmert ist: Portugal fehlt gerade das, was England überreichlich hat: Strenge und Zähigkeit. Instinktiv wurde dies zu allen Zeiten von Portugal empfunden; die immer wiederholte Errichtung und der immer wiederkehrende Sturz des englischen Ideals zeigen gleichstark, nur auf verschiedenen Ebenen, die Tendenz des Portugiesen zu seinem erlösenden Gegensatz. Fühlt aber auch der Engländer einen Zug zur portugiesischen Melodie und Phantastik als zu einem Gegensatz? Hat die Verbindung zwischen den beiden Ländern, die tief ins Mittelalter geht, da sich ihre Königsgeschlechter verschwägerten und sie ihre Ritter austauschten, einen psychischen Grund, eine noch tiefere Weisheit für sich, als die Ahnung gleicher Interessen?

Die portugiesische Sprache will singen, flüstern und streicheln, einen starken Stimmaufwand verträgt sie nicht. Abends, in dem kleinen Speisesaal, wo die Tische voneinander entfernt in den Ecken und in der Mitte stehen, und die Stimmen sich anstrengen und steigern in der Erregung des Gesprächs, wird die Sprache zur körperlichen Qual.

Rechts von mir sitzt ein junger Dichter – das Dichtertum ist in Portugal ebenso häufig verliehen wie der Adel, hat sich aber mit Recht mehr Ansehen als dieser bewahrt –; sein Lebenslauf hat jedoch einen wohltuend unliterarischen Anstrich. Er wurde mit fünfzehn Jahren aus Liebhaberei Torero und erntete gleichzeitig Erfolge in der Arena und auf dem Parnaß; ein wenig Politik gesellte sich hinzu, um die heilige Dreiheit des für einen Portugiesen Erstrebenswerten [außer den Frauen, die natürlich immer an erster Stelle stehen] zu erfüllen, und machte dem Stierkampf ein Ende: er wurde in die Kolonien verbannt, kehrte aber unter dem natürlich nicht lange ausgebliebenen neuen Régime zurück, reiste darauf durch Europa und ist jetzt Direktor einer Fabrik. Daneben gibt er eine Zeitschrift heraus, schreibt eine Geschichte Portugals für Kinder, ein Libretto aus der Maurenzeit und, selbstverständlich, Lyrik. Ein Wettergeleucht von Erotik flirrt zwischen ihm und der jungen Frau über den kahlen Kopf des alten Herrn.

Links sitzt ein Anwalt mit seiner Familie, ein erpichter Philologe, der sich in langen Jahren auch die deutsche Sprache auf eine originelle Weise erstritt: er ordnete die Substantive nach den Geschlechtern auf drei Listen, von denen er jede in einem der drei Stockwerke seines Hauses anbrachte, um so die Unterscheidung der Artikel auf sein Ortsgedächtnis zu übertragen.

Während ich mich heimlich über ein auf eine rätselhafte Weise hier aufgetauchtes deutsches Ehepaar schäme, das verlassen in der Mitte sitzt und Portwein aus riesigen Wassergläsern trinkt – eine Harmlosigkeit, die von den anwesenden Portugiesen als Nationalbeleidigung empfunden wird –, treffen sich über meinem Kopf die grellen, hastig geworfenen Papierschlangen des Gesprächs. Schlangen zischen, Katzen fauchen, es rollt wie gefüllte Fässer in einem unterirdischen Gewölbe, der Diskant einer Spanierin fällt ein, als zerreiße man ein leinenes Tuch von oben bis unten, Unken singen in einem Teich, es brodelt dumpf in einem verschlossenen Topf, es gluckst wie eine auslaufende Flasche, vermischt sich zum Unkenntlichen und verschlingt sich selbst in lauter Zwischentönen und halbfertigen Konsonanten. Doch schon beginnt der Philologe von neuem, der sich mit demselben Eifer in Diskurse stürzt, wie Don Quijote in seine Schlachten, und der zweite Akt dieses Pandämoniums der Mißlaute setzt ein.

Stumm sitzt inzwischen der junge Hauptmann an seinem Tisch zunächst der Türe; seine Augen schweifen über das Meer und den Tejo, die Schicksalsstraße seines Volkes, auf der einstmals die Schiffe auszogen und zurückkehrten mit den entschleierten Geheimnissen einer großen Ferne, bis sie endlich ausblieben, an irgendeiner Küste zerschellt, von irgendeiner Tiefe verschluckt oder verfaulend in der Trägheit eines Hafens, weil sich keine Hand mehr fand, die sie meisterte. Eine unbesiegliche Trauer liegt über diesem getreuen Anwalt seines Volkes: das Gefühl vom Verblassen einer großen Schönheit, vom Vergessenwerden unerhörter Taten. Welche Liebe erfordert es, zu entschuldigen, wo man verdammen müßte, sich einzusetzen, wo wenig zu hoffen ist! Tragik der Propheten und ihrer Vaterländer, daß diejenigen, die am meisten lieben, den Untergang immer am sichersten erkennen, daß die tiefe Verbundenheit das Gleiten fühlt, während die Lärmer auf der Oberfläche zu steigen meinen! Das Palladium wird erkannt im Entschwinden, und ein furchtbarer Schatten fällt auf den Verkünder seiner Ewigkeit.

## *Blick auf Coimbra*

Es ist kaum nötig, über die lange Brücke zu gehen; ebenso gut könnte ich auch den Sand durchqueren, wo zerlumpte Männer im Schatten der Pfeiler liegen und schlafen. Kinder spielen in dem schmalen, hellen Rinnsal, das, von vielen Inseln zerteilt, als einziges noch fließt in dem riesenhaft breiten Bett, oder sie jagen von der Stadtseite hinüber in den Schatten des Eukalyptuswaldes, an dessen Rand sich das Wasser gesammelt hat wie in einem langen See. Dort knien Frauen in bunten Kleidern in langer Reihe über ihre Wäsche gebeugt; monoton zieht ihr Gesang durch das Tal im gleichen Rhythmus, wie die schweren Ochsenkarren, die sich auf uralten Scheibenrädern durch den Sand quälen, wie der erstorbene Fluß.

Drüben, auf dem linken Ufer des Mondego, unter den breiten Platanen, wird Schweinemarkt gehalten. In die Klänge einer Spielorgel quietschen und jammern die verkauften Tiere, die von groß gewachsenen Bauern unter den Armen fortgetragen oder von den Weibern mit einer Palmengerte durch die Straßen getrieben werden. Andere harren, mit einem Hinterbeine an einem Baum festgebunden, noch ihres Schicksals. Zwischen den Buden, an deren Schauseite die Schrecken des großen Krieges gegen die Deutschen in furchtbaren Bildern prangen, wo Spielzeug in entsetzlichem Wirrwarr aufgeschichtet liegt, Zwiebelschnüre wie phantastische Girlanden Berge von Trauben und Orangen umkränzen, hocken auf Strohbündeln und Kisten Bauern, Schirme unterm Arm, junge Schweine auf dem Schoß, in endlosem Gespräch. Unter den gelben Tüchern der Frauen legt sich die goldene Kette dreimal um den braunen Hals, schwere Ohrringe schaukeln wie Halbmonde, breite Taler schimmern auf der Brust. Andere wieder sind so zerfetzt wie die Bettler, die sich unermüdlich durch die Menschenknäuel schieben und halberloschene Augen, zerfressene Gesichter, verzerrte Gliedmaßen vor die Blicke drängen. Hühner und Hasen liegen mit festgebundenen Beinen in todesbrüderlicher Nachbarschaft zusammen in den Körben; durch die gefalteten Flügel und die vorsichtig schnuppernden Nasen läuft ein Zittern, das sich lieber nicht sehen lassen will, als könne vor dem Tod nur die Maske des Todes noch retten. – Flußabwärts auf der Landstraße ziehen Truthühnerherden vor einem Trupp auf Eseln reitender Bäuerinnen, die zwischen hohen, überquellenden Körben sitzen, der Staub flirrt über sie hin und fällt in die schlanken, schöngeformten Röstöfchen der Kastanienverkäuferinnen, die zu Dutzenden unter den Bäumen hocken. Durch das Laubgewirr fällt der Herbst und macht das Gelb der Tücher noch bunter, diesen hellen, durchleuchteten Grundton, in den das Schwarz der Männerkleider und die tausend Tupfen der Tiere und Früchte sinken.

Abseits, gegen den Fluß hin, stoße ich ein morsches Brettertor auf; ich stehe nun mitten in einem engen, verschmutzten Hühnerhof, dessen Ende das Portal des Klosters Santa Clara bildet. Innen ist es kühl, langsam formt sich das Dunkel. Was für ein sonderbarer Raum! Es ist ein langes Dach, das nahe über dem Boden liegt, eine Wölbung, der die Tiefe fehlt, über der sie schweben soll. Die Bogen setzen knapp über der Erde an, mein Kopf reicht bis zur Höhe der Kapitäle, und nun habe ich die Empfindung, etwas über der Mitte des Raumes zu schweben, den ich mir langsam in der Vorstellung ergänzen muß, indem ich die Erde, die ihn erfüllt, aufgrabe und immer tiefer steige, bis ich auf den wirklichen Boden komme und die Wände rein und sicher auf ihm stehen fühle. Jahrhundertelang hat der Fluß, im Frühjahr über der Schneeschmelze im Estrellagebirge erwachend, seinen Sand in das Kloster getragen, das man ihm endlich, des Kampfes müde, überließ, und durch ein neues auf dem dahinter ansteigenden Berge ersetzte.

Aber dieses neue Kloster hat nur zwei Jahrhunderte für sich: in jenem alten ist der Sand von siebenhundert Jahren, ist die Zeit selbst gesammelt, denn was ist es anders als die Zeit, das die Verhältnisse des Raumes unkenntlich macht, Türen ausfüllt, Fenster verdeckt, das uns verwehrt, den Boden zu treten, der die Generationen vor uns trug, denselben Blick zu tun, den ihre Augen umspannten, dieselbe Höhe und Tiefe zu fühlen und begraben zu werden unter dem gleichen Stein?

Sand rinnt, vom Wasser getragen, das vom Himmel zur Erde, von der Erde zum Himmel schäumt, das ewig treibt, um ewig zu verändern, zu verbergen, zu entziehen, unseren Fuß auf neue Ebenen zwingt, ein anderes Verhältnis setzt des Unten zum Oben, ein neues Schlachtfeld für unsere Schicksale baut, das niemand vor uns betrat und niemand nach uns betreten kann. Denn nur heute ist es so: daß ein Fuß steht in dieser Entfernung von der Wölbung, in dieser Nähe der Kapitäle, wiederholbar ist diese Stunde nicht; schon sammelt sich irgendwo die Flut, die als Schnee aufs Gebirge sinkt, schon ist der Sand gehäuft, den sie hereinspülen wird. Wie aber wird es sein, wenn das Kloster gefüllt ist bis zum Dach, wenn das gesammelte Maß Zeit an die Wölbung stößt? Sonderbare Sanduhr: wer mag dich drehen?

Es ist ein ganz unergründliches Gefühl, so, gleichsam schwebend, in der Mitte eines streng umgrenzten Raumes zu stehen, dessen Räumlichkeit, dessen Dasein als Raum, von der Zeit gemessen ist: es ist vielleicht das Gefühl des Lebens überhaupt, das in allen Röhren seiner Tiefe das Ende steigend spürt und, im schon durchmessenen, widerwillig der Grenze entgegen muß, an der es erstickt. Wie wir auf dem Sand unserer eigenen Tage stehen, so stehen wir auf dem Sand der Jahrhunderte: alles drängt und zwingt, und das Dach über uns gibt keine Zeichen, daß es sich heben wird. Welche Fülle ist unter mir als Sand von dem letzten Tritte vor dem Wasser sich flüchtender Nonnen bis zu der Sohle meines Schuhs, der nicht weniger flüchtig ist: gesammelte, tote Zeit, Gewicht, Last, die beschwert, füllt, verdrängt.

Immer enger wird der Raum, der noch bleibt, die Bogen werden kürzer und spitzer, aber der Atem in diesem Raum will nicht schwächer werden. Was läge daran, daß vor siebenhundert Jahren hier Menschen lebten und beteten, daß sie zerstoben sind in Staub und ihre Grabsteine metertiefer Sand bedeckt, was läge daran, daß sie vergangen sind, solange wir selber sind, wenn auch die Zeit vergangen wäre wie sie! Aber die Zeit bleibt zurück als toter Stoff, als Last, als Gewicht, das unsere Räume füllt, unseren Atem beengt, das sich beängstigend häuft im nicht unendlichen Raum. Denn in uns läuft nicht nur der Sekundenzeiger unserer eigenen Zeit, es läuft auch der Stundenzeiger der Welt, und wie rasch auch der winzige Kreis von dem winzigen Zeiger durchglitten ist: einmal spüren wir doch den Ruck, unter dem der Weltbau ächzt über seine gemessene Stunde.

Hier, im Gefühl vom Übergewichte der Zeit, ist der rechte Boden, um den Blick auf Coimbra zu tun, das vom Römerkastell über die Maurenburg zum Grafenschloß und endlich zur Königsstadt des neuen Reiches Portugal stieg und dann sein weltliches Zepter vertauschte für die geistige Herrschaft und sein Schloß verwandelte in die Universität; Coimbra, die Stadt der Gräber und der Erinnerungen, wo die Geschichte das Lebendige verwandelt und auch das heute Geschehene zur Sage wird. Ich drehe am Ende des sonderbaren Raumes die bretterne Füllung eines Fensters zurück, das nun zur Türe geworden ist, und unter einem gotischen Bogen, zwischen Maisbündeln und hochgeschichtetem Stroh, hinter dem erstorbenen Fluß, liegt die Stadt auf dem Berge, der so schön bekrönt wird von der Universität, dem einzigen Schlosse in Portugal, darin man noch regiert.

Merkwürdig: ob es auch fertige Häuser sind, nicht schwerer und leichter gebaut als alle Häuser im Süden, es scheint mir, als wäre ein Haufen steinerner Trümmer über den Berg gegossen und regellos heruntergerollt bis zum Fluß; nur die Universität behauptet sich noch mit dem stumpfen Prisma ihres Turms und unter ihr die von Feindschaft starrende Kathedrale, wo der erste König von Portugal sich die alte Krone der westgotischen Könige aufs Haupt setzen ließ. Unter der Brücke, sagt man, führe, vom Sand verschüttet, noch eine zweite Brücke hinüber, auf der die Mauren ritten in das Schloß ihres Kalifen, und die Kathedrale soll, eh das Kreuz errichtet ward in Coimbra, Gebete gehört haben zum Preise des Propheten... Diese maurische Melodie ist nun nicht mehr zu bannen über der Stadt, dazwischen kracht der Schlag mittelalterlicher Waffen, gellen die Schreie ermordeter Frauen, die Schmach eines Königs, dem man die eigene Burg verschloß und Steine nachwarf, als er vor ihr umkehren mußte, verraten die dunklen, immer wieder gewundenen Gassen, die unter Tore sich bücken und den Schatten vorspringender Balkone und Bastionen suchen, den schleichenden Tritt Korrumpierter, der in der Maurenzeit wie im Mittelalter ging.

Unten in der Kirche Santa Cruz liegen die ersten beiden Könige von Portugal mit sorglich neben sich aufgehängten Helmen und Handschuhen, die Wachthunde zu ihren Füßen, oben in der Kathedrale hüllen sich die ersten Bischöfe in steinerne Mäntel ein – ihre Gesichter sind einfach und groß, ihr ganzer Ausdruck Ernst und Bedeutsamkeit –; vor so viel Schlafkammern der Großen wird es still, aber einer wollte das kalte Dunkel der Kirchen nicht: an der Außenwand der Kathedrale hängt in eisernen Klammern der Steinsarg des ersten christlichen Kommandanten der Stadt wie eine Schatztruhe des Ruhms.

Unter den Palmen, um die sich schon im Hochsommer gern der Morgennebel spinnt, in dem großen, langsam ansteigenden Klostergarten mit seinen eingeschlafenen Brunnen und dem blauen verschollenen Schimmer der Azulejosbänke wehen die schwarzen Mäntel der Studenten, die sich niemals trennen von ihrer

Tracht. Sie gehen immer barhaupt in schwarzen Kleidern und umrauscht von dem capeartigen schwarzen Mantel, der fast bis zur Erde reicht, dem Mantel der Klage und pathetischer Traurigkeit, dem Mantel der Schwermut, den ihre Jugend so zärtlich um Arme und Körper schlingt, dem Mantel der Schmerzen, der ihrer Jugend so gut steht, dem Mantel des Grabes, dem Gleichnis des Leichentuchs, nach dem ihre Jugend sooft verlangt.

Denn man studiert zwar in Coimbra oben in den schönen, altmodischen Sälen der Universität, in dieser aristokratischen Bibliothek, wo eigentlich nur leise, schnallenbesetzte Schuhe gehen, nur gepuderte Köpfe sich über die goldschimmernden Bände neigen dürften, aber man dichtet, liebt, singt und schluchzt noch viel mehr. Jeder dieser Studenten ist ein Dichter, jeder trägt die verhängte, zehrende, immer unglückliche, immer verhängnisvolle portugiesische Liebe im Herzen, diese Liebe an der Grenze des Todes, die zur Einsamkeit verdammt, diese Liebe der Täuschungen, der endlich nichts bleibt als die Täuschung, die Illusion. Immer ist der Liebende betrogen, verraten, immer lebt er ganz allein, existiert im Grunde nichts als er, auch die Geliebte nicht. Sie ist nur der Wirbel, der Schmerz, der seine Tiefen in Aufruhr bringt; ist dies geschehen, so rollt seine Welt sich ab unter Wolken und Blitzen, ohne daß jemand eingreifen kann: der Liebende sieht nur sich selbst und darüber den ungewissen Schimmer eines Frauenbildes, um das er leidet, leiden will, zu dem er niemals den Weg erlösender Gemeinsamkeit findet. Die Geliebte ist treu und untreu, engelhaft und dämonisch, gnadenspendend und verderbend, aber alle diese Eigenschaften kommen nur aus dem, der sie anbetet; was sie selbst ist, läßt sich nicht mehr erkennen unter den Nebeln eines in sich selbst verbrennenden Gemüts.

Tropisch wuchert das Gefühl wie eine Insel, die nie ein Fuß betritt, wo niemand erntet, und nur das Wort, der Gesang vermögen zu erlösen. So tönt es in Coimbra nachts vor den Fenstern der Mädchen, die alle phantastische Geliebte sind und selbst unter den Tränen sich erfüllender Leidenschaft schimmern in dem unwirklichen Lichte der Illusion; tagsüber wehen die Mäntel in den Gärten, den steilen Straßen, einsam wie Trauerschleier zwischen den Steinen eines Friedhofs, vom Winde weit auseinandergefaltet, sehnsüchtig, formlos, treibendes Gefühl.

Die Täler sind von einer verschleierten Lieblichkeit, elegisch ist die Form der Hügel. Flußaufwärts setzt das Grün sich durch, das freilich stumpf ist wie das Grün der Palmen unter gedämpftem Himmel. Durch dieses Tal, diese Universität, diese Liebe gingen alle, die einen Namen tragen in Portugal. Zärtlich wie diese Seelen sind die Namen in der Landschaft: das »Tränengut«, die »Liebesquelle«, der »Seufzerhügel«; mit ihnen ist schon gesagt, um was hier das Leben geht: um Liebe und Tränen, aber um eine südlichschwüle Liebe, die von der Lust in den Tränen weiß.

Nicht weit von dem versandeten Kloster liegt dieses »Tränengut«, das Heiligtum der Nation. Es ist ein unsagbar lieblicher Ort. Weichen Kieswegen entlang, in denen der Fuß versinkt, ziehen sich fruchtschwere Traubenranken durch Orangenbäume, Palmen und nordisches Nadelholz, deren Schatten sich sanft vermischt; eine Quelle rinnt, in Kanäle zerteilt, durch Rasen und Büsche. Am Ende des Parkes zittert der Schatten hoher Eukalyptusbäume über ein klares, flaches Becken, aus dem diese Quelle kommt; hier, wo man glaubt, einen urzeitlichen Frieden zu spüren, erlag Ines de Castro, die Geliebte Peters des Vierten, den Dolchstichen gedungener Mörder.

Es ist eines der Hofverbrechen des Mittelalters, wie sie auf jeder Seite der Geschichte stehen, aber diese Frau wurde in Portugal getötet, wurde getötet um der Liebe willen; dies erhob sie, wo Liebe Schicksal ist, zur Heiligen des Volkes. Eine ewige Stanze des Camões, der wie sie verdarb an der Liebe, verlieh ihr die Unsterblichkeit und machte den Park, wo sie ermordet ward, zum Wallfahrtsort der Dichter und Liebenden, zum geliebten und gefürchteten Tempel ihres Schicksals. Einmal soll auch er hier gestanden sein, in dem alle Vergänglichkeit Portugals ewig wurde, den Coimbra vielleicht gebar, der aber gewiß hier liebte und hier den ersten Wirbel des Verderbens spürte, das ihn hinunterriß.

Es zieht mich noch einmal in das Kloster zurück, wo diese Ines als Nonne und Geliebte lebte, ehe der Dolch sie traf, in den sonderbaren, sandgefüllten Raum. Kraftlose Hände rissen einmal den Boden auf, um die Wände zu befreien, dem Dach seine Höhe wiederzugeben, aber sie erlahmten bald, in den dunklen Ecken vermodert ihr Gerät. Wer mag Gräber wieder aufgraben, mit der Überlast der Zeit die Schultern beschweren, die sich schon stemmen gegen das Gewicht des Tags? Und dieses Kloster will hinunter, wie die alte Maurenbrücke hinunterwollte, die schon unsichtbar geworden ist, wie Häuser und Mauern vielleicht, von denen niemand mehr etwas ahnt. Es sinkt ein, wie ein Schiff, das sich füllt, schon treibt es halb in der wogenden Erde, die fest scheint, ohne es zu sein; ein volles Gewicht Zeit, das abgelaufen ist und am Boden steht, während die Kette der Uhr schlaff herunterhängt, die es trug; ein Volk, dessen Krüge gefüllt sind von Leben und Zeit und nie mehr getragen werden zum Brunnen.

## *Die Kathedrale*

Dieser Bau, der am Anfang des Königreiches stand, ist auch geblieben; der Grundstein ist unversehrt. Das flüchtige Schmuckwerk späterer Zeiten fällt ab; von der Torwölbung bis zum Zinnenkranz erhielt sich die Reinheit der Form. Nachts droht die Kathedrale von Coimbra übermächtig von ihrem Fundament wie ein gegossener Fels; alle Häuser, die sie umgeben, die Universität selbst und der luftige Palast des Bischofs, zwischen dessen Terrassensäulen die Sterne zittern, sind aus vergänglichem Stoff; dieser gezackte Block aber, der seinen Schatten wie einen gewölbten Schild über die Dächer legt, scheint anderen Gesteines zu sein. Er ist ungeheuerlich geworden in der spielerischen, übersteigerten, wehmütigen und müden Architektur. An seinen Wänden klafft kein Riß, und ringsum stäubt und sickert der Schutt aus den Mauern.

Als die gelben Quadern gefügt wurden, war das Zwischenreich noch nicht entdeckt. Die Seele suchte keine Schlupfwinkel; sie ahnte sie nicht einmal. Hätte sie es aber doch nach ihnen verlangt, so wären sie ihr verweigert worden. Kein Bogengang, keine Nische dient der Flucht; jeder Stein fordert die Tat. Das Raffinement der Enttäuschung, das Vertauschen der Wirklichkeit mit dem Traum, alle jene verblüffenden und halsbrecherischen Kunststücke der Gebrochenen lagen noch so fern wie Indien und die unbekannten Inseln des Ostens.

Ein einziger Wille herrscht. Keine Spitze soll triumphieren: als ein Ganzes, ein streng geordneter Komplex soll die Kathedrale die nachbarlichen Häuser übertreffen. Sie siegt durch die Form; sie dauert durch die Form; sie ist ein Bekenntnis des unerschütterlichen Glaubens an die Form. In der Bändigung liegt die Garantie der Wirkung. Wenige Fenster sammeln und verstärken das Licht. Der Exzeß ist verhaßt. Noch wird die Spitze nicht gesucht.

In jedem Stil liegt die Tendenz zur Übersteigerung, zur Auflösung; so richtete sich Salamanca gegen sich selbst, indem es in allen Epochen die Baustile an jene Grenze trieb, wo sie nicht mehr zu halten sind; so lag im manuelinischen Stil von Anfang an die Gefahr der Unhaltbarkeit durch eine konsequent fortschreitende Bejahung: er entwickelte sich in gerader Linie zum Übermaß und zum Barbarismus; der romanische Stil ist der einzige, der die Gefahr umgeht. Wie die christliche Religion die letzte Tragik verneinen muß, weil sie Gerechtigkeit und einen endlichen Ausgleich verkündet, so auch ihr Stil.

Mittags fällt ein metallenes Licht durch die Fenster der Front. Der Raum ist hell und frei; die Fenster sind offen. Keine Scheibe trübt das Licht; es ist kein künstliches Dunkel erlaubt. Es ist Tag oder Nacht; Zeit zu handeln oder endlich Zeit zu schlafen. Wer die Stufen herauf schreitet und vor dem Altar kniet, ist berufen zu wirken; der, den man trägt im Mantel mit verhülltem Gesicht, darf schlafen wie die Bischöfe aus Stein. Auch im Gebet, in der Frömmigkeit ist ein Gebot; die bewehrten Mauern der Kathedrale dienen dem Krieg; der Beter erbittet Segen für sein Schwert. Nicht um sich zu befreien und zu ruhen kam er herauf: er kam, um sich zu waffnen. In der Burg seines Herrn hört er das ernsteste Wort; wenn er die Stufen hinabsteigt, weiß er, daß er unbesieglich ist, wie immer das Schicksal sich zeigt.

Hier blinkte zum erstenmal der goldene Reif auf dem Haupt eines portugiesischen Königs. Die Kathedrale ist der Schauplatz der entscheidenden Tat, die das Schicksal nach sich riß. Denn einmal sind wir frei. Es gibt eine Stunde, die das Leben determiniert, und diese Stunde gehört uns. Wir haben die Wahl zu werden was wir sind, oder uns zu entgehen. Bevor der Graf von Burgund die Krone noch nicht trug, war noch nichts geschehen. Er war ein Empörer, doch das Königreich schlief. Nur über wenige hatte das Schicksal Gewalt. Das Bekenntnis zum eigenen Selbst stand noch aus. Als aber im Angesicht des Höchsten das Hoheitszeichen auf das stolze Haupt gesenkt wurde, gab es keinen Widerruf mehr. Der Mensch, nicht die Macht hatte entschieden; doch von nun an wuchs der Mensch im Schatten der Macht.

Über den Seitenschiffen der Kathedrale dehnen sich breite Galerien; ein Gang folgt in halber Höhe dem ganzen Umfang des Raums: tausend Plätze für Zuschauer, für Zeugen, deren Geschick die Tat vor dem Altar entschied. Von nun an war es gewiß: sie mußten kämpfen für diesen König; es gab keine Flucht mehr. Ein neuer Herr ohne Namen drängte sich unter die Fürsten Europas und maßte sich den höchsten Titel an; sie aber hatten ihm zugejubelt, so ungewiß seine Sendung war. Ein Reich entstand; sie hatten ihren Teil daran und setzten für einen zweifelhaften Ruhm das volle Verhängnis ein. Der Raum war erfüllt. Wenn sie ihn verließen, dem neuen Ziel zu folgen, das ihnen hier gesetzt worden war, so hatten sie den mächtigsten Antrieb für sich und die Geschlechter, die sie zeugen sollten, empfangen. Kehrten sie einmal zurück, so war es, um sich zu waffnen und das unwiderrufliche Gelöbnis zu erneuern.

»Wenn Sie die Revolution in Lissabon sehen wollen«, sagte mir an einem friedlichen Morgen ein portugiesischer Bekannter in einem kleinen Städtchen, »so ist es Zeit, daß Sie sich eine Fahrkarte kaufen. Die letzte war vor einem halben Jahre.« Er machte dazu hinter seiner Spottmaske eine recht geheimnisvolle Miene, so daß ich annehmen mußte, er habe mehr Gründe zu dieser Aufforderung, als die an sich freilich nicht geringe Verdächtigkeit einer so langen Friedenszeit; aber die Revolution kam nicht. Wieder mußten offenbar einige ehrgeizige Hoffnungen zurückgestellt werden. Das Volk hatte man noch nicht aufgeweckt; dies geschieht erst, wenn alle Vorbereitungen getroffen sind.

Welche Rolle spielt überhaupt das Volk, spielen die Armen, die in einer namenlosen Dürftigkeit leben, ohne zu murren, vielleicht ohne sie ganz zu empfinden! Nein, bei der Revolution handelt es sich um einen Ministersessel, um die Macht eines einzelnen oder weniger Genossen, von denen es aber schon zweifelhaft ist, wieweit sie Werkzeug sind und sich endlich als Werkzeug erkennen, vielleicht auch handelt es sich – und dann wird die Revolution gefährlich – um eine Idee, niemals aber um das Volk. In allen Fällen aber wird die Gefolgschaft erweckt durch das Neue, das sich ankündigt. Etwas Neues muß unbedingt geschehen; einmal muß der Zauberschlag getan werden, der das ganze Leben verwandelt und die nebelhafte Umwelt der Tatsachen mit der ewigen Wirklichkeit der Träume verdrängt. Geschieht dies aber noch nicht, so ist es besser zu warten, zu schlafen – und weiterzuträumen, bis das Wunder geschieht.

Dennoch sollte man über die portugiesischen Revolutionen nicht oberflächlich spotten; denn sie sind – wenn sie wirklich zur Entfaltung kommen – die einzige Aktionsmöglichkeit für das afrikanische Temperament: das pandaemonium lusitanum. Dann bricht aus diesem Volke, das ganz in den Frieden resignierten Schlafes, die Stille der Verzweiflung und die Geheimnisse der Seele versunken scheint, eine Wut hervor, die eigentlich kein Ziel mehr hat, die sich gegen alles richtet. Niemals weichen die Spuren von Kugeleinschlägen an Lissaboner Häusern und Regierungsgebäuden in allen Teilen der Stadt; Kanonen krachen mitten in ihr und von den Schiffen herüber; es werden die unmenschlichsten Verbrechen begangen in dem sonst an Kriminalfällen nicht sehr reichen Land, und wenn dann endlich die Hölle sich ausgetobt hat, so sammeln Autos die Toten in den zerstörten Straßen ein und fahren sie hochgeschichtet wie Holzscheite auf den Friedhof.

Es ist die Zeit der Rache; ein Arzt hatte Reformen in einem Krankenhaus eingeführt, die von den Krankenwärtern widerwillig befolgt wurden. Eines Abends, während er im Operationszimmer mit zwei Kollegen bei der Arbeit steht, wird die Tür aufgerissen und ein Atemloser gibt ihnen den Rat, sich sofort zu retten. Die Revolution sei ausgebrochen, man wolle sie erschießen. In ihren weißen Mänteln stürzen sich die drei Ärzte aus einem Fenster in den Garten, während schon das Haustor splittert, und die Treppe von Stimmen und Tritten dröhnt. Man hätte gewiß auch die beiden Unterärzte nicht verschont. Jener Arzt verschrieb sich daraufhin für Jahre an eine englische Gesellschaft in Ostafrika.

Oder der Besitzer einer der wenigen Fabriken, die in Portugal existieren, kann sein Palais am Meer nicht bewohnen, überhaupt nicht in Portugal leben, weil er am Tage der Revolution unfehlbar getötet würde. Niemand traut dem Schutze der Regierung, weil sie unablässig wechselt.

Politik – das Wort greift sich glatt und gefällig an wie ein Ball und endet dann doch hart und spitz – Poli-tik, ist die Leidenschaft, der leidenschaftliche Sport der Portugiesen. Nicht Geschichte soll gemacht werden, sondern eben Politik; die Launen und Wechselsprünge dieses ewig unreifen Kindes interessieren viel mehr als der ernste, bedeutungsvolle Schritt der Mutter. Man lacht über seine Capricen, freut sich kindisch über eine Kußhand und einen neuen Einfall, den man so glücklich war, ihm beizubringen, ereifert sich bis zur Raserei über die Auspicien des nächsten Tages – ob er auch so voll Laune, so voll Überraschungen sein wird –, und niemand bemerkt indessen, wie jene Kurve, die allein überliefert wird, sich fortsetzt, fällt, zum Ende jagt und weiter an der unrühmlichen Grabschrift schreibt. Es fehlt der Maßstab: die Welt. Sie greift nur ganz von ferne mit Gleichgültigkeiten ein: mit einem Rekord, einer bedeutungslosen Huldigung, einer diplomatischen Höflichkeit, die von jedem so wichtig genommen werden kann, als es jeder wünscht.

Natürlich lebt jede Nation in diesem Dunst, der das Bild des Nachbarn so undeutlich macht und auch das eigene Bild seines Wertes beraubt, weil er den Hintergrund verschleiert, an dem es gemessen werden muß, aber selten geht die Bewegung so ausschließlich um sich selbst, wie in diesem kleinen Lande, das einstmals der Welt gebot. Vielleicht spielt auch der Umstand eine Rolle, daß selbst den Ereignissen und Erscheinungen, die menschlich bedeutsam sind, die Resonanz fehlt, weil das Land zu klein, seine Machtsphäre zu begrenzt ist, so daß man in Portugal immer weiter in eine Isolierung gedrängt wird, die endlich auch den kleinsten Gegenstand, wenn er national ist, mit größtem Ernst behandelt.

Schließlich aber kommt es allen Politikern gar nicht darauf an, nach dem absoluten Wert der Dinge zu forschen, die sie beschäftigen. Ist die Politik im Grunde mehr als ein Vehikel ihrer Vitalität? Ja, man könnte noch weitergehen und fragen: welcher von ihnen gehört notwendig zu einer Partei? Wie viele *müssen* monarchisch, müssen republikanisch sein? Da es einen Standpunkt geben muß, von dem aus sie angreifen, kritisieren, revolutionieren können, gut, so wählen sie einen, und wie sie nun von diesem Standpunkt aus ihr Feuer, ihre Verachtung, ihre Schlauheit, ihre Wut, alle ihre Kräfte, d. h. sich selbst entwickeln, so verwachsen sie mit ihm, wie ein Baum mit der Erde, auf die sein Samen zufällig fiel, und aus deren Kräften er sich nun entfaltet. Die Politik ist ganz vital. Das Wesentliche ist, daß der Zündstoff im Menschen verbrennt und seine Flamme wirft; ob ihn ein gelbes oder ein rotes Streichholz entzündet, was liegt daran?

In der Tat sind sie alle wie Verbrennende, wenn sie in den Cafés aufeinander einsprechen, rot, mit erhitzten Augen sich zärtlich wie Liebende umfassend, drei- oder viermal versuchend, sich zu trennen und doch bei demselben unerschöpflichen Thema verharrend, das Gegner wie Freunde gleich unzertrennlich verbindet. Längst ist der letzte Rest Kaffee in der kleinen Tasse eingetrocknet, die schon seit zwei Stunden vor ihnen steht, die Sonne sinkt, ein paar Schritte weit in ihrem Hafen ziehen die fremden Schiffe aus und ein, die Kolonien liegen leer und tot, und über ihnen rollt die Welt brausend fort, ihre Hände winden sich nach Ausdruck, fliegen wie gescheuchte Vögel auf, stürzen aus der Höhe auf einen Raub, aber schon ist ihnen die Stimme voraus und erspürt neue Sensationen: Verbrechen, Schurkereien, Dummheiten, den Schimmer des Paradieses. Sie müssen sich wieder treffen, müssen wieder reden; viele von ihnen waren schon verbannt nach den Azoren, nach irgendeiner afrikanischen Kolonie, aber nun sind sie zurück, und vor sich haben sie den Staat, an dem Tausende gebastelt, geflickt, Generationen gestümpert haben, und der nun endlich reformiert, von Grund aus durch eine neue und heilige Initiative wiederhergestellt werden muß. Inzwischen kreuzen sich in irgendeinem Geheimkabinett die letzten Fäden, und am anderen Tage krachen an einem Straßenende die Schüsse einer Revolution. Das neue kam, und wieder von einer anderen Seite, als im Café erwartet wurde: Politik.

## *Lissabon, ein Fragment*

Am Ende der Straßen ziehen die Segel hin, die großen Tejosegel an schiefstehenden Masten, oft scheint es, als gingen sie mitten durch die Stadt. Dampfer gleiten starr vorbei, ein paar kleine rostige Kriegsschiffe liegen unbeweglich in den sich kreuzenden Strömen der Fahrzeuge. Die Häuser überspülen verwirrt, ungleich, durcheinandergeschüttelt in allen Größen, Farben und Stilarten, sieben steile Hügel, die fast schon Berge sind. Dennoch wirkt der Aufbau eher flach als hoch, wenn man ihn von unten überblickt, und erst innen zwischen den Schluchten und Hängen erlebt man die ganze Bewegtheit der Szenerie. Dies ist der merkwürdige Widerspruch in Lissabon: es wirkt als ein Ganzes vollkommen still, schlafgebunden, ja schemenhaft; es brodelt in jeder seiner Gassen von Ereignissen, Auftritten, Bildern, die selbst noch im modernen Teil von satter Farbigkeit übergossen sind; und es läßt den Eindruck seiner Stille und Müdigkeit endlich doch vorherrschend werden, auch wo der Rhythmus seines Lebens am heftigsten schlägt.

Das Eigentümlichste dieser Stadt sind die Ruinen: über dem Rocio, dem Hauptverkehrsplatz, dessen scheinbare Modernität sein Alter nicht verdecken kann, greifen die zerbrochenen Pfeiler des Carmoklosters in die Luft, über das Zentrum dieser einzigartigen Weltstadt den bizarren Schatten zerbrochenen Mittelalters, romantischer Unfertigkeit werfend, wie sie nur in einsamen Tälern, auf verlassenen Bergen zu Hause sind. Nur wenige Pfeiler treffen sich noch zum Bogen, dessen Leere freilich nichts mehr zu stützen hat; die übrigen sind nichts als Trümmer und sollen auch nicht mehr sein. Man soll sofort erkennen, daß diese Stadt geschlagen wurde von einer der furchtbarsten Katastrophen aller Zeiten, daß das Beste, Größte verloren ist, und daß es hier zu klagen und zu trauern gilt. Alles, was diese Stadt noch bietet, ist ein geringes gegen das, was sie verloren hat; aus den Trümmern, aus versprengten Fragmenten soll man erfahren, was sie war, wie man etwa beim Betrachten eines vollendeten Armes einer verschollenen Figur noch den flüchtigen, ergreifenden Eindruck von der Schönheit des ganzes Körpers hat. Ist dies eine Entschuldigung, ist es das erschütternde Bekenntnis einer bitteren Einsicht, ist es mehr? – Vielleicht verraten diese Ruinen auch einen großen Stolz: seht, dies ist die Stadt, der die Ehre zufiel, vom größten Unglück betroffen worden zu sein, von dem die Geschichte weiß, gegen die sich Himmel, Erde und Meer empörten, weil sie ihnen zu groß geworden war. Nicht ihr, kein Irdischer, das Schicksal hat ihr die Herrschaft genommen, aber der Königsmantel des Unglücks wiegt nicht leichter als das Gold versunkener Kronen. Verehrt und schweigt, ihr habt kein Recht hier zu richten!

Aber dieses Carmokloster, wo der Schlaf des alten Kronfeldherren Nun'Alvares Perreira [14. Jahrhundert], des größten portugiesischen Ritters, der die Unabhängigkeit Portugals für Jahrhunderte vor Spanien behauptete, vom Erdbeben gestört und sein Staub für immer verweht wurde, als solle nicht nur die Gegenwart, auch die Vergangenheit noch vernichtet werden, verkündet noch mehr als den Stolz der Haltung, als die tragische Bruderschaft mit einem unmenschlichen Schicksal: wie diese Pfeiler war der Wille gebrochen, der durch den endlosen Zug der Generationen schuf an dieser Stadt.

Denn neben den Trümmern der Vergangenheit stehen die Trümmer der Gegenwart als das zweite Wahrzeichen Lissabons. Man baute sieben Jahre an einem Haus, dann ließ man es stehen, ohne Dach, ohne Fenster; nur die Küchen wurden in jedem Stockwerk fertiggestellt, und sie sind nun auch bewohnt: Vogelkäfige und Topfpflanzen stehen auf den Balkonen, die in schmaler Reihe übereinanderliegen als einfache Steinflächen ohne Gitter; Treppen ohne Geländer führen hinauf. Schon beginnen die Fundamente wieder zu zerbröckeln, Feuchtigkeit frißt sich in die Wände ein; es ist schon nicht mehr möglich, das Haus zu vollenden, und es wird sich auch niemand finden, der sich darum bemüht. Denn der Käufer müßte es niederreißen und ganz von neuem beginnen. In anderen Häusern setzen sechs marmorne Stufen an unter einem prächtigen Portal, dann folgen morsche Holztreppen wie Leitern, auf deren Sprossen man nicht zu treten wagt; zwischen ihnen gähnt der Abgrund. Seit über zwanzig Jahren plant man die Anlage eines Parkes zum Gedächtnis an den Besuch Eduards VII. von England in Lissabon, aber nichts als ein Plakat, das inmitten einer Einöde steht, verrät dieses Projekt, das so vergessen scheint wie sein Anlaß. Das Denkmal des Marquez Pombal [18. Jahrhundert], jenes rätselhaft gewaltigen Menschen, der es fertigbrachte, mit diesem Volke oder gegen dieses Volk die vom Erdbeben [1755] zertrümmerte Hauptstadt wieder aufzubauen, wurde schon vor vierzig Jahren besprochen, entworfen, gekrönt, aber nur ein leerer Platz und ein Name geben Kunde von ihm. Draußen in Bêlem warten seit Jahrzehnten die immer wieder vergessenen und immer wieder hervorgesuchten Knochen der Großen der Nation des Pantheons, das ihnen wohl niemals errichtet werden wird. Das Projekt nimmt die Stelle der Tat ein; der unruhige Wille sucht immer neue Reize und genügt sich im Entwurf.

Nur dieser eine Mann, Pombal, dieser größte Diktator, der nicht im Sieg, sondern im Zusammenbruch stieg und herrschte, verstand zu prägen und zu beharren, einen Plan zu zeichnen und rücksichtslos ihn zu verfolgen gegen die Trägheit und orientalische Passivität, die heimlich den Boden bilden von Lissabon; durch die Schnörkel und immerwährenden Kurven, in denen die alte maurische Art sich gefiel und geborgen fühlte, zog er die breiten Striche seiner parallelen Straßen; die runden kleinen Plätze erweiterte er unbarmherzig zum geometrischen Geviert, auf dessen großer, kahler Fläche sich nichts verstecken und nichts träumen kann; hier zogen Soldaten auf, entfaltete der Hof seinen schweren, gemessenen Prunk. Nüchtern, wie alle Städte des 18. Jahrhunderts, wie Mannheim und Karlsruhe, ist dieser neue Teil von Lissabon, dessen Plan der Gewaltige endlich, nachdem er unzählige verworfen hatte, auszuführen befahl. Rücksichtslos drückte er dieses Schema in das alte Stadtbild ein, dieser besessene Reformator, den man den Sohn des Erdbebens nannte; sie begegneten sich gewiß nicht zufällig, dieser Mann und die Katastrophe: im Grunde mußte er sich mit der ungeheueren Zerstörung einig fühlen, auf der er bauen konnte. Ob er nicht selbst mit seinem bärenstarken Arm Hauswände umstieß, die von der alten Zeit noch stehengeblieben waren, wenn er durch die Straßen ging und sah, wie sich die geraden Linien seines Planes langsam in die chaotischen Trümmer der vernichteten Hauptstadt zeichneten? Und jener erste Donner des Erdbebens, wie mag er ihn wohl getroffen haben?

Wie groß diese Gestalt ist, ihr Werk mußte bröckeln auf diesem Boden, wo nichts dauern, nichts sich vollenden kann. Nur der kalte königliche Empfangssaal des Hafenplatzes und das Viertel zwischen ihm und dem Rocio gehorchten Pombals Plan und führen die rechten Winkel durch, die er liebte; schon im nächsten Umkreis, in Xabregas und Santos – von den Labyrinthen auf den Höhen zu schweigen! – winden sich maurisch krumme Straßen in ewiger Schattennacht, wuchert das Genist in den Höfen hinter umdunkelten Toren. Aber auch mitten in diesem modernen Teil, mitten in Pombals Bereich, löscht die Buntheit regellos aufquellenden Lebens die strenge Gliederung und tote Farbe aus.

Es läßt sich nicht bestreiten, daß der bewundernswerte Plan dieses Mannes eines jener Verbrechen gegen die Tradition bedeutet, die ungestraft nicht begangen werden können; denn ein Ziel mag noch so hoch gesteckt sein, ja alles übertreffen, was jemals von einer Nation erreicht worden ist, es ist dennoch unheilvoll, wenn es dem nationalen Charakter widerspricht. Es war nicht möglich, die Portugiesen zu einem nüchternen Volke zu machen, den Verstand an die Stelle des Gefühls, Mathematik an die Stelle des Glaubens, Pflicht an die Stelle des Enthusiasmus zu setzen: Pombal wurde gestürzt und verbannt, und die ungeheuren Anstrengungen einer der größten Energien, die das Land je besessen hat, gingen verloren. Nur der neue Teil der Hauptstadt, die wohl niemals ohne Pombal wieder aufgebaut worden wäre, blieb.

Denn das Ewige hier ist das Meer, das man bei keinem Schritte vergißt, ist die Farbe, die Seltsamkeit, die auf allem Schutt der Hügel wächst. In breiten, flachen Körben auf den Köpfen schön gewachsener Frauen, um deren Gestalten die Buntheit leuchtender Tücher spielt, ziehen täglich die Fische ein in die Stadt. Die Mäuler klaffen, in den Augen ist noch die Unergründlichkeit des Meeres, ein Gewebe sich überdeckender Schleier, das kein Blick durchdringt. Mit der ganzen Last des Todes liegen sie hochgeschichtet da und ziehen wie auf Schiffen über die Köpfe der Menge; ihre Schwänze klatschen flach auf das bunte Wachstuch, das über den Rand des Korbes hängt. Die Frauen jagen vom Fischmarkt her zu Hunderten in das Straßengewirr hinein; sie überholen sich, während die Last, die auf steifen, schwarzen Hütchen ruht, unbedingt sicher sitzt und von keiner Bewegung des Körpers erschüttert wird. Den eilenden, nackten Füßen voraus fliegen die Schreie, gellend, wie grellgelbe Tücher, in der Luft sich bekämpfend, ein Riesenschwarm exotischer Vögel, die kreischend sich überschießen.

Oben, im alten Teil, zwischen der Kathedrale und dem Kastell, flirrt an allen Enden das Blau der Flut; die steilen Gassen scheinen hinunterzustürzen in den Fluß und den riesigen See, den er um die Stadt gesammelt hat. Es ist die Stadt der Seefahrer auch hier: Segelschiffe stehen als Reliefs über den Haustoren, oder sie kämpfen sich fast freistehend an den Ecken über empörte Wellen. An anderen Wänden stehen Heilige, in deren Mäntel der Wind fällt, als seien sie Gallionsfiguren und die Häuser Schiffe. Hier berühren sich die Erdteile und die Zeiten zu einem nie wiederholten Klang: dunkle Bogen öffnen ein Tor in die Finsternis von Gassen, die unterirdischen Gängen, von Plätzen, die Kellern gleichen. Häuser sinken einander zu, Dächer gleiten herab und ziehen Fenster mit hinunter, deren Winkel gänzlich verschoben sind, und aus deren Simsen sich die ungebändigte Üppigkeit wuchernder Geranien ergießt. Alle Linien sind geschwungen von einer runden Tiefe zu strebender Leichtigkeit. Unentwirrbar wird dieses Netz, das immer tiefer hineinzieht, neue Ausgänge schafft, die wieder Eingänge sind und hundert Möglichkeiten des Gehens und Verweilens bietet. Zwischen den roten Wänden der Schluchten leuchtet das Violett und Gelb der Wäsche, die, von Stück zu Stück verknüpft, in fünf- und sechsfacher Reihe gleich riesigen östlichen Teppichen zwischen den Häusern weht.

Gegen Abend drängen sich Köpfe in allen Fenstern und phantastische Gestalten hinter geschwungenen Gittern enger Balkone; von Papageien umkreischt, die auf vorstehenden Stangen an der Hauswand gemächlich turnen oder ärgerlich die Flügel spreiten, von in kleinen Käfigen zusammengedrängten Hühnern umkräht, genießen sie alle Farben, alle Schreie, das Drängen und Schieben in der Gasse, ihr Gegenüber und vielleicht auch die noch immer gesättigte Wölbung des Himmels und einen Widerschein des Meeres. Durch diese Enge finden keine Wagen hindurch; nur der Maulesel kann dem Menschen helfen zu schleppen im langsamen, vorsichtigen Tempo beschwerten An- und Absteigens auf steinigem Boden. Die Pfeife des Scherenschleifers tönt klar und voll wie das Lied eines Pirols, der Orangenverkäufer, der im Gehen zwei flache Fruchtkörbe am Tragbalken schwingt, singt seine Melodie, häßlich krächzt der Petroleumverkäufer hinter seinem Esel her, an dessen Seiten die fettglänzenden Kannen hängen. Unten, halb schon im Keller, hocken Frauen in ihren Ständen, kaum mehr sichtbar hinter Bergen von Gemüsen, in ihren Bastnetzen niederhängenden Melonen, giftgrünen und zinnoberroten Pfefferschoten, Bananenstämmen, Orangenhügeln. In jedem zweiten Hause liegen zerlumpte Männer um Fässer im Dunkel von Gewölben, das auch am Tage sich nicht lichtet. Monotoner Gesang steigt auf. Wein-, Stockfisch- und Katzengeruch zieht und steht in den Räumen wie im Freien; vom Hafen herauf treibt der Staub und rieselt als ein immerwährender Regen auf Farben, Leben und Bewegung herab, wie ein mählich deckender Schleier.

In der hohen, steilen Schnäbelung der Boote, in den Kaminen einfacher Häuser, die selbstherrlich emporsteigen wie Minaretts, im Holzgitter vor alten Fenstern und sonderbar vorgebauten Balkonen verraten sich die alten Beherrscher der Stadt, denen sie heimlich noch gehört: die Mauren. Man würde nicht erstaunen, wenn man verschleierten Frauen begegnete oder, hinaufblickend zu den sonnengeschützten Fenstern, das strafende Auge eines dunklen Wächters auf sich fühlte. Vielleicht empfände man, im Schatten eines dunklen Bogens, das leise Geläute des heraufziehenden Wasserverkäufers als etwas Natürliches und sähe ihn ohne Verwunderung vorübergehen mit dem vollen, feucht schimmernden Schlauch, dem braunen Gesicht im Schatten des Turbans und der ihm an einer Kette um den Hals hängenden Glocke, die er in der Hand hält und langsam auf und nieder bewegt, daß der Klöppel nur zögernd und um lange zu ruhen auf die tönende Wölbung fällt. Da setzt das Glockenspiel der Spitalkirche ein, und das Märchen wird Wirklichkeit: es ist ein orientalischer Klang aus dem Innern beschatteter Höfe, wo die Brunnen sprühen, aus verhängten, teppichbelegten Räumen, aus sonnenweißen Straßen voll Müdigkeit vom Übermaß der Farben und des Lichts, von den grausamen Übertreibungen der östlichen Welt.

Auch unten, im Lärm der Straßenbahnen und Autos, dauert der Orient fort im europäischen Kostüm. Noch immer bestehen zwei Lebenskreise für Mann und Frau, die sich nur selten und zu bestimmten Stunden überschneiden. Die Frau gehört – wenn sie auch viel freier ist, als in Südspanien – doch noch dem Hause an, wo sie von einer Schar von Dienstboten umhegt wird, in deren Ergebenheit irgend etwas an altes Sklaventum erinnert. Das Leben ihres Mannes betrachtet sie, soweit es sich außer dem Hause abspielt, mit einer hochmütigen Gleichgültigkeit, die zum mindesten gut gespielt ist. Niemals betritt sie die Cafés am Rocio, wo die Männer gehend und kommend sich rufen und minutenlang in den Armen liegen. Hier werden die Geschäfte abgeschlossen oder – unvergänglicher Orient – in den Seitenstraßen, im erregten Gespräch langer Reihen an die Hauswand gelehnter Männer, für die die Stunde vor Sonnenuntergang die wichtigste des Tages ist.

Aber Lissabon ist auch eine Stadt der Herren, und in ihren Palästen, die meist in der Zeit nach dem Erdbeben errichtet wurden, da in des Königs oder vielmehr Pombals Namen schrankenloser Absolutismus regierte, spiegelt sich am reinsten das nationale Element. Denn die Siegestrunkenheit der Entdeckerzeit schuf nur Ornamentik – man spricht zu Unrecht von manuelinischem Stil, es gibt, wie Bêlem zur Genüge erweist, nur ein manuelinisches Ornament –; hier aber, in diesem auf eine ganz nationale Weise umgewandelten Rokoko, offenbart sich im Gewand des 18. Jahrhunderts noch einmal die portugiesische Seele. Die Fassade ist vornehm, ohne doch ernst, klar, ohne nüchtern zu sein; alles ist Gelöstheit und Schweben, aber durch die Leichtigkeit der Zeit, die lächelte, während doch an allen Straßenecken die Trümmer lagen, *endgültige* Trümmer einer Nation, dringt das volle Maß schweren Gefühls, das sich gerade mit Glück noch behauptet: welche Frivolität und Ironie in spielenden Linien, welche Wehmut in einem leeren Oval! Es sind Häuser von Herren, aber diese Herren lieben es, zu träumen hinter geschlossenen Läden, in den Labyrinthen des Herzens sich zu verlieren, sie lieben es vor allem, zu klagen, ohne zu verzweifeln. Heiterkeit und Wehmut halten sich die Waage; das Aufstreben der zierlichen, durchbrochenen Ornamente an den Ecken der über die einzelnen Fenster sich schwingenden kleinen Dächer ist ebenso schmerzlich wie leicht; erst nehmen sie das geschwungene Herabsinken der Giebel nachdenklich auf, dann weiten sie es aus, um sich spielend gegen den Himmel zu richten. Um die Kamine schwebt, den Wolken noch näher gerückt, ganz schon im Zwischenreich, noch einmal die graziöse Leichtigkeit dieser Fülle: mit glänzenden, gelben Ziegeln gedeckte Pagoden stehen auf schmalen Postamenten in zierlicher Ordnung über dem Dach. Fast auf jeder Straße erlebt man die Beglückung durch einen solchen Palast, der meist ohne ebenbürtigen Nachbar, ohne Gegenüber, mit herabgelassenen grünen Läden in der Sonne steht, als ein Bruchstück der Herrenzeit, umglänzt vom Spiele der Phantasie, die unter seinen hundert Dächern und Dächelchen, im Schatten seiner schmalen Verzierungen, in allen Winkeln seiner Stille nistet.

Durch alle Straßen hinkt das Elend: bettelnde Männer und Frauen mit zerfressenen Gesichtern, bizarr verbildeten Gliedern, toten, grau übersponnenen Augen bieten Lotterielose mit unverändertem Gleichmut an, keine Verweigerung, keine Vergeblichkeit bringt sie ab von ihrem Tun; denn ihre Verzweiflung ist derart, daß sie nicht mehr zunehmen kann und gleich einem undurchdringlichen Mantel vor allen Pfeilen schützt. Auch um die Stadt haust das Elend, denn diese Weltstadt liegt eigentlich in einer Wüste, die man nur flüchtig zu bebauen versuchte. So trafen sie schon venetianische Gesandte im sechzehnten Jahrhundert an, als eben erst der Goldstrom über sie hinweggerauscht war; es gibt keine Bauern, nur Bettler, keine Dörfer, nur Ansammlungen morscher Hütten elendester Art, keine Äcker, nur Gestrüpp über Steinen. Damals wie heute wuchs kein Brot. Man ließ es aus Frankreich, aus Danzig kommen und bezahlte es teuer mit Perlen und Gold; denn seit Indien entdeckt war, wollte keiner sein Land mehr bebauen. Warum mit dem Pflug ankämpfen gegen die Erde, wenn drüben, jenseits des Meeres, ein Griff in bereitstehende Schätze Reichtümer hob, die Generationen dem Boden nicht abringen konnten? So fuhren sie hinaus, dem Ungewissen zu, das sie verschlang; die Dörfer wurden leer, die Äcker verwilderten und endlich gab der Hunger der Daheimgebliebenen Gold für ein wenig Brot. Europa wurde reich vom Hunger dieser Phantasten.

Das Meer, das Meer! Und der Tejo, sein breites, herrliches Tor! Sie sind das Verhängnis der Stadt; das Verhängnis dieses kleinen Landes, das von dem Unglück betroffen wurde, einen der großartigsten Häfen Europas zu haben. Fährt man hinüber nach Almada durch das Gewirr dieser Schiffe, die alle fremden Nationen gehören – denn Portugal hat den bedeutendsten Hafen und die unbedeutendste Flotte, ist nichts als eine Küste und kann doch selbst nicht aufs Meer –, und betritt in einer Entfernung von etwa zehn Minuten von der Stadt das andere Ufer, so sieht man die Not wüten auf die grausamste Art, Kinder schon mit allen Zeichen verheerender Krankheit behaftend, Halbverhungerte und Erschlaffte in todgleichem Schlaf auf die schmutzigen Steine streckend, das letzte Grün sich durchkämpfender Feigenbäume rücksichtslos verdorrend. Nur die Katzen finden noch Nahrung an Fischabfällen; unter den Häusern und im Geröll der Küste wühlen die großen starken Ratten, daß die Steine polternd übereinanderstürzen von dem Ungestüm ihrer Flucht.

Auf der Höhe von Almada, nahe einer Kirche, liegt ein Park. Ein Gärtner öffnet verwundert und stumm das Tor und macht sich wieder an seine vergebliche Arbeit, deren sich langsam eingrabende Spuren jeder Tag wieder verwischt; alle Beete sind überwachsen, der Rasen ist verbrannt, die Bäume verdorrt. Eine Lorbeerallee zieht schweigsam und königlich über dieses Elend hinweg dem Abgrund zu. Vor einem verwaisten Pavillon bietet sich in seinem ganzen Umfang das ergreifende Bild dieser Stadt, die immerfort zu vergehen scheint und sich doch noch erhält, die bei all ihrem Lärm traumhaft unwirklich ist wie ein Transparent.

Ruhig, wie ein versteinerter Klang, stehen die weißen Türme von São Vicente de fóra im Licht, und doch bewahren sie den entsetzlichen Schrecken der offenen Königssärge des Hauses Braganza, das Bild der Verwesung, das ausgestellt ist wie ein Schaustück in einem Laden; tiefer schwimmen die altersgelben Zinnen der Kathedrale, von deren Höhe das Volk im 14. Jahrhundert einen Bischof stürzte; dies ist eine Festung, kein Tempel, Haß und Feindschaft fügten jeden Stein, es ist ein Monstrum, das sich in diese Südlichkeit verlief und in ihr erstarb. Unter ihr füllt das erstarrte Häusergewirr das Tal und steigt dann widerwillig bis zur leeren, allzu weißen Kuppel der Estrella-Kirche, deren Pomp unmittelbar nach dem Erdbeben Zeugnis ablegen sollte von unerschüttertem Glauben, von scheinbar unverringerter Kraft. Aber dieser Prunk ist hohler Prunk auf Gräbern, diese Glaubenskuppel scheint aus Gips, so verdächtig weiß, so nah dem Zerspringen. Vereinzelte Palmenkronen treten breit auseinander über niedrigen Dächern; auf der äußersten Höhe, schon am Anfang der Wüste hinter der Stadt, hüten enggedrängte Zypressen das tote Steinfeld des Friedhofs. Flußabwärts streckt sich, nahe den Ufern, das schimmernde Kloster von Bêlem aus, jenes steinerne Projekt eines Heiligtums der Nation. Ganz aus der Ferne blitzt in den Lüften der Schein des Meeres, wie ein Ungewitter, das ewig über der Stadt steht, das sie vernichten kann, wenn es will, und sie vernichten wird, sobald es ihm beliebt. Denn nichts war in Lissabon durch alle Jahrhunderte so gewiß, als die Katastrophe. Schon im fünfzehnten Jahrhundert und wieder für das Geburtsjahr des Camões [1524] war die große Flut prophezeit, vor der man sich auf die Berge flüchtete, und die man mit Erstaunen nicht kommen sah; um 1570 galt es für gewiß, daß der Carmo-Berg, auf dem Nun'Alvares schlief, mit dem Berge, auf dem das Kastell São Jorge steht, über der Stadt zusammentreffen, alles verschütten und mit seinen letzten über den Tejo geschleuderten Trümmern auch Almada noch vernichten werde. In allen Jahrhunderten donnerte es unter dieser Stadt, in deren Boden das Unglück eingeschlossen war und wuchs, bis es sich endlich als das Schicksal zeigte, das alle ahnten, alle für unausbleiblich hielten; dieses Schicksal, das schon vor der Stadt im Boden war und sie berief.

Das Bild der Stadt ist ganz und gar fragmentarisch, wie das Land, das sie umgibt; wie der Hafen, der kein Hafen ist für dieses Land. Es ist ein fast mit jedem Jahrhundert wiederholter Beginn, der immer verschüttet, immer zertrümmert wurde und zuletzt das eine zu erschütternder Vollendung wachsen ließ: das Schicksal. Denn alle diese Anfänge, diese unzähligen Fehlschläge machen die Einheit dieses Schicksals aus; die vielen Halbfertigkeiten ordnen sich zur Kurve. Von der kleinen Herrschaft Einzelner bis zum Königtum eines Volkes über die Welt ward hier alles versucht; ist hier alles endlich mißlungen. Über das Wechselspiel herrlicher, vielleicht einziger Wünsche hinweg dauert die ewige Unzulänglichkeit. Jede Gestalt wird versucht und verworfen, endlich bleibt als letzte Form die Gestaltlosigkeit. Die Erschütterung vor Trümmern ist die letzte Kraft, mit der Lissabon auf die Erde wirkt, aber noch rollt diese zu schnell, um seiner zu achten. Auf der Höhe von Almada fällt uns jene Weisheit an, die tödlich ist; denn diese Stadt weiß um alles, um allen Aufstieg, um alles Ende, um das Königtum der Vergeblichkeit.

Lissabon, das Fluchttor der Barbaren, die letzte Station der Kelten, die das Meer nicht weiterließ, das Kastell der Römer, die Beute der Kreuzfahrer, wo irgendwo der deutsche Ritter Heinrich aus Bonn unter einer Palme schläft, die Burg der Ritter, die Stadt der Könige, die meerumspülte Hauptstadt der Welt; Lissabon, das Vergängliche, Geschlagene, Schwindend-Unwirkliche, wo die Häuser zerfallen im Bau, die Könige sichtbar in offenen Särgen verfaulen, die Großen vergessen werden; Lissabon, das unerwecklich im Lärme schläft, unter Palmen und leuchtenden Farben stirbt, das im verwilderten Taumel Gestürzte, es ist im tiefsten Sinne die Stadt des Dichters, wie das ganze portugiesische Volk dichtend durch die Zeiten schritt und dichtend die Welt verlor. Keine andere Stadt, kein anderes Volk bedurfte des Dichters mehr als diese Halbfertigkeit, die vollendet werden muß im Gedicht. Nirgends war der Dichter so sehr Erfüller wie für diese Nation, deren Geschick er rechtfertigte, die allein durch ihn lebt.

Irgendwo unter diesen Steinen liegt der Staub des Camões; die Hände, die nach ihm gruben, fanden ihn nicht, niemand weiß, wo er starb; er ist ganz eingegangen in die Stadt, wo er die Geliebte fand und verlor, wo er gefangensaß, vertrieben wurde, nach der er sich in Indien verzehrte, in die er endlich zurückmußte, weil sie die Hauptstadt seines Lebens und seiner Erde war, und mit der er starb, kurz ehe die Hufe der ersten spanischen Reiter auf ihre Steine schlugen. Seitdem ist er verschwunden, ein Teil der Erde geworden, auf der die Stadt ewig sterbend steht, und doch besitzt er sie ganz allein als seinen eigensten Bereich, könnte er noch durch alle Gassen, durch alle Häuser gehen als Dichter in der durchsichtigen Umwelt seines Traums.

# *Das blaue Haus [Cascais]*

Lange hielt ich's in der Pension, zwischen dünnen Wänden, durch die Kindergeschrei drang, nicht aus, aber auch für das kleine Hotel, das einzige in Cascais, konnte ich mich nicht entscheiden. Es wäre an sich schon verlockend gewesen: ein niederes weißes Haus mit altertümlichem Ziegeldach und der schön gemalten Aufschrift »Banho« und »Riviera Hotel« steht breit in der Sonne; den kleinen Fenstern gegenüber, nur durch die Straße von ihnen getrennt, schlagen die letzten Wellen des Tejo, schon vermischt mit dem Salze des Meeres und emporgehoben von seinem Rhythmus, auf den weichen Sand; die portugiesischen Fischer stehen in wollenen karierten Hemden an der schimmernden Hauswand, über die die Reflexe der glitzernden Fläche spielen, oder sie biegen mit ihren zinnoberroten Segeln um das Türmchen der alten Seefestung und legen an. Dann verladen sie die hochgefüllten Körbe, aus denen die zierlichen Leiber der Sardinen blitzen wie gehäuftes Silber oder große schwere Fischleiber wie eben der Erde entrissenes Erz, in kleine Boote, rudern noch näher heran und passen eine Welle ab, die sie auf den Sand wirft. Der Welle vorausspringend, die sie trug, und zu zwei und zwei die Körbe tragend, retten sie, während die abströmende Flut ihre nackten Beine umspült, die Beute in den enggedrängten Kreis der wartenden Frauen.

Die Stimme des Versteigerers stürzt die Zahlenleiter herab, so rasch, daß ihr das Ohr kaum folgen kann; denn es ist eigentlich kein Steigern, sondern ein Senken der Preise, nach dem die Ware zugeschlagen wird: der Verkäufer ruft einen hohen Preis aus, ermäßigt ihn in jagender Hast von Zehner zu Zehner und teilt *der* Frau die Fische zu, die ihn zuerst unterbricht. Seine Stimme klingt monoton, singend, verschwimmend, als durcheile sie ein geheimnisvolles Gebet; der Abend sinkt über den kleinen Menschenhaufen vor dem Meer. Inzwischen werfen sich die heimgekehrten Fischer in den Sand unter das dunkle Gespinst der Netze, das den ganzen Hafen umzieht und hinaufreicht bis an die Häuser; die Boote sind heraufgezogen und liegen vor den Fenstern; der Himmel wird tief. Es ist, als läge der kleine Ort auf dem Meeresgrund, und die Kähne und Menschen wären langsam zu ihm heruntergesunken, wie sie Sturm und Unglück aus dem Tageslichte vertrieb: alles geht im Abend unter. Auch in den offenen Schenken liegen die

Männer wie tot auf den Bänken vor den riesigen Fässern, über denen Büschel von Eukalyptusblättern hängen; die Boote knarren ein wenig, wenn der Wind die schräg aufsteigenden Maste streift, wie eine der unsichtbaren Strömungen in der Tiefe der Meere. Drüben hinter den Gittern der Markthalle liegen die toten Meerwunder auf langen Tischen; die immer noch blitzende herrliche Silberschlange des peix'espada, der Thun mit weitaufgerissenem Maul, aus dem alles Entsetzen des Todes, der plötzlichen Überwältigung, gähnt, das verwirrte Geschlinge des Tintenfisches, das an sich selbst erstickt und verdorben scheint, und der schwarze, gewaltige peix'agulha, der in rasender Wut seinen langen Speer in die Nacht stößt. In das Dunkel einer fernen Gasse biegen zwei Männer, die an einer über die Schultern gelegten Stange einen ungeheuren Fischleib schleppen, wie die Kundschafter die Traube aus dem Gelobten Land; der breite Schwanz schleift furchtbar über die Steine und sträubt sich noch im Tode gegen das fremde Element, das ihn verdarb.

Droht aber ein Sturm, so werden auch die großen Kähne heraufgezogen; dann wird ein Ochsenpaar vorgespannt, zwanzig Männer reihen sich an ein Seil und auf knirschenden Rollen, unter totem Gesang bewegt sich das Fahrzeug herauf, widerwillig, wie der erstarrte Fischleib, den man nachts durch die Straßen trug.

Trotzdem wollte ich in dem kleinen Hotel nicht wohnen; ich hoffte noch immer Einlaß zu finden in einer portugiesischen Familie, um der eigentümlichen Empfindungswelt dieses Volkes noch näher zu sein. Indessen, es gilt nicht gerade für vornehm, Zimmer zu vermieten, und so findet man bestenfalls ein ganzes Haus oder ein unmöbliertes Stockwerk, an deren Fenster die rechteckigen, weißen Papierstücke kleben, die hier die Stelle von Plakaten vertreten. Durch Zufall hörte ich von dem blauen Haus, das etwas entfernt von dem erregenden Wellenschlag des Atlantiks in einer stillen Straße lag. Senhora Maria, die hier mit ihrer alten Pflegemutter und ihrem zehnjährigen Knaben lebte, empfing mich vorsichtig als Engländer und wurde noch viel vorsichtiger, als sie hörte, daß ich Deutscher sei. Sie hatte noch nie mit Deutschen gesprochen, und ich wäre wohl niemals in ihr Haus eingedrungen, wenn ich nicht zufällig die Bekanntschaft eines liebenswürdigen portugiesischen Hauptmanns gemacht hätte, der mir nun als Fürsprecher diente.

Ich hatte ein großes, sonniges Zimmer, von dem ich, in dreifacher Zerteilung durch den Kiefernwald eines Parkes und die phantastischen gelben Ziegeldächer portugiesischer Häuser, noch das Meer und einen kleinen Ausschnitt des Hafens mit den Blicken erreichte. Es war sehr ruhig um mich; ich genoß das schwere, kühle Leinentuch der bestickten und umsäumten Handtücher, die ich jedesmal mit einer gewissen Freude zu ihrer ganzen Breite auseinanderfaltete; ich sah mit der gleichen Freude zu, mit welcher Sorgfalt jeden Morgen das Zimmer gereinigt wurde und mit welcher Liebe die alte Pflegemutter, die Senhora Maria und der Knabe mit der eigentümlichen Musik ihrer Sprache »avózinha« nannten, die vielen kleinen Voraussetzungen bürgerlich-behaglichen Lebens, die blinkenden Gläser auf dem Waschtisch, die Vasen und kleinen Familienbilder auf der Kommode, die kleine Lampe und das Tintenzeug auf dem Schreibtisch in Ordnung brachte, wie sie die Uhr aufzog, deren vorsichtiger, gleichsam nur anklopfender Schlag mich nicht störte, und den Spiegel in dem großen, schön gearbeiteten Schrank auch von den letzten Fäserchen befreite, die seine Fläche trübten.

Außer diesem besänftigenden Glockenschlag fand die drängende Zeit in mir glücklicherweise keine Antwort und Bestätigung von außen; es sei denn, daß ich die Rufe der Händler so verstanden hätte, die wie die Uhr die Stunden des Tages, mir von der Straße die Tage der Woche singend verkündeten: Mittwochs hörte ich das Lied des Orangenmanns, dienstags den Choral des Austernverkäufers, samstags den halb gesprochenen, halb gesungenen Ausruf des Tuchhändlers, der neben dem bunt beladenen Esel vorüberzog. Immerwährend gekreuzt wurde jedoch diese Ordnung von einem unruhigen kleinen Manne im grauen Anzug, der an einem Riemen einen Korb an der Hüfte trug und in diesem einen Sack, und jeden Tag und fast zu allen Stunden vorübereilte mit einem einzigen Schrei, der klang, wie der Notruf eines in der Wüste verendenden Vogels. Ich wußte lange nicht, was er zu verkaufen hatte, sein Schrei erschütterte mich wie der letzte Verzweiflungslaut eines an namenloser Qual erstickenden Menschen, und wie ich dann endlich erfuhr, daß er fast in einer einzigen Silbe die Worte »quentes e boas« rufe, das heißt »warme und gute«, und damit geröstete Kastanien meine, die er in seinem Sacke warm hielt, mußte ich lächeln über die Armut des Wortsinns und den Reichtum des Lautes. Was hatte die Bedeutung der beiden Worte mit dem Geheimnis dieses Mannes zu tun, den es trieb, seinen Schmerz hinauszuschreien, gleichgültig, mit welchen Worten! Seine Unruhe, seine Eile, der ewig wiederholte Schrei einer ewig unveränderten Qual: waren sie nicht der Anfang seines Handwerks, das er nur betrieb, um ihnen zu entsprechen? Unbesiegliche Übermacht der Seele, die unsern Tag formt, und der wir auch im Nächsten und Notwendigsten gehorchen müssen!

Diese Mahnung an die nahe Tiefe schien mir nicht ganz unpassend in der Ordnung, die mich umgab, und die ich dennoch glücklich genoß. Es war zum erstenmal, daß ich in einem wirklich eingerichteten Zimmer im Süden wohnte und um mich den ruhigen, unaufdringlichen Gang eines gepflegten Haushaltes fühlte. Die beiden Damen überwachten und ordneten nur; alle übrige Arbeit fiel den beiden Mädchen zu, die uns in selbstverständlichem Gleichmaß umsorgten und ebensosehr Bediente wie Freunde waren, auf jene seltene und schöne Art, die Don Quijote mit Sancho Pansa verband.

Dieser spanische Roman, der mir als einziges Buch neben meiner Studienlektüre – und dem »Siebenkäs«; denn Jean Paul muß man in Portugal lesen, um zu verstehen, wie die Menschen geleitet werden durch das Herz – Gesellschaft leistete, beschwor gleichzeitig das einzige Thema herauf, über das ich mich mit Senhora Maria nie verstand: Spanien. Sie war Portugiesin auf jene leidenschaftliche Art, mit der es alle Portugiesen sind: es gab keinen Kranz, der ihrem Vaterland fehlen durfte, und ob die Gegenwart auch noch so sehr der Vorstellung widersprach, die sie in ihrem Herzen nährte, so hatte sie doch eine beispiellos glänzende Vergangenheit für sich, die noch immer nicht so weit verblaßt ist, als daß sich der Glaube an ein heimliches, uneingestandenes Kaisertum nicht erhalten hätte. Spanien aber hatte – freilich nur, nachdem der innere Zusammenbruch schon erfolgt war – die letzten äußeren Zeichen der Macht zerbrochen, Philipp II. den portugiesischen Thron »geraubt« und für sechzig Jahre an den seinen gekettet; diese Zeit, an der für die Zurückblickenden alle Schmach des Sklaventums haftet, wird in Portugal nicht vergessen.

Senhora Maria war empört, daß ich Spanien liebte, mehr spanische Städte als portugiesische besucht hatte – hieran war übrigens nur der Umstand schuld, daß es mehr spanische Städte gibt, was ich aber nicht vorbringen konnte –, daß ich spanische Bücher las. Sie verzieh es mir nicht, wenn ich im Gespräch ein spanisches Wort an Stelle eines portugiesischen setzte und spanisches Wesen verteidigte, das im übrigen durch Klarheit und Strenge, durch ein wahrhaft dramatisches Temperament dem weichen portugiesischen

Verfließen, der im Tiefsten lyrischen Anlage des portugiesischen Volkes, so sehr entgegensteht, daß ein Vergleich zwischen den beiden Charakteren kaum möglich ist. Dann erwachte auch in ihr das »afrikanische Temperament« und sie brach in eine Philippika gegen Spanien aus, in die sie eine reiche Anzahl portugiesischer Sprichworte verflocht. Von Spanien kein guter Wind, keine gute Heirat; das Gehirn werde ihr zu Wasser, wenn sie an Spanien denke.

Ihr Knabe, der zehnjährige Antonio, ist wild, begabt, nervös; er ist unsagbar zärtlich gegen seine Mutter, streichelt ihre Hand, bittet sie, daß sie ihr Kinn auf seinen Kopf preßt und ihn liebkost. Er tut nichts ohne Leidenschaft, aber diese Leidenschaft verfliegt; sie ist im Grunde eine und dieselbe, aber ihre Ziele wechseln immer auf eine gefährliche Art. Die zehnjährigen Augen haben schon Maßstäbe für eine Frau; er kann Häßlichkeit nicht ertragen und bricht selbst auf der Straße in einen entsetzten Ruf aus, wenn ihm eine häßliche Frau begegnet. Ein älteres Dienstmädchen, das ihm nicht gefiel, trieb er schon als vierjähriges Kind aus dem Haus. Vor Schönheit weicht er ehrfürchtig zurück, um sie wortlos zu verehren; ihre Macht trifft ihn sofort und macht ihn stumm. Sein Wille ist kaum zu brechen; wird ihm ein Spaziergang verweigert, so bricht er in ein Toben aus, dessen natürliche Unzähmbarkeit endlich Besorgnis erweckt. Er muß entweder lieben oder hassen; Freund oder Feind sein. Er will schenken und verschwenden, jeder Beweis seiner Liebe ist ihm zu gering, und nur die Phantasie kann ihm noch Erfüllung bieten für das Übermaß seiner Wünsche. Sein Verstand durchdringt auch schwierige Dinge sofort, aber sein Interesse läßt sie fallen, sobald sie mehr bedeuten wollen als ein Spiel.

Abends sitzen wir in dem kleinen Salon und hören sonderbare Geschichten, wie sie nur noch im äußersten Südwesten Europas geschehen. Avózinha, in deren achtundsiebzigjährigem Gesicht die Schönheit der Jugend zur Schönheit des Alters wurde, erzählt, daß sie sich schon mit dreizehn Jahren verheiratete, um bald die große und echt portugiesische Enttäuschung zu erleben, nach der die Dinge der Welt nur noch einen wehmütigen, zweifelhaften Wert besitzen. Wir hören von den Wölfen jenseits des Tejo und nördlich in dem verlassenen Estrella-Gebirge, von den Frauen in Algarve [Südküste], die noch immer nach arabischer Sitte das Gesicht verschleiern, den portugiesischen Zigeunern und dem erschossenen König Dom Carlos, der es liebte, mit ihnen in der großen, leeren Ebene des Alemtejo herumzustreifen. Wir sprechen auch von dem jungen Dichter, der sich vor wenigen Tagen in den furchtbaren Felsenschlund an der Küste von Cascais stürzte, nachdem er vorher sorgsam seine Schuhe ausgezogen und auf den Felsen gestellt hatte, als ginge er schlafen. In keinem Lande geschehen soviel Selbstmorde, wie in Portugal; immer spielt die Liebe mit, die »unica tragedia portuguesa«, wie Unamuno sagt, aber sie hat eine besondere Note: die Verzweiflung über ein vereinzeltes Geschick wird zur Verzweiflung an der Welt überhaupt; die Traurigkeit greift über auf alles, was existiert, die Flucht wird zur Sehnsucht nach Nirwana.

Manches Mal kommt Maria Manuella, die vom kleinen Antonio heimlich Verehrte, mit ihrer Mutter und singt uns portugiesische Volkslieder vor. Sie heißen »fados«, Schicksale; denn hier, wo alles Empfindung ist, wird das Lied zum Schicksal, das Schicksal zum Lied; es genügt das Herz, um zu überwältigen; und wenn sie tönen aus dem Munde des eigenartig schönen Mädchens mit den etwas schräg stehenden Augen und blau schimmernden Adern unter blasser Haut, so wacht wirklich das portugiesische Schicksal auf: im Zartesten, in Gedanken von platonischer Schönheit, die Unbekannte dieses Volkes dichteten, ohne es zu wissen, girrt und schwelgt es von gleichsam versteckter, betörender Lust, von einer Lust, die zu stark ist, als daß sie nicht zerstörte, und die gerade im Zerstören sich neu entzündet. Dann steigt die Sehnsucht auf, königlich, unberührbar, und greift nach Zielen, die jenseits liegen, im Wolkenblau, ganz außer der Reichweite unserer Hand, niemand kann ihr mehr folgen, und da sie sich verlieren muß, wird immer deutlicher die Klage, die am Anfang schon mitschwang, über das Verlorensein des Menschen und das Truggespinst der Welt, die Unerfüllbarkeit aller unserer Wünsche. Aber die Lust kehrt zurück und paart sich mit der Klage, und sie schwelgen gemeinsam, entzückt und weinend, im Leiden genießend, unter Tränenschleiern beglückt.

Es sind Gefühle, die nur diese Sprache vermitteln, nur diese sonderbaren Melodien erwecken können; nur der, für den diese Zeichen sich umwandeln, das Wort zum Tone wird, ahnt, was diese Verse sind auf portugiesischen Lippen:

Fallas d'amor sò as sabem
os cegos de olhar profundo;
hà palavras que não cabem
dentro da luz dêste mundo.

Ai daqueles que sò amam
e são ceguinhos na estrada;
mas piór dos que não amam
que não são cegos nem nada.

Die Sprache der Liebe finden
nur Blinde, die tiefer sehen;
es gibt Worte, die können im Lichte
dieser Erde nicht bestehen.

Weh denen, die nur lieben
und blind auf der Straße sind;
weh denen, die niemals lieben,
die nicht sehend sind und nicht blind.

Das Anerbieten ihrer Tochter, auch eines der wenigen heiteren Volkslieder zu singen, wehrt die Mutter, die still und hausbacken wie irgendein altes deutsches Dämchen mit ihrer Handarbeit in der Ecke sitzt, entschieden ab: Nur die traurigen Lieder seien wahrhaft portugiesische, und sie wolle keine anderen hören. Und so tönt es mitten unter uns und fast schon feierlich-fern in der Nacht:

Anda o luar pela serra
anda o luar pelas portas;
o luar da minha terra
é o pintor das horas mortas.

Das Mondlicht streift die Berge
die Türen in Einsamkeit;
o Mondlicht meiner Heimat,
o tote, verlorene Zeit.

Von der Straße herauf schreit noch einmal, fast schon heiser, der verendende Vogel seinen Notruf, dann betört und schluchzt es wieder in dem kleinen Zimmer mit einer Stimme, die fast dem

Übermaß des Herzens erliegt, während aus der Ferne die Leuchttürme in den Nebel zu heulen beginnen wie verlassene Hunde, und die Schiffe mit ihren Signalen verzweifelt nacheinander tasten, ohne sich zu finden; der Gesang des äußersten Westens, der ungehört und unveränderlich nur für sich selber tönt, die sonderbarste Melodie im Stimmgewirr unseres Erdteils.

# *Belém*

Die Geschichte Portugals, die Geschichte eines kleinen Landes im Schatten der Weltmission, ist eindeutig und klar; während in unseren eigenen Annalen wohl genug Taten stehen, diesen Taten aber nur zu oft die Perspektive fehlt, weil sie kleinen Kreisen angehören und in kleinen Kreisen verebben, strahlt das in Portugal Geschehene immer zu dem einzigen Mittelpunkt, dem einzigen Thron und von ihm auf das Weltgeschehen zurück. Als äußeres Zeichen dieser Einheit, von der sich nur der Standort verschiebt, bestehen drei Klöster, von denen jedes eine der drei Epochen der portugiesischen Geschichte erschöpfend vertritt; Batalha, als einziges großes gotisches Bauwerk des Landes, die stärkste innere Kraft, die Ritterzeit; Belém, als der höchste Triumph einmaliger nationaler Ornamentik, die auf die Entdeckung des Seewegs nach Indien begründete äußere Macht und den unmittelbar mit ihr verbundenen Umschwung; Mafra, als spät gefundener Anfang eines wahrhaft portugiesischen Stils, die totale Erschöpfung kurz vor dem Erdbeben, die sich mit letzter Kraft ein bombastisches Grabmal baut, um dann endgültig und für immer vom Schauplatz der Taten zu treten und im Idyll ihr Dasein zu fristen.

Das erste Kloster ward gebaut unmittelbar nach dem Siege eines kleinen Haufens portugiesischer Ritter gegen spanische Übermacht [Aljubarrota, 1385], der dem neuen Königreich die Selbständigkeit sicherte, daher sein Name »Schlacht«, das zweite nach einer Entdeckung, der eigentlichen Erfüllung der portugiesischen Mission, das dritte als Erfüllung eines Gelübdes, das ein bedeutungsloser König tat um einen Erben. Man erkennt leicht die Kurve des Schicksals, das sicher und tollkühn hervorbricht, glänzend kulminiert und kläglich versandet; die erste Epoche kämpft um das Sein, die zweite um die Welt, über die dritte entscheidet, umschmeichelt, unfähig und überheblich, ein schwacher Fürst. Noch einmal spiegeln sich die drei Zeiten in den Mitteln, die den drei Bauwerken dienten: Batalhas Grundstein ward gelegt mit der den Spaniern abgenommenen Beute, Belém ward erbaut mit dem Zehnten der Einkünfte aus dem phantastisch gewonnenen Weltreich; Mafra entstand, als das eigene Land völlig verarmt, Indien schon verloren war, und der Silberstrom aus den plötzlich entdeckten Minen Brasiliens der zum Untergang verurteilten Nation wenigstens den Rausch des Endes gewährte. Alle drei Klöster zielen ins Maßlose, alle drei wurden nicht vollendet, weil das portugiesische Schicksal auf seiner besinnungslosen Jagd nach der Katastrophe keine Zeit dazu ließ.

Drei Klöster bezeichnen den Weg der Nation: eine dreimalige Flucht aus der Welt, der sie im Grunde nicht gerecht werden konnte; eilig, widerstrebend, spielte sie ihre Rolle, um sich rasch wieder zurückzuziehen, das letzte Mal, um zu entschwinden in der ungeheuren Grabkammer von Mafra, die auch den Escorial in den Schatten stellen sollte. Während die Steine noch gefügt werden an diesem Schlafsaal für die Ewigkeit, dröhnt schon der Boden von den Vorzeichen des Erdbebens von Lissabon...

Belém – der Name ist eine echt portugiesische Verkürzung von Bethlehem – steht in der Mitte, vorwärts und rückwärts weisend; es hat etwas von der Gotik Batalhas, etwas von Mafras Bombast und allein für sich die traumhafte Schönheit des Unwiederholbaren.

Heinrich der Seefahrer stiftete als Meister des Christusordens nahe von Lissabon am Tejo, an der Stelle, wo heute das unvergängliche Portal von Belém sich öffnet, ein Kloster, das der Jungfrau geweiht war; denn Maria, die die katholische Kirche den »Stern des Meeres« nennt, die Allerreinste, gebot an Stelle der Venus über das Meer; ihr diente der Prinz, von dem die Sage ging, daß er nie eine Frau berührt habe, und der, wie es wahrscheinlich ist, mit allen seinen Kräften besessen von den noch nie betasteten Geheimnissen der Flut, nicht nur sein eigenes Leben, sondern das Leben zweier hochbegabter Brüder und unzähliger Unbekannter rücksichtslos einsetzte und opferte für die Entschleierung des Meeres, für den Anfang einer phantastisch-ungeheuren Macht. Hier schlief Vasco da Gama die letzte Nacht vor seiner Fahrt in das Traumreich, die zwei Erdteile aufs neue verband, hier betete er am Morgen des großen Tages und hier traf ihn, als er sich einschiffte, nach der Darstellung des Camões, der Fluch des Alten von Restella, jenes als Prolog zur scheinbar glückhaftesten Tat eines Volkes beispiellos gewaltige Verdammungswort, das in der Ahnung notwendig heraufziehenden Unheils, den ersten verflucht, der ein Segel spannte über ein Stück Holz. Nichts ist so bezeichnend, als dieser Fluch über die ausfahrenden Schiffe, dieser letzte zornige Protest des Seefahrervolkes gegen seine Bestimmung, das auf das genaueste das Verderben in der Größe spürt und ihr, allem Ruhme zum Trotz, widerwillig entgegengeht. Hier endlich wurde Vasco da Gama von seinem König empfangen [1499], als er zurückkehrte ohne Beute, aber mit der Gewißheit unermeßlicher Schätze und Reiche, die warteten auf die neuen Herren der Welt. Noch in demselben Jahre ließ Emanuel, dem die Geschichte das zweideutige Attribut des Glücklichen statt des Großen verlieh, beginnen mit dem Bau eines neuen Klosters.

Belém ist also nicht nur ein Siegesdenkmal, sondern es wurde geschaffen oder doch mindestens entworfen im ungebändigten Rausche des Sieges selbst. Dreimal unterwirft sich die Freude der Weltbesieger die steinerne Masse: in der Kirche, im Dormitorium und Kreuzgang, dreimal erbraust der Akkord, aber nur einmal ist er voll, tönt er wirklich aus: im Kreuzgang hinter der Kirche.

Es ist wie ein Lebendigwerden aller Träume über dem Seitenportal gegen die Flußmündung, an dessen Treppen vor dem Umbau der Straße die Wellen schlugen – denn auf das Meer gründete sich die neue Macht, nach dem Meer sollte die Kirche sich öffnen, vom Meer her sollte man sie sehen und erreichen, auf dem Meere sollten die Schiffe noch ihren Segen spüren –, ein Übereinandersteigen der Figuren, ein Aufschließen endlich befreiten Reichtums, der sich kaum mehr zwingen läßt in die Form des spitzen Bogens und endlich doch noch in seiner ganzen Fülle von ihm umfaßt wird; dann zerteilen sich im Innern gewaltige Säulen in das Dach, wie die Strahlen gigantischer Fontänen, die harmonisch auseinander stieben. Indessen, die Rundungen gelingen nicht ganz, auch hier setzt sich der Spitzbogen, den sie überwinden wollen, durch, sie müssen zerbrechen, und in den Siegesjubel fällt ein Schatten gotischer Finsterkeit. Die aufsteigenden Galerien von Postamenten in den Säulen sind leer, leer sind die Nischen in den Wänden: es fand sich schon keine Hand mehr, die die Figuren meißelte, die Tage des Sieges waren zu kurz. Die ungeheure Gewalt der Halle zersplittert an der starren Kälte des Chors, der fünfzig Jahre nach seiner Gründung den Bau abschloß, in kältester, blüteloser Renaissance. Hier ist der Kampf, der in dem ganzen Kloster zwischen Gotik und Renaissance tobt und in seinem Vorwärts und Rückwärts, in der Leidenschaft seiner Verschlungenheit eine Ornamentik über die Säulen und Wände zaubert, wie sie nie wieder geschaffen ward in Europa, der jeden Bogen mit allen Windungen seines Für und Wider umflicht, und ihn gleichsam bettelt, nicht zu brechen, nicht spitz zu werden, wie er es endlich doch muß – denn die Grundformen des ersten Planes gehören der Gotik –, ganz zugunsten der Renaissance entschieden, aber einer Renaissance, die nicht mehr treibt und wächst, die nur noch Pomp ist und durchklungen wird von den Chorälen frommer Müdigkeit. Dieser Chor ist ein marmornes Pantheon, eine tote, hoffnungslose Ruhe, die kein Rausch mehr durchweht.

Man verstand die Pläne nicht mehr, hatte schon kein Ohr mehr für die Siegesmelodie in Portugal und setzte müde und finster den Schlußstein.

Unfertig ist das Dormitorium, von stümmelnder Hand im neunzehnten Jahrhundert schmachvoll gekrönt: die Spuren waren verwischt, kein Auge konnte sie wiederentdecken. Zwischen ihm und der Kirche, im Schatten der Dächer, im Schimmer phantastischer Zinnen umschreibt der Kreuzgang sein weites Geviert. Er ist doppelt: unten ruhen große Gewölbe auf machtvollen Pfeilern, die Bogen spannen sich weit, fast flach, alles ist gesättigt von Last, auch die Ecken runden sich mit; der Weg ist breit, es ist ein Wandelgang für die großen Herren der Erde im festlichen Schatten riesiger Dimension; oben flügelt die Phantasie zwischen den Bogen und baut ein tieferes, durchbrochenes Rund, das auf zierlichen Säulen mehr schwebt als steht, in die Öffnung. Über alle Flächen, an allen Trägern wächst die Ornamentik in betörendem Reichtum von Sattheit und Harmonie bis zu Überschwenglichem Überfluß. Gotisches Getier, die Kränze und Reliefe der Renaissance, maurische Verschlingung, indische Pflanzen werden umwunden von den Zeichen der Seefahrt und des Meeres, die diese Wunder erweckten: von Seilen, Algen und Korallen. Es ist die ganze Herrlichkeit des Sieges, aber schon der Welt entrückt, schon getaucht in das verwirrende, nicht mehr irdische Licht fessellosen Traums. Auf dem Boden strenger Maße schießt die Phantasie zu einer Üppigkeit empor, wie sie nur in tropischen Wäldern oder im freiesten Spiel der Töne, in sich verschlingenden und übersteigenden dichterischen Bildern, niemals in Stein gestaltet worden ist. Es ist der letzte Triumph der manuelinischen Ornamentik – der König gab ihr den Namen – der einmalige Ausdruck eines einmaligen Schicksals, das über das arme Land der Steine und kahlen Berge das Füllhorn des Ostens goß.

Portugal wurde groß durch die Phantasie und mußte an der Phantasie zerbrechen; seine Geschichte ist die Tragödie von der Herrschaft der Phantasie. Von einer Fabel verlockt gehen die Portugiesen aufs Meer: sie wollen das durch das ganze Mittelalter spukende Reich des Priesterkönigs Johannes entdecken, in dem, im fernsten Osten, auf eine wunderbare Weise und ohne Verbindung mit der übrigen christlichen Welt das Christentum gebieten soll. Über die heidnischen Reiche hinweg wollen sie die große christliche Verbrüderung feiern. Durch Jahrhunderte treibt dieser Traum die Menschen an, auch Heinrich der Seefahrer ist noch ganz erfüllt von ihm und sucht am Ende der Ozeane nichts anderes als das Priesterreich, wenn er auch von seiner Entdeckung nicht nur den Triumph des Glaubens, sondern gleichzeitig, durch anzuknüpfende Handelsbeziehungen, Reichtum und Macht erwartet. Nachdem die ersten Portugiesen in Indien gelandet sind, glauben sie sich im christlichen Priesterreich und beugen sich gemeinsam mit den Eingeborenen vor den fremden Gottheiten, welche die Übermacht ihres Traumes zu christlichen Heiligen verwandelt. Das Phantasma führte sie zum Sieg, wie es sich aber erfüllt, müssen sie zerbrechen, weil es ihnen die Wirklichkeit im selben Augenblick schenkt und versagt; weil sie, gewohnt zu träumen und dem Traume vertrauend, nicht halten, nicht gründen können, weil endlich, wie in diesem Kreuzgang, der Traum viel mehr ist, als jemals die Wirklichkeit.

Während die Mönche hier schreiten, bleiben die Schiffe aus, zerschmettern sie am Kap, verfaulen sie unter der Lässigkeit der Übersättigung im Hafen. Endlich werden keine mehr gebaut; die Krieger kehren mit den letzten zurück, enttäuscht mit leeren, doppelt enttäuscht mit vollen Händen; sie ahnen, daß das Gold die Gefahren nicht lohnt und damit versiegt ihre Kraft. Ob die Schiffe noch hinausziehen, ob die portugiesische Fahne noch in Indien weht, wer spürt das in diesem Kreuzgang, wo kaum der Wellenschlag zu hören ist an der Kirchwand? Müßig ist es sich zu mühen: hier blühen die ewigen Wunder. Halb ist ein Traum in den Steinen, halb ein unaussprechlicher Klang; der Löwe mit dem altertümlichen Antlitz speit seinen Strahl, die Türen sind geschlossen, der Himmel steht still. Die Sehnsucht streicht durch den Hof, wo der Sieg phantastisch fortdauert, ebenso glaubhaft, ebenso unwahrscheinlich, wie er am ersten Tage war, als Vasco da Gama zurückkam aus Indien. Die Lockung der Welt ist verdächtig, sie gibt nicht mehr, als ein Nachmittag geben kann am Löwenbrunnen, wenn die Wünsche spielen und sich wehmütig selber erfüllen wie Spuk und Trug.

Belém wurde zum Grabmal. In von Elefanten getragenen Sarkophagen ruhen Manuel und sein schwacher, unfähiger Sohn, der in vierzigjähriger Regierung alle Kräfte der Zerstörung an dem unförmigen Weltreich ungestört arbeiten ließ, ihren Frauen gegenüber. Schon erlischt die Dynastie: der Enkel des »Glücklichen Königs« stirbt mit siebzehn Jahren, seine Gattin, die nicht älter ist als er, bringt nach seinem Tode einen Knaben zur Welt, den späteren König Sebastian, der mit vierundzwanzig Jahren kinderlos stirbt und Philipp II. den Anspruch öffnet auf den portugiesischen Thron.

Dazwischen steht noch für anderthalb Jahre ein alter Kardinal [Kardinal-König Henrique], der Oheim des gefallenen Königs, der so schwach war, daß er sich als Greis an den Brüsten einer Amme nährte und endlich an seinem Geburtstage in der nämlichen Stunde und unter der nämlichen Mondstellung starb, die bei seinem Eintritt in die Welt regierten: so sehr war er wieder zum Kinde geworden; bis auf den letzten Schritt war die Dynastie den Weg zurückgegangen, den sie im Siegessturm durchlaufen hatte. Der Ring war geschlossen.

Vielleicht tat Manuel aus der Verwirrung seines Glanzes heraus einen Blick in die Finsternis dieses Endes, vielleicht auch fühlte er sich zu schwach für sein unermeßliches Glück: er wünschte sich eine flache Steinplatte als Grab, über die man gehen könne, wie er ausdrücklich schrieb, aber auch die letzten Wünsche der Könige werden nicht erfüllt, und die Zeit, da er starb, war längst nicht mehr groß genug für ein einfaches Grab. Man bedurfte der Monumente in Portugal; es war nötig, sich zu erinnern, oder vielmehr an das Erinnern erinnert zu werden; so setzte man den Sarg des »Glücklichen Königs« auf den Rücken marmorner Elefanten. Man hatte das Bedürfnis nach Zeichen der ehemaligen Größe. Schon galt die Trophäe mehr als der Sieg.

Ein glücklicher, kein großer König, bezeichnet die Glanzzeit Portugals; das Glück fand keine Größe vor und verging.

Inzwischen hat man auch verlernt zu begraben und läßt den Zerfall sich offen vollziehen. Seit über fünfzig Jahren ist Belém zum Pantheon der Nation bestimmt, aber man tat nicht mehr, als daß man die Särge der großen Dichter, des Almeida Garrett, des João de Deus, des Guerra Junqueiro zusammentrug und in irgendeinem Winkel wieder stehen ließ; hier werden sie täglich umbrüllt von den im Kloster untergebrachten Waisenknaben, denen der reichste und ergreifendste Kreuzgang der Welt als Spielplatz dient. Das

Vermächtnis traf keine Erben an.

Noch einmal wird die ganze Gewalt dieses Schicksals spürbar in der rechten Seitenkapelle der Kirche, die einer der tragischsten Plätze der Erde ist. Unter einem blutenden Christus, der sich in spanischem Schmerze neigt, steht ein Sarkophag mit dem Namen des Königs Sebastian, jenes Knaben, der mit vierundzwanzig Jahren bei Alcacer-Quibir [1578] in Nordafrika für das Phantasma der Kaiserkrone von Marokko sein Leben und die Freiheit Portugals verspielte. Seine Gebeine wurden nie gefunden; Philipp II., der den Thron ohne Erben besetzte, bedurfte eines äußeren Zeichens, daß der frühere König tot war und ließ die Knochen eines Schweizer Soldaten beisetzen in dem fürstlichen Sarg. Vor ihm steht rechts ein Sarkophag, auf dem die Gestalt des Camões ruht mit betend aufgehobenen Händen, links liegt Vasco da Gama in der gleichen Stellung. Auch die Gebeine des Dichters, den die Pest verschlang in demselben Jahre, da der Spanier portugiesischer König wurde, sind für immer verschwunden, und niemand weiß, wessen Reste sein Grabmal birgt. Der Entdecker starb in Indien, und wer mag sagen, ob wirklich sein Staub zurückgetragen wurde in den Boden, aus dem er kam! Hier wurde ein Volk ausgelöscht mit seinem Besten und Höchsten, mit einer Grausamkeit, wie sie nur jemals wütete gegen den Menschen. Der Held, der das Reich gewann, der Dichter, der es unsterblich machte, der König, der es verlor; alle drei sind vergangen, sind unauffindbar geworden, wie der Siegesrausch, der das Kloster Belém entwarf, wie die Pläne, die niemand mehr verstand, wie die Größe Portugals, die nichts zurückließ, als einen steinernen Traum und ein unzerstörbares Gedicht.

## *Lotterie in Portugal*

Wie viele Menschen leben in Portugal von der Lotterie? Man kann in Lissabon vier oder sechs Loseverkäufer gleichzeitig an einer Straßenecke stehen sehen; es vergehen in einem Lokal keine fünf Minuten, ohne daß eine Frau mit einem Kind auf dem Arm oder ein alter Mann einen der bedruckten Zettel anbietet; nach wenigen Wochen hat man sich schon so an den singenden Ausruf der Zahlen gewöhnt, das man ihn kaum mehr wahrnimmt. Selbst hier in dem Frieden eines kleinen Meerstädtchens und dem noch größeren Frieden der abliegenden Straße, wo ich wohne, ziehen vom frühen Morgen bis in das späte Dunkel des Abends Männer in allen Lebensaltern, gekleidet nach allen Abstufungen der Armut und selbst einer besseren Lebenshaltung, vorbei; an einer Kreuzung bleiben sie stehen, und mit weit offenem Munde, geröteten Gesichts, singen sie ihre Zahlen ab: die Tausender und Hunderter rasch, dann aber lang austönend, mit der ganzen Kraft der oft schon heiseren Stimme, die Zehner und Einer: vintenove.

Wie viele mögen es sein, diese Mädchen, Frauen, Greisinnen, Jünglinge und Männer, die vielen Blinden, Halbblinden, Lahmen und Kranken? Sie leben alle von der Lotterie, sie sollen, wie man sagt, oft gar kein so schlechtes Auskommen finden; aber nicht nur sie leben davon, sondern die zahllosen Ladenbesitzer in den Städten, die Lose vertreiben, und dahinter die große Masse derer, die immer unsichtbar bleiben: die Unternehmer und ihre Angestellten, Stiftungen, Gesellschaften und nicht zuletzt: der Staat.

Dies ist die eine und nicht sonderlich wichtige, die materielle Seite der Lotterie; auch hier würde man vollkommen falsch urteilen, wenn man glaubte, daß allein die für Verkäufer, Vertreiber und Unternehmer bestehende Möglichkeit eines verhältnismäßig leichten Gelderwerbs der Lotterie zu dieser, wie es scheint, beispiellosen Ausdehnung verholfen haben. Eine solche Einrichtung würde ebensowenig wie das Versicherungswesen in Deutschland populär werden, ohne aus den Wünschen des Volkes selbst geboren worden zu sein: in Deutschland verzichtet und entbehrt man ein Leben lang, ja man opfert oft einen großen Teil dieses Lebens selbst, um den vielleicht nach unsäglichen Mühen verbleibenden kargen Rest gesichert zu verbringen; in Portugal gibt man den geringen Betrag, den der Tag übrigläßt, sofort wieder aus für die ungewisse Hoffnung auf eine große Summe; dort will man gesichert sein, hier will man hoffen; dort will man eine Quittung, hier ein Los; dort ist die Summe gewiß, aber es ist ungewiß, ob man sie genießt, hier ist die Summe ungewiß, aber man genießt sie fort und fort in ihrer märchenhaften Fülle, – im Traum. Man kann hier nicht sparen, aber man *lebt,* erhoben, gestürzt, schwankend, vertrauend; der ganze Strudel des Gefühls wirbelt um ein solches flüchtig bedrucktes Stück Papier. Die Lotterie ist nicht ganz so töricht, als man vielleicht glaubt, nicht ganz so sinnlos; mag sie immerhin eine Verschwenderin sein, sie ist auch eine sehr kluge, sehr nachsichtige und unermüdliche Dienerin am Leben. Wie schön ist es doch, wenn man für fünf Escudos eine Hoffnung kaufen kann! [Vorausgesetzt, daß man zu hoffen vermag!] Man tauscht ein bedrucktes Stück Papier, das man Geld heißt, für ein anderes ein; auf dem einen steht eine kleine, der Beachtung nicht werte Summe, auf dem anderen eine riesengroße; man hat das eine ebenso sicher als das andere in der Tasche – und ist nicht auch das Geld eine Lotterie? Wann zieht man mit einem Geldschein wirklich einen Gewinn; wann ist das Gekaufte wirklich ein Treffer, der das hält, was die Erwartung und die Phantasie versprechen? Und wird irgend etwas gekauft ohne Versprechung der Phantasie? Hat nicht das Geld einen durchaus phantastischen Wert, den man aber unbeirrbar für sicher hält?

Wie dem auch sei: ein Lotterielos erweckt einen viel größeren Reichtum der Gefühle, als ein Geldschein, und jedes Los ist bereit, ihn zu erwecken. Der Hoffnungen sind unzählige; jedes Los verspricht genau das gleiche; es ist, als ob man ganz von neuem beginnen würde, wenn man es in den Händen hält. Die Möglichkeiten erschöpfen sich nie; man hat nichts verloren mit allen früheren Losen, und nun, von dem Tage an, da man dieses gekauft hat, beginnt man zu gewinnen.

In Portugal leben nicht nur diejenigen von der Lotterie, die am Verkauf der Lose mit Sicherheit etwas verdienen; im Gegenteil, sie leben am wenigsten davon; im tieferen Sinne aber lebt von der Lotterie das ganze portugiesische Volk. Gerhart Hauptmann spricht einmal im »Emanuel Quint« von der Hoffnung auf einen Tag, die in allen Menschen lebendig sei, einen Tag, der alles verwandelt, an dem sich die großen geheimen Hoffnungen verwirklichen; diese Erwartung, die nur ganz in der Tiefe des Deutschen lebt und nur in seltenen entscheidenden Augenblicken eingreift in den Gang seines Tages, beherrscht bis ins Alltäglichste das Leben des Portugiesen. Das Märchen kann jeden Augenblick beginnen, ohne in Erstaunen zu setzen; denn der Charakter der Welt ist durchaus phantastisch. Eines Tages kommt ein Schiff zurück aus der düsterdrohenden Ferne des Meeres und ist mit Juwelen von überwältigendem Feuer, von nie gesehener Größe, mit riesenhaften, unbekannten Früchten, mit Vögeln von unwirklicher Farbenpracht beladen; man tauschte diese Dinge ein gegen ein paar verachtete Perlen aus Wachs, ein paar Kugeln aus gefärbtem Glas; vier oder fünf Schiffe ziehen aus mit einem kleinen Heer von tausend Soldaten und erobern König- und Kaiserreiche, vor deren Unermeßlichkeit das Vaterland völlig verschwindet; Bauwerke steigen empor von nie gesehener Herrlichkeit, die versteinerten Wunder des Ostens und der Meere, Denkmäler beispielloser Siege, vor denen nach des Camões selbstbewußtem Wort alles das nichtig wurde, was die Muse der Alten besungen hatte; dann, bevor noch die ganze Ausdehnung der Eroberung erkannt wurde, ging das Weltreich wieder verloren, und die Bauwerke stürzten durch das Erdbeben ein. Große Verluste heben die Endgültigkeit der Werte auf oder sie erwecken und verstärken vielmehr das Gefühl von der Wandelbarkeit der Werte, das immer vorhanden ist; die Leichtigkeit, mit der sie verlorengehen, enthüllt die Leichtigkeit, mit der man sie gewinnt. Sie gehen, aber warum sollen sie nicht wiederkommen; unsicher ist die Erde, das Meer noch immer von Wundern erfüllt; ewig wechseln die Bilder im Gewebe der Welt, wer kann wissen, wie sich die Fäden kreuzen in ihrem ordnungslosen Spiel.

An die Stelle des Weltreiches tritt die Illusion; die Armut wird überwunden durch das Bewußtsein der immer bestehenden Möglichkeit unermeßlichen Reichtums; aus der Enttäuschung wird eine Hoffnung. Ein Volk, das in diesem Maße spielt, lebt sehr fern von der undefinierbaren Härte, die wir Wirklichkeit nennen, aber es lebt geschützt von den immer bereiten Legionen und Wundern seines Traums. Es ist nicht allzu fest verwachsen mit der Erde und war es offenbar nie; seine Verwandtschaft mit ihren Gütern ist eine flüchtige, sein Respekt vor ihrem Reichtum nicht allzu groß und deshalb seine Fähigkeit, sie zu bewahren, sehr gering. Denn wenn nun wirklich einmal das Märchen sich verwirklicht und der Gewinn in die Hände eines solchen Träumers fällt: was wird dann geschehen?

Er wird genießen wollen, aber es ist das Verhängnis des Träumers, daß er nicht anders genießen kann, als im Traum; die Dinge der Welt bleiben immer hinter seinem Traum zurück; und endlich scheitert er daran, daß die Sinne wohl ermüden, aber nicht das Gehirn. So hat Portugal genossen, als es das große Los gezogen und Indien gewonnen hatte; es sah, aber es konnte nicht ergreifen, weil es mit einem Male fassen wollte, was es sah, und nicht nur, was es sah, sondern alles, was es wünschte. Die Schiffe, die das Gold heimbringen sollten, versanken am Kap, weil sie zu schwer beladen waren.

Dennoch besteht das Weltreich noch heute, und es wird dauern bis in die fernste Zeit: in jener unzerstörbaren Wirklichkeit, die der größte der portugiesischen Träumer: Camões, erschuf. Ja, es besteht in einer Vollkommenheit in seinem Gedicht, die es niemals, auch nicht annähernd, auf dem Boden der Sichtbarkeit erreicht hat; denn Camões dichtete nicht das, was außen, sondern das, was innen war: den letzten und größten Traum; er dichtete nicht, was Portugal tat, sondern was Portugal wollte, und er, und niemand als er, hat es vollendet. Sein Volk genießt jenen großen Traum, den er ihm geschenkt hat und lebt von den unzähligen kleinen Träumen seines Tages; es vertauscht die Illusionen und Hoffnungen wie Stäbe, die ein Stück weit helfen und dann abgelöst werden von anderen auf der mühseligen Bahn, die oft der Verzweiflung nicht entgehen kann. Aber die Erfüllung liegt immer wieder in der Hoffnung selbst, und jedes Los, jede ausgerufene Zahl ist eine Hoffnung; es gibt keine Finsternis, die nicht hell wird vom Schimmer eines Traums. So lebt das portugiesische Volk arm, aber unverwundbar; denn sein Reich ist nicht von dieser Welt.

# *Cintra*

Welch eine Freude am Kleinen, am Idyll! Das Meer, der Hafen sind fern; nur die Berge gewähren noch einen Blick auf die weiße Schaumlinie zwischen Sand und Flut; aber unten im Tal, wo das Stadtschloß steht, ist es erlaubt, zu vergessen. Nachsichtig gestattet die Notwendigkeit diesen Feiertag zwischen Bäumen und Büschen; auf den Terrassen unter verschlungenen Bogen werden die Handelnden einmal Zuschauer, oder die Träumer träumen sich eine Tat. Hier oben wartete König Emanuel auf die Rückkehr Vasco da Gamas; noch einmal, nachdem das große Wagnis geschehen und die Flotte ausgefahren war, konnte er hier als König von Portugal, als Herr eines kleinen blühenden Landes seine Tage genießen. Der Pfeil war von der Sehne geschnellt; ehe er das Ziel erreichte, bevor die Herolde pathetisch die neue Ära verkündeten, blieb eine Sekunde, eine Pause für Cintra. – Abends, als er bei der Tafel saß, traf den König die Botschaft; er eilte in die Kapelle, um Gott zu danken. Tags darauf ritt er nach Lissabon und empfing seine Flotte.

Aber in Cintra dauert der Feiertag fort. Sie alle, die ihr Spiel verloren, hatten eine stille Stunde in diesen behaglichen Räumen, in dem Schlosse, das nur eine einfache Wohnung für Könige ist. Als der Halbmond auf den spitzen Gipfeln der Serra wehte und Mohammeds Name galt, sprühte der Springbrunnen im Zimmer des Kalifen. Später, als auch die schon vertrieben waren, die den Kalifen vertrieben hatten, kehrte Philipp II., der blasse König im schwarzen Kleid, in Cintra ein. Er freute sich an den Gärten, den Brunnen: wenn jetzt seine beiden Töchter auf den grünen Wegen gingen und der kleine Infant den glitzernden Goldfischen mit den Augen folgte: wie froh könnte er sein.

Das neue Königreich, das er eben erobert hatte, um endlich den großen Traum der iberischen Einheit zu verwirklichen, hatte ihm diesen Garten geschenkt, als ob er darin ruhen sollte, doch mit dem Garten zugleich ein portugiesisches Gefühl. Der Unerbittliche wurde weich in dieser Landschaft, auch er, so scheint es, spürte etwas von der Wehmut der Küste, von der Weichheit der portugiesischen Luft. Könnte er nach Spanien zurück, in seine Gärten, in seine Schlösser; sähe er die Kinder wieder, die allein zurückgeblieben waren! Spürte er einmal sein Herz? War es so mächtig, weil er sich immer bezwang; hatte er es bezwungen, weil es so mächtig war? Wehte ihn, den letzten Vernichter der portugiesischen Macht, die saudade an?

An den Decken des einen Saales konnte Philipp die Bilder der Schwäne sehen, die sein Vater, Karl v., dem König Emanuel gesandt hatte. Aus Freude über das Geschenk des Kaisers hatte der portugiesische Herrscher die Schwäne malen lassen: als große weiße Zaubervögel, deren jeder eine goldene Krone um den Hals trägt wie einen Ring. Draußen auf der Terrasse hatte der König Sebastian den Zug nach Afrika beschlossen, der ihm Reich und Leben kostete und Philipp den Anspruch auf Portugal eröffnete: so wunderbar werden die Kronen verliehen, als trage sie ein Märchenvogel über das Meer. Die ganze aufgespeicherte Klugheit eines erfahrenen Herrschergeschlechtes richtet nichts aus, wenn der weiße Vogel nicht kommt über Nacht. Von fernsten Küsten brachte er das begehrte Zeichen heran; wird er sich halten lassen, da es den Mauren und den portugiesischen Königen nicht gelang, ihn zu fesseln? Oder wird er in einer Nacht wieder die Schwingen breiten, und die Schlafenden werden das Rauschen hören im Traum und nicht wissen, wie sie es deuten sollen?

Auch Philipps Werk, das an der gefährlichsten Kreuzung der Zeiten errichtet wurde, stürzte ein; wieder wurden Vertreiber zu Bewohnern des Palastes. Doch auch den Braganzas gehorchte der weiße Vogel nicht. An dem breiten, fast bürgerlichen Tisch saß der dicke König Dom Carlos, der dann erschossen wurde, mit dem deutschen Kaiser, der als letzter die Krone trug. Reckte der Schwan schon unruhig den Hals? Schlug er nicht mit den Flügeln?

Warum endete es so schlimm? Maria Pia, des Dom Carlos Mutter, wohnte als letzte im Palast. Ihr Bruder Umberto, der König von Italien, war einem Mörder erlegen; das Blut ihres Sohnes Carlos und ihres Enkels Luis war aus der Königskutsche in den Straßenstaub von Lissabon geflossen. Sie aber lebte noch immer. Sah sie nicht Blumen zu ihren Füßen, leuchtende, breit entfaltete Blumen im Teppich? Soll man die Gräber nicht begießen, die Blumen nicht pflegen? Draußen segnete der Himmel die üppigen Beete, und in ihrem Zimmer sollten die Blumen verdorren? Die der Arbeit nicht gewohnte Hand der Königin besprengte die Bilder, die der Teppichweber gewirkt hatte; denn nun waren die Bilder wirklich und wahr, und die Wahrheit wurde zum wesenlosen, erlösenden Bild.

Über allem Schrecken schwebt ein Traum. Die Verhängnisse haben ihre Zeit; die Bäume, das Wasser der Brunnen nicht. Im maurischen Bad, vor dem Saal der Schwäne, ist es so still, als berührten nackte Füße scheu und flüchtig die Stufen. Wenn der Laubschimmer fiel auf die enthüllten Körper im hellen Gewölbe und das Wasser in dünnen Strahlen die Haut übersprühte; wenn der phantastische Brunnen fortrieselte in der Mitte des Hofs, und der Mensch, der schöne, vergängliche Mensch, allen diesen Dingen den Schimmer des Lebens gab: war das nicht mehr als jene dunklen Ereignisse am Rande des Seins? Die Fische wissen von allem und ziehen stumm durch das lange, schmale Becken hin, das seine Reflexe in den Saal der Könige wirft; der Himmel steht unveränderlich, blau und mächtig überm Geäst.

Da die Stille so anzieht: warum kann sie nicht halten? Muß das Idyll immer tragisch sein; gibt es kein anderes Idyll als das tragische? Denn im Schweigen von Cintra hörten die Ehrgeizigen und Herrschsüchtigen die Stimmen der Sirenen. In einem kleinen Salon sind die Verführerinnen an die Decke gemalt. Steif und unbeholfen heben sie sich auf ihren breiten Fischschwänzen aus der grünen Flut; sie scheinen eher zu stehen als zu schwimmen, und ungelenk suchen ihre Hände auf den betörenden Instrumenten zu spielen. Sah man sie so zuerst, und genügten sie schon in dieser Gestalt, um zu verlocken? Wie einfach ist das erste Phantasma, und wie raffiniert muß es werden, je mehr es enttäuscht! Denn in der Mitte zieht schon ein Schiff mit gespannten Segeln auf dem verdunkelten Meer; die Verführerinnen, die jeder erwünschten Verwandlung fähig sind, umgeben es von allen Seiten.

Einmal, so sagt man, betrug die Ernte auf den Feldern um Cintra das dreißig- und vierzigfache der Saat; heute erreicht sie das zehnfache kaum. Damals genügten 30 Reis für den Unterhalt eines Tages. Auch die Erde ist erschöpft; sie will nicht mehr tragen, und das Volk will nicht mehr bauen. Endlos dehnen sich die braunen und grauen Felder der Unfruchtbarkeit und Vergeblichkeit aus; nur Steine bevölkern sie noch wie hungrige Krähen lang nach der Ernte und Lese. Um das Maurenschloß auf dem geborstenen Gipfel eilen die Nebelreiter auf weißen Pferden; sie kommen und gehen geschäftig, als bereiteten sie eine neue, die letzte Herrschaft vor. Noch führen die Laufgänge mit ihren Zinnenkronen in wilden Linien über den Kamm: der Fluchtweg aller Gebieter und Soldaten, die über die Serra herrschten. Sind das Schloß, der Garten, der

Berg, die nie besessen werden können, nur das Spielzeug der Zeiten, oder sind sie nicht vielmehr der Spiegel der Geschlechter, die bildend und bauend sich in ihm beschauen und ihn aus der Hand legen müssen, sobald sie den Blick in das eigene Auge getan? Formten sie ihr eigenes, überraschendes Bild aus dem Ton, der ihnen nicht gehörte, und war dies, nicht mehr, ihr Auftrag?

Vor dem Fenster hebt die Gladiole spielend ihre Blütenlast über die Erde, wie ein grüner Wasserstrahl, der eine Kugel trägt; die Elstern des Königs Manuel versichern noch immer, daß er jene Hofdame nur im guten, aus Freundschaft geküßt habe: »Por bem; por bem«. Noch nach vierhundert Jahren verrät die Rechtfertigung die Tat. Die Dame und der Kuß, die erzürnte Königin, der verlegene König werden vom Geschwätz der Elstern wieder beschworen, die noch immer auf ihren dünnen Zweigen an der Decke des Saales sitzen; in allen Räumen, die verwinkelte Treppen, gebogene Gänge verbinden, haftet das Leben, blieb ein spätes Echo zurück. Wir begegnen ihm beglückter als der Leere großer Hallen, dem Pomp der Aufgänge: wie hier die Gärten grünen, die Beete duften im Angesicht dürren Landes, so bewahrte Cintra allein das unmittelbar Verwandte, das wir suchen.

In der Küche, dem sonderbarsten Raum des Schlosses, klappern die Teller nicht mehr; die Herdsteine sind kalt. Alle Geräte des Tages sind weggeräumt; in den Schränken fehlt das Geschirr. Aber zweimal wölbt sich das Dach des geteilten Raumes zu ungeheuren schwarzen Trichtern, die tief in den Himmel steigen. Die Rauchfahnen wehen nicht mehr vom Kreisrund der beiden Türme; in den gewaltigen Öffnungen jedoch, in die beide Kammern hinaufwachsen, will sich etwas anderes sammeln als Rauch. Das Schweigen des Unbegrenzten scheint in ihnen gefangen zu sein; es ist, als horchte das Schloß mit gigantischen Hörrohren in den letzten Raum hinauf.

Eine Wolke zieht allzu nah durch den blauen Kreis; hinter ihr öffnen sich neue Tiefen, die ein unerschütterliches Schweigen vielleicht offenbart. Noch warten Schicksale; wenn kein Brot mehr gebräunt wird im Ofen, und der letzte Koch die Herdstelle verlassen hat; wenn keines Königs Zeichen mehr gilt, so bleibt diese Stille und die Ahnung, daß etwas anderes, noch größeres geschehen muß. Der weiße Märchenvogel kommt nicht zurück; auch der Gesang der Sirenen verlor seine Gewalt; der Segler scheiterte längst, und das Geschick der Vertriebenen und Ermordeten wurde zur

Sage und zum Bild; doch von der Erde über die weißen Wände durch die hochgetriebene Wölbung strebt der Raum, der dem Nächsten und Alltäglichsten diente, in dem die Speise der Flüchtigen bereitet wurde, aus allem Erfahrenen und Erkannten hinaus. Der Rauch der Taten ist verweht, und Cintra wartet auf Antwort.

# *Der Rabe von Cascais*

Über der kleinen schimmernden Stadt vor dem spitzen Gebirge von Cintra in der letzten schön geschwungenen Bucht, mit der das Land sich schützt vor dem anstürmenden Atlantik – sie hat etwas von dem untadelhaften Rund der »Concha« von San Sebastian, nur fehlt ihr der große Zug –, klingt die Luft von traumhaftem Geläute: ein mächtiger Rabe flügelt vom Meer her über zierlich gegiebelte Dächer und bewegt im Fluge zwei kleine Glocken, die ihm Fischer um seine Fänge schlossen. Sein Standort ist der kleine runde Hafen, wo die anrollende Wut der Wellen im Sande zerschäumt und ihm Fische zuwirft, oder er flattert zwischen den Booten umher, die gedrängt mitten auf der Straße liegen und mit ihren am Kiel bunt aufgemalten merkwürdigen Augen wie widerwillig heraufgespülte Meerungeheuer fremd zwischen die Häuser schauen. Manches Mal wagt er es, dem Ozean auf ein Stück entgegenzufliegen, bis ihn der Schrecken seiner Weite zurückjagt; dann läßt er sich vom Meerwind langsam über die flach ansteigende Fischerstadt treiben, und die Luft ertönt von seinen Glocken.

Aber es läutet auch zwischen den Dächern, die in spielerischen Linien sich schwingen, steigen und gleiten und sich endlich verflüchtigen in hauchdünnen Ornamenten, es läutet um die holzvergitterten Dachfenster, die wie kleine Häuser auf den Häusern stehen, um die vielen durchbrochenen Tempelchen der Kamine, die schon eine Ahnung fernsten Ostens umstreift, wie ein verwehter, lustiger Papierdrache aus Peking, es läutet zwischen dem Zinnenkranz des Kastells, von dem nur ein letztes mittelalterliches Bruchstück in die leichtsinnige Heiterkeit des achtzehnten Jahrhunderts ragt: überall steigen Katzen phlegmatisch herum mit Schellen um den Hals.

Es läutet auch unten auf der Straße, wenn die braunen Ochsen, die schwer und unwillig vor ihren Steinkarren gehen, die weitausladenden Hörner schütteln und dabei die Glöckchen bewegen, die wie Ohrringe an der durchbohrten Spitze der Hörner hängen, und es läutet in den Häusern selbst von altmodischen Uhren, Spieldosen und Glockenspielen. Über allem schwebt dieser Glockenton, der bestimmt ist, den großen Traum vom Leben zu begleiten und die Verwandlung unserer Tagwelt in Poesie.

Am Strande liegen die Fischer im Schlafe, den Zipfel ihrer wollenen Mütze übers Gesicht geschlagen, andere flicken die Netze auf der Straße und singen dazu das unendliche portugiesische Lied vom Meer und den Wolken, von der furchtbaren Traurigkeit der steinernen Berge und von der Verlassenheit des Menschen, der immer einsam, immer verloren ist zwischen diesem Meer und diesen Bergen, vom Menschen an der Küste, an dem alles vorüberzieht, vom Menschen an der Grenze der großen Reiche, die erdämmern und verblassen wie das Meer sich erhellt und verdunkelt und keine Heimat gewährt.

Einmal, am hellen Mittag, sah ich, wie ein großer Kahn auf einem Karren die Palmenallee hinauf und quer durch den Ort gefahren wurde, phantastisch gleitend wie ein buntes Glasbild durch das Lichtfeld der Laterna magica, an verstummten weißen Häusern vorüber; das Wellenfahrzeug bewegte sich auf dem starren Boden, der es so sicher trug wie das Meer im singenden weißen Licht: ein Traum der verzauberten Häuser, der Erde und der Steine, der gegen den Ozean zog.

Den Fischern gehört seit undenklichen Zeiten der Ort, in dessen Namen man, »casca«, die Schale, eine Bezeichnung ihrer kleinen Boote zu finden glaubt, darin sie hinausrudern zum Sardinen- und Thunfischfang an der urweltlich verlassenen Küste, wo nur Agaven sich durch Felsenspalten zwängen. Vom alten Schlosse der Herrn von Cascais blieb nur ein Einfahrtsbogen, jener weiß schimmernde Zinnenkranz, auf dem die Katzen schlafen, und ein Wappen mit den sechs Pfennigen des Hauses Castro, das kaum mehr sichtbar ist zwischen den Dächern. Wie überall, hat das alte Portugal auch seine Spuren vernichtet, als wolle es nicht, daß man sich seiner erinnere, und doch legte hier in Cascais der erste Segler an, der Europa mit Indien über die Meere verknüpfte: das Schiff des Nicolão Coelho, der zur Flotte Vasco da Gamas gehörte, sich aber auf der Rückreise am Kap von ihm trennte und drei Monate vor ihm die Nachricht von den erschlossenen östlichen Wundern in die Heimat brachte [1499]. Auf diesen armen, flutzerstörten Steinen begann das orientalisch-üppige Märchen der portugiesischen Weltherrschaft und hatte nur ein paar Fischer als Zuhörer.

Achtzig Jahre lang fuhren nun an der Zitadelle von Cascais die schätzeüberladenen Schiffe vorüber nach Lissabon, bis die kleine, arme Stadt, die kaum erst den rätselhaften Anfang der Weltmacht erlebt hatte, von ihrem eiligen Ende überrascht wurde und, von Furcht und Verrat gelähmt, dem Herzog Alba selbst das Tor der

Zitadelle öffnete [1580], ihm damit die Straße freigebend nach der Hauptstadt. So eilig es der Herzog hatte, so war im Vorübergehen doch noch Zeit für eine Tragödie: im Festungsgraben mußte der alte Kommandant, ein ausgedienter Vizekönig von Indien, gegen dessen Willen die Spanier eingelassen worden waren, das Schafott besteigen, dann unterwarf sich Alba, fast ohne aufgehalten zu werden, Lissabon, das unter der Last der Schätze und Wirrsale dreier Erdteile gleich einem übersättigten Raubtier nicht fähig war, sich zu wehren.

In achtzig Jahren ist alles erschöpft, was dieses Volk in jahrhundertelanger Zucht und Vorbereitung gesammelt hatte, sie sind ein einziger verzehrender Tag mit den fliegenden Segeln des Nicolão Coelho am Morgen und den schweren, waffengefüllten Fährschiffen des Herzogs Alba am Abend; alle Größe, alle Kraft allen Ansturm gieriger Triebe nahm er hin und streute sie aus auf die Welt, wo sie unsichtbar wirken und verderben, während die Samenkapsel vermodert.

Aber es bleibt das Geläute der Glocken, das Unaussprechliche bleibt. Marques Antonio von Cascais, der auf dem verschwundenen Schlosse hauste, wäre längst selbst so vergangen wie sein Haus, wenn er nicht einmal mit jenem Geläute in Berührung gekommen wäre, als er dem Dichter Camões für ein Gedicht sechs gefüllte Hühner versprach und ihm nur ein halbes Huhn sandte. Dieser etwas peinliche Wortbruch genügte schon für die Unsterblichkeit des Marques, weil er an einem jener Großen geschah, die auch dann überreichlich schenken, wenn sie strafen, und alles, was sie umgibt, einbeziehen müssen in die Ewigkeit: Camões quittierte mit einem Epigramm, und der Marques muß an den Klauen seines Geizes das ewige Geläute tragen:

Cinco gallinhas e meia
deve o Senhor de Cascais;
e a meia vinha cheia
de appetite para as mais.

Herr von Cascais, sechsthalb Huhn
bleibt die Schuld und mein Begehr;
dieses halbe schmeckt mir nun,
mit Appetit gefüllt nach mehr.
[Übers. von Storck.]

Der Schritt der Großen ist verhallt, und Cascais, die Wächterin über die Hauptstadt der Erde, die Beschützerin der Schiffe, die Sammlerin der Heere wird zum Idyll. Um die Festung wachsen die Palmen auf und beschatten breite Alleen, die Ecktürmchen, die so zierlich auf sich verengenden Ringen ruhen, gewähren dem Meer und den Winden Einlaß und schmücken sich mit Unkraut, ein wenig pathetisch, aber völlig ungefährlich, klingen die Trompetensignale der Soldaten, die sich oben auf den zerbröckelnden Mauern üben. Geht man durch die gewundenen Straßen, so wird man von Papageien begrüßt, die vor den Fenstern sitzen und langsam und nachdenklich mit ihrer kleinen kalten Hand einen dargereichten Finger umspannen, Zeugnis gebend von einem fernen, kaum mehr verständlichen Leben. Sonntags knattern Raketen, den Stierkampf anzuzeigen, aber es ist eigentlich ein Kuhkampf, denn nicht Stiere, sondern Kühe, bravissimas Vaccas, wildeste Kühe, kündigen die mit den furchterregenden Bildern der Toreros geschmückten Zettel an. Die Raketen knattern auch, wenn Prozessionen stattfinden: dann tragen die angesehensten Bürger der Stadt einen Thronhimmel über der Jungfrau. Aus der mit Stolz »Kathedrale« genannten Kirche schreitet Maria dem heiligen Sebastian entgegen, der draußen neben dem Leuchtturm in einer kleinen Kapelle wohnt, und die zwei Heiligen begegnen sich am Meer.

Hinter einer rosa bestrichenen Mauer verwildert ein riesiger Park aus romantischer Zeit, der einst zu einem Kloster gehörte; dort hängt über dem Eingang einer großen künstlichen Felsengrotte Schlinggewächs wie ein Teppich, dessen Geheimnis man kaum zu zerteilen wagt; auf dem Boden blitzt kleiner zierlicher Klee, hell wie grünes Glas unter dem feierlichen Schatten von Palmen und Lorbeer. Überall kann man träumen, alles spinnt am Idyll.

Es leben uralte Leute hier; ich lernte eine einundneunzigjährige Urgroßmutter kennen, die noch immer mit vollem Haar und blitzenden Augen jeden Abend durch die bunten Gassen zu einer Gesellschaft geht. Solche Veranstaltungen enden um zwei Uhr, drei Uhr, oder noch später, aber die alte Dame scheidet von ihnen nur als letzte. Tagsüber sitzt sie an langen, altmodischen Stickereien oder sie bereitet Kuchen und Puddings, die sie dann mitbringt und schmunzelnd verschlungen werden sieht; nichts erschüttert den Frieden ihres Hauses, durch das einst, vor undenklicher langer Zeit, ein Mann und sechs Kinder gingen, von denen ihr nur noch eines blieb, wo ihr Leben sich immer sanfter bewegt um die große

Stille, die nicht am Ende, sondern in der Mitte des Daseins liegt, so wie das Bett in der Mitte der Kammer steht, in der wir uns regen.

An den Haustoren wartet noch der Türklopfer, daß man ihn schwinge: eine schmale Frauenhand, die eine etwas unheimlich große Kugel hält über einem eisernen Knopf; innen sind die Häuser alle ein wenig dunkel und eng. Das Licht fällt durch grüngestrichene Holzgitter und hat einen Schein wie in deutschen Gartenzimmern, vor deren halb geschlossenen Läden die Sonne große Blätter durchleuchtet. Perlmuttern schimmern aus den Ecken die breiten indischen Truhen, die Seefahrer aus Goa herüberbrachten; Chinesen lächeln unter ihren Sonnenschirmen, Drachen winden sich auf blauen Tellern. Man liebt vor allem Blau und umrändert es mit ein wenig Gelb; so leuchten die Decken, die Vorhänge, die Bezüge der Möbel. Vom Balkon krächzt ein Papagei in diese Behaglichkeit herein, die die Vielfalt der Erde und der durchmessenen Meere zu einer sonderbaren, fast kleinbürgerlichen Enge verbindet, aber doch durchströmt ist von ein wenig Polsterschwüle, einem leisen orientalischen Duft. Aus einer Ecke zirpen die Grillen in ihren kleinen Käfigen aus Draht, die kunstvoll zu einer kleinen Villa mit getrennten Gemächern zusammengebaut sind, und wieder fängt die Tagwelt an sich zu verwandeln unter dem Gesang dieser unscheinbaren Tiere, die man in Portugal so sorgfältig einfängt und hegt aus dem gleichen Bedürfnis nach Melodie, das an den Fängen des Raben die Glöckchen befestigte und den Unmut der Ochsen, das Schleichen der Katzen übersetzte in Musik.

Wenn der Nebel vom Meere her auf die Stadt fällt, werden die kleinen Laternen unruhig, die neben den Hauseingängen über den Heiligenbildern schweben. Ihr Schein zuckt unsicher bettelnd über die schlanken Hände der Jungfrau, die blutenden Hüften des heiligen Sebastian, über die leidvollen Gesichter und barocken Linien der Tücher und der Gestalten, über all diese fast graziös umgewandelten Bilder des Leidens, dessen Verehrung keinem Volke so angemessen ist, als dem portugiesischen. Auf keinen Heiligen wird so viel vertraut als auf Sebastian, den die Pfeile durchbohrten, auf Sebastian, dessen Namen jener knabenhafte König trug, der für die erträumte Kaiserkrone von Marokko das Weltreich der Phantasten einsetzte und verlor. Daß er litt, nicht daß er etwas tat, hat ihn groß gemacht, daß er litt für einen Traum. Er ward verdeckt samt seinem Heere vom Mantel des Todes 1578 bei Alcacer-Kibir in Marokko, und doch erwartete man noch im vorigen Jahrhundert seine Rückkehr und seinen neu heraufziehenden Glanz, an solchen nebeligen Abenden, wie heute einer ist; dann glühten die Fackeln am Tejo und wohl auch hier auf den Felsen von Cascais, um dem wiederkehrenden Glücke den Weg zu weisen.

Der Nebel fließt in die Straßen, die Besitzer der kleinen Läden schließen die Türe, und nur noch trüb und unkenntlich schimmern die tausenderlei Dinge heraus: Die Blechgeschirre und weichen, geflochtenen Körbe, die an der Decke hängen, die bunten Zipfelmützen und die Taschen der Fischer, die Weinfässer mit in Kreide aufgeschriebenen Preisen, der Käse vom Alemtejo, grau und schwer wie ein Steinklotz, Eier, Gemüse, Werkzeug, Früchte und Säcke und gefüllte Körbe, und die Katze auf ihrem Kissen auf dem Ladentisch. Auf alle diese Dinge, auf das Täglichste und Nächste, fällt aus getrübten alten Lampen, aus dem Dunstkreis des Nebels, den die ewigen Weiten brauten, ein sonderbarer Schein. Diese Schleier, die seit Anfang steigend und schwebend zwischen Himmel und Erde wehen, zerlöst und sich wieder verbindend, sichtbar und unsichtbar gespürt, dieses allgegenwärtige Zwielicht der Phantasie, es verbirgt nur, um zu enthüllen. Einmal muß sich das Traumreich vollenden, und von oben muß es antworten auf die ewige Sehnsucht nach der Melodie.

Draußen, um die Zitadelle, durch die der Schatten Albas einmal ging, summt der Meerwind; unmittelbar davor tut sich das Ungeheure auf, in dem noch ein paar Lichter von Schiffen tanzen wie vergehende Sterne oder wie die Fackeln, die auf den phantastischen König warten. Da klingelt es aus den Lüften, leise, aber noch deutlich vernehmbar, es geht etwas wie die Bewegung von Flügeln über die Erde hin, aber der Nebel läßt sie nicht sehen. Es läutet immer noch und läutet über der Stadt, die nun ganz zur Dichtung wird, unter dem Flügelschlag des Wundervogels.

## *Die Fremden*

Der Mann des Dienstmädchens ist ein Neger; gestern stellte es mir die beiden jüngsten Produkte dieser Verbindung vor: sie haben das blonde Haar der Mutter, aber gekräuselt zu schönen Löckchen und Ringchen, ihre Nasen sind stumpf, die Augen nachtschwarz und glühend, die Hautfarbe ist ein helles, rosig überhauchtes Braun; der Rücken der Hände und Finger ist ziemlich dunkel, aber die Handfläche ist rosa. Dies wirkt sonderbar animalisch, wie die Pfoten einer Katze, die oben von dunklem Fell geschützt und unten zart und rötlich sind.

Die beiden Kinder sind passiv und still und verraten nichts von dem in ihnen vermuteten Temperament des Vaters, der sie übrigens, ob er auch oft genug überm Trunk seine Familie vergißt, doch abgöttisch liebt. Natürlich sind sie blutarm; es scheint überhaupt, daß es den Negern nicht gelingt, den europäischen Kampf mitzukämpfen, nicht einmal in Portugal, wo sie doch am meisten begünstigt werden, am meisten Verwandtschaft finden. Gegen Weihnachten, wenn auch die letzten, die sich der Lotterie noch fernhielten, ein Los kaufen und an das Märchen des Gewinnes glauben, der sie plötzlich wie eine Gnade von oben überschütten soll, geht der Neger mit seiner weißen Frau und den sechs blonden Kindern nach Lissabon, um auf den Straßen und in den Lokalen seine Lose anzubieten, denn dies ist der einzige Erwerb, der ihn mit der Ungewißheit seiner Hoffnung und dem Wechsel seiner Bilder aus dem Schlaf der Trunkenheit weckt.

In keiner Stadt fallen die Vertreter fremder Rassen weniger auf, als in Lissabon; man sieht Neger schlafend und zerlumpt in den Ecken liegen, unter Kisten keuchen, mit Spielzeug hausieren; man sieht sie hohen, tadellosen Wuchses, das Monokel im Auge, elegant und sicher in den Cafés, in der ersten Klasse der Bahn, oder man wird von den blitzenden Juwelen einer vornehmen Mulattin überrascht, die eilig nach einem Auto winkt, weil es sich nicht für sie ziemt, den Schmutz der Straße zu teilen, auf der alle gehen; meist aber sind diese Fremden arm, unstät, ohne Glück in dem andern Erdteil, an dessen Atmosphäre sie sich nicht gewöhnen können. Keiner mag bleiben, so viele ihrer auch herüberkommen: der alte schwarze Kavalier, dessen weißer Kinnbart so grell absteht von dem dunklen Gesicht, stelzt immer allein über den Rocio, an seinem eleganten Stock, sitzt immer ohne Gesellschaft im Restaurant; die dunklen, suchenden Augen hinter der goldenen Brille finden keinen Freund, der in Europa altern und sterben will. Auch der alte Chinese mit dem dünnen, hängenden Mongolenbart und dem länglichen, schräg ansteigenden Kopf, hat niemand, der seinen Tee mit ihm trinkt in dem vornehmen kleinen Teesalon an der Avenida, vor dessen offenen Fenstern gegen Sonnenuntergang die Eleganz der Stadt fremd und flüchtig vorüberrollt.

Durch seinen ungeheuren Kolonialbesitz wurde Portugal schon in frühester Zeit zu einer fast systematischen Vermischung der Rassen verlockt; Affonso d'Albuquerque, jener kühne, furchtbare Eroberer östlicher Küsten vom Persischen Golf bis Indo-China und den Molukken und zweiter Gouverneur von Indien [1509-1515] erleichterte Mischehen auf umfassende Weise, um einen größeren Stamm von Herren auf das unübersehbare Territorium zu verteilen; indessen, es ging ihm durch diese planmäßige Vermischung offenbar mehr verloren, als er gewann, denn eine kleine, aber relativ rein gebliebene – in diesem Fall wenigstens europäische – Schar von Eroberern vermag gewiß mehr, als ein Heer solcher Mischlinge, die im Grunde direktionslos sind. – Mögen zu dieser Zeit noch asiatische Volksstämme das Lissaboner Straßenbild bestimmt haben – soll doch auch Camões, in dessen schon völlig umnachtetes Leben eine Mulattin den letzten Schimmer der Liebe und eine späte kurze Heiterkeit trug, der Legende nach die braune Geliebte mitgebracht haben nach der Hauptstadt – so herrscht nun, nachdem der portugiesische Besitz fast ganz auf große Gebiete Afrikas zusammengedrängt ist, der Neger vor.

Das Sonderbare und Ausschlaggebende ist aber vielleicht nicht diese Vermischung selbst, sondern die Natürlichkeit, mit der man die Mischlinge anerkennt. Der Gatte kommt zurück von einer portugiesischen Insel, wo er in der Verwaltung und – selbstverständlich – in Geschäften tätig war und bringt einen solchen Knaben mit, der mit den anderen Kindern erzogen wird, ohne daß jemand diesen Fall für sehr skandalös hält. Die Familie söhnt sich mit dem Fremdling aus und läßt ihn in ihrer Mitte aufwachsen; bald stößt sich niemand mehr an seiner Herkunft und der Verschiedenheit seines Blutes. Wie sehr diese Vermischung als natürlich gilt, zeigt am deutlichsten die fast unglaubliche Geschichte, die mir eine alte Dame in ihrem schönen Lissaboner Haus erzählte.

Es war oben auf einem der sieben Berge der Stadt. Die großen Türen nach der Galerie, die wie ein schmaler Balkon um das ganze, rot getünchte Haus lief, standen offen und gaben den Blick frei über die hundert eigenwilligen Schwingungen der Dachfenster und Kamine bis zum Tejo, auf dem die verankerten Segel in gemessener Bewegung auf und nieder stiegen, während die Dampfer achtlos und frei an ihnen vorüberglitten. Die Luft flirrte, unten an der Hauswand strichen die leise wehenden Palmzweige über den rauhen Stein und weckten jenes eigentümliche knisternde Geräusch des Südens, das man fast schweigsam nennen möchte. Die alte Dame erzählte lächelnd mit leicht vorgebeugtem Kopf; ihre Brauen und Wimpern waren fast noch so schwarz wie die Augen, aber ihr Haar schimmerte in reinstem Weiß.

Schon ihr Großvater habe an jener Krankheit gelitten, die, wenn sie auch alle Männer befalle, doch ihres Glaubens nach nirgends so ungehemmt wüte, wie in Portugal. Einer dunklen Sage zufolge, soll er sich einmal in einer Kiste in ein Nonnenkloster haben tragen lassen, eine Unternehmung, die ihm so wohl glückte, daß er als Zeugnis und Beweis seines Erfolges ein Kästchen voll jenes herrlichen Gebäcks mitbrachte, das man nur in Klöstern herstellte. Nicht ohne einen gewissen Zynismus machte er diese Süßigkeiten seiner Frau zum Geschenk, auch erbot er sich, als sie Beifall fanden, des öfteren ihr diese Freude zu machen. Später, als seine Frau längst gestorben war, und ihm sein weißer Bart fast bis auf den kleinen runden Tisch des Cafés hing, wo er seit über sechzig Jahren täglich einige Stunden politisierend saß, nahm er sich, der Abenteuer müde, eine Mulattin ins Haus, in deren Armen er denn auch in seinem dreiundachtzigsten Jahre starb.

Ihr Vater mußte einer schlimmen Verführungsgeschichte wegen mit neunzehn Jahren für längere Zeit nach Moçambique, wo er sich eine gewisse Zuneigung für schwarze Frauen angeeignet haben mußte; dennoch achtete ihre Mutter später auf das strengste darauf, daß als Dienstmädchen nur Großmütter in ihr Haus kamen. Auch so gab es noch der sich langsam von außen in den Hausbezirk hereinspielenden Verwicklungen und Streitigkeiten so viele, daß sie, die Erzählerin selbst, den unumstößlichen Entschluß faßte, niemals zu heiraten und nach dem Tode ihrer Eltern die großen Flügeltore des alten Familienhauses schloß, um einsam seine Stille zu genießen und weder Mann noch Kinder, noch irgendeinen anderen Ruhestörer zuzulassen außer einem kreischenden Papagei und den friedlich in ihren kleinen Käfigen zirpenden Grillen. Sie spielte Klavier, sang die alten Volkslieder und sah abends im verschwimmenden Dämmerlicht in die unbestimmte Weite des Meeres.

Indessen, ihr Bruder lebte in Afrika und eines Tages erhielt sie von ihm die Nachricht, daß er seine beiden Knaben von einem und von drei Jahren ihr mit dem nächsten Schiffe zusenden werde, da die Kinder von Weißen das Klima von Loanda in so frühem Alter nicht überwinden könnten. Er bitte sie, da sie ja ohnehin unverheiratet sei, die Knaben bei sich aufzunehmen und zu erziehen, bis er sie ohne Gefahr zurückrufen könne. Vierzehn Tage darauf stand sie am Hafen und nahm die Sendung ihres Bruders in Empfang. Jeder der kleinen Schreihälse kam in Begleitung eines Negermädchens von etwa fünfzehn Jahren, die ihm halb als Bonne, halb als Sklavin mitgegeben war, außer ihnen schien aber auch ein dritter Knabe zu der Sendung zu gehören, der im Alter zwischen beiden stand und dessen im Brief nicht gedacht war. Seine Hautfarbe war ein helles Braun, seine Nase stumpf, die Lippen wulstig, das Haar kraus. Dieser kam ohne Bonne.

So befand sich die Einsiedlerin plötzlich mit zwei weißen Knaben und einem braunen zusammen, in dessen Gesicht sie durch die mütterliche Verbildung und Verdunkelung hindurch die Züge des brüderlichen Vaters erkennen mußte. Gerade dieser braune Knabe war nun bei weitem der folgsamste und beste: während die anderen den Teufel im Leibe hatten und einmal fast aus dem Kolleg entlassen worden wären, weil sie den Lehrer gemeinschaftlich verprügelten, nahm er jeden Auftrag ruhig hin und strengte seinen armen, unbeholfenen Kopf auf das unmenschlichste an, bis er die Aufgaben löste, die ihm gestellt worden waren.

Wenn auch die Abneigungen der Ehefeindlichen durch diese Überraschungen nur bestärkt worden waren, so hielt sie es doch immer noch für besser, die Kinder im Hause zu haben statt des Mannes. Sie gewöhnte sich an den Knabenlärm in dem alten Hause so sehr, daß sie es fast mit Freude aufnahm, als, nachdem alle drei im Kolleg untergebracht waren und sie nur noch die beiden Mädchen zur Pflege des großen Hauses zurückbehalten hatte, eine neue Botschaft aus Loanda sie wiederum in unwidersprechlicher Kürze ans Schiff befahl.

Es war ein kleines Mädchen von etwa fünf Jahren, das sie erwartete. Sein Körper war zart und schmal, von vollkommener Gliederung, sein Gesicht von edelstem europäischen Schnitt, jede seiner

Bewegungen von geschmeidigstem Anstand; seine Haut war von einem tiefen samtenen Braun. Die Kleine flog unhörbar wie ein Vogel durch die großen Zimmer, ihre Hände glitten über die Dinge wie Schmetterlinge, in ihren schmalen Füßen schien kein Gewicht. Jede Zärtlichkeit machte sie weinen; oft lag sie halbe Tage lang auf dem Schaukelstuhl mit großen feuchten Augen, die sich abwandten vom Licht. Einmal verweinte sie eine ganze Nacht, und nur mit unendlicher Mühe erfuhr ihre Pflegemutter das Geständnis und die Ursache ihres Schmerzes: daß ihre Hautfarbe nicht sei wie die der anderen. Über dem Leid des Kindes wurde die Frau zur Mutter, die eigentlich nicht Mutter war: »Du bist ein wenig dunkel, ein ganz klein wenig, aber nicht mehr als die andern Kinder, wenn sie im Sommer im Meer gebadet haben und von der Sonne verbrannt sind.« Aber die Zärtlichkeit der Kleinen fand in solchen Stunden keine Brücke zu ihr und flüchtete sich zu einem der braunen Dienstmädchen, das gutmütig und etwas plump über die feinen Haare des Kindes strich.

Über Lissabon schwebte das Glockenspiel der Spitalkirche, als käme es von oben herab, während die alte Dame vom Tode des Mädchens sprach, das mit vierzehn Jahren vom Typhus ergriffen wurde und sanft und ergeben starb mit jener unendlichen Trauer in den Augen, die es von jenseits des Äquators durch die Meere hergebracht hatte.

Indessen waren die drei Knaben nach Afrika zurückgekehrt; der Bruder der Erzählerin mochte etwa fünfundsechzig Jahre zählen, und sie selbst begann sich nun wirklich an den Frieden zu gewöhnen, den sie so früh schon gewünscht und dann doch nicht ganz ungern entbehrt hatte. Jedenfalls stieß die dritte Botschaft ihres Bruders gleich bei ihrer Ankunft auf entschiedenes Mißwollen. Auch dieses Mal war keine Zeit zu widersprechen, als ihr aber am Hafen drei kleine nachtschwarze Negermädchen entgegengrinsten, die so vollkommene Vertreterinnen ihrer Rasse waren und so gänzlich jedes europäische Element vermissen ließen, daß sie der alten Dame unsagbar häßlich erscheinen mußten, und über ihnen noch die weißen Zähne der Begleiterin aus einem vierten ebenso schwarzen, ebenso wulstigen Gesicht leuchteten; als sie um sich die vier wolkigen Krausköpfe wie eine kleine Herde geschart sah, die mit stummer Selbstverständlichkeit darauf wartete, daß man sie pflege und versorge, empörte sich alles in ihr, diese gesammelte, dumpfe Animalität in ihr Haus einzulassen. Sie brachte sie kurzerhand in ein Hotel, und schon in der folgenden Woche rollte die ganze afrikanische Sendung nach der alten Universitätstadt Coimbra, wo sie in einem Erziehungsinstitut untergebracht wurde.

Dieser raschen Tat folgte ein Brief nach Loanda, in welchem dem Empfänger auf das entschiedenste bedeutet wurde, daß er in Zukunft einen Wechsel in der Adresse berücksichtigen müsse, falls er es wieder beabsichtige, Kinder, gleichgültig welcher Farbe und welchen Herkommens, nach Europa zu senden. »Ihm mehr zu schreiben«, fügte die alte Dame hinzu, »wäre, wie Sie einsehen, ganz verlorene Mühe gewesen. Seinem Wohnhaus in Loanda gegenüber befand sich das Haus, in dem die auf seiner Farm beschäftigten Negerfrauen untergebracht waren, und seine Frau sah ihn von ihrem Fenster aus dieses Haus wenigstens ebensooft betreten, wie sein eigenes. Er selbst bewahrte übrigens einmal seine Frau in letzter Minute vor Verübung eines Mordes, als er, von den Feldern zurückkommend, sie im Kampfe mit seiner damaligen schwarzen Favoritin fand. Schon hatten sich die Hände der Weißen in den schwarzen Hals verkrallt, und die Negerin setzte sich aus einem Gemisch von Fatalismus und altem Sklavenbewußtsein so wenig zur Wehr, daß der Ausgang nicht zweifelhaft gewesen wäre, hätte mein Bruder die beiden nicht mit Aufbietung aller Kraft getrennt und die Schwarze in ihren Bereich zurückgewiesen. Man sagt, daß er noch gegen dreißig solcher Mischlinge in Afrika aufziehen ließ: denn nur die Lieblinge unter ihnen schickte er nach Europa. Endlich ist er völlig verarmt gestorben, und seine Söhne erbten nichts von ihm, als sein Testament. Er war übrigens, wie Sie auf diesem Bilde sehen, ein großer, breiter Mann mit blauen Augen und blondem Haar, also nach einem alten Sprichwort kein Portugiese.«

Ich erinnerte mich, daß die großen Helden der alten Zeit, Heinrich der Seefahrer und auch Affonso d'Albuquerque, selbst dieses Typs waren, der eine nordische Erscheinung mit einem ganz ungebändigten südlichen Temperament vereinigte und so auf eine merkwürdige Weise zu einer Vermischung hingedrängt wurde, die ihn zerstörte. »Ja«, sagte sie, »wir erleben immer nur das Schicksal unserer Nation, das sich in jedem Lebenslauf wiederholt, aber meinen Sie nicht auch, daß wir in Afrika notwendig unser Schicksal suchen und finden mußten?« – Vom linken Tejoufer leuchtete der Sand gelb wie die Küste Afrikas, wenn der Sommer über ihr steht, und in einer furchtbar erregenden Monotonie tönten der Gesang aus einer Schenke und der späte Hammerschlag der Hafenarbeiter herauf.

»Übrigens hat die Geschichte noch ein Nachspiel: ich hatte eine der beiden Bonnen mit den Knaben zurückgesandt, die andere hierbehalten. Vor zwei Jahren wurde sie toll, glaubte unumstößlich, daß ein Student, der einmal an ihr vorüberging, ohne ein Wort mit ihr zu wechseln, sie heiraten wolle, und endlich mußte ich sie heimkehren lassen nach Afrika, wo sie sich verheiratete und zufrieden ist. Die Meere lassen sich doch nicht ungestraft überschreiten.« –

# *Die Langusten*

Niemand kommt an diese Küste. Wenn das ungeheure Tor, das der Tejo aufbrach, sich bei Cascais wieder schließt, so wird es still; nur ein paar Villen, die fragmentarisch in offenen Gärten stehen und ein Leuchtturm, dessen Mauerwerk ein gewaltiger Riß zerteilt, wagen noch, sich der Unendlichkeit zu widersetzen. Dahinter, ein kleines Stück landeinwärts, liegt der Friedhof von Cascais, wehrlos zwischen den Steinen unter dem unbegrenzten Himmel.

Ein paar zerlumpte Kinder kommen an mir vorbei. Sie tragen einen winzigen Sarg aus papierdünnem Holz, der in zartestem, süßlichstem Rosa bemalt und mit einer Spitze aus Silberpapier und einem aufgeklebten Kreuz verziert ist; hinter ihnen gehen zwei Fischerfrauen in ihren großen, dunklen Umschlagetüchern. Man hört den Tritt der nackten Füße nicht, die nur ganz flüchtig die Steine berühren und nun in den schmalen Weg zum Friedhof einbiegen, an dessen Saum, mitten unter den ausgesäten Steinen, einsam und unwahrscheinlich eine dunkle Lilie blüht.

Schmale Pinien drängen sich auf den Felsen zu einem Wäldchen zusammen mit schief aufstrebenden Stämmen, die alle die gleiche Richtung haben, als wäre dieses Gehölz ein einziger flehender Wunsch vor der erzenen Unerbittlichkeit des Meeres; unten stürzen die Felsen in riesigen roten und gelben Prismen und Würfeln übereinander. Hier, unmittelbar vor dem Bereiche der Salzflut, in derselben Höhe wie ihr Spiegel, rinnt eine Süßwasserquelle in ein Felsenbecken und von ihm ins Meer; niemand trinkt von ihr.

Bald flüchtet sich der Wald hinter eine flache Düne zurück, die den grauen Rücken der Felsen notdürftig überdeckt, und ich gewahre rückwärtsschauend noch die Stelle, wo jenes furchtbare Kreuz der Hoffnungslosigkeit zur Erinnerung an einen unbekannten Erschlagenen steht. Die Fortsetzung des Längsbalkens über dem Querbalken ist gebrochen und dann lose wieder aufgesetzt; sie neigt sich vor, als warte sie darauf, den ersten zu zerschmettern, der es wagen sollte, unter diesem Kreuze zu rasten. Mauern zerbröckeln und häufen den Schutt schlechten Mörtels und roher Feldsteine auf; es ist nicht mehr nötig, diesen Platz zu umfrieden, den niemand betreten wird; auch die Raben kreisen übers Meer zurück ohne die Flügel zu falten.

Nun erstirbt die Vegetation; nur Agaven, dunkelgrüne und andere mit schönen hellgelben Rändern zwängen sich aus den Felsenspalten und entfalten sich zu lebloser Üppigkeit. Die Felsen werden ebener und gleichmäßiger, fast zur Fläche, die sich der Flut entgegensenkt. Ich erinnere mich, mit welcher Wut heute die Wellen gegen den »Höllenschlund« [Bocca do inferno] anstürmten – einen Felsenkessel, in den das Meer durch ein tiefliegendes Tor gleichsam von unten einbricht, um in weißem Zorne zu zerschäumen –, und an den Glauben der Fischer von Cascais, daß der Teufel an Beerdigungstagen dort auf die Seelen warte. Dieser kleine, rosa bemalte Sarg, in welcher Tiefe wird er versinken?

Am äußersten Saum kämpft ein Schiff, der Schlot stößt verzweifelt in den Himmel, Kiel und Steuer tanzen auf und ab. Von Norden her weht Nebel herein; die Flut rollt aus endloser Ferne in flacher Wölbung heran und springt dann meterhoch auf den Felsen empor; ein Segler fegt scharf an der Küste hin und ist plötzlich verschluckt, dann findet ihn die Sonne wieder im Dunst und jagt ihm eine Lichtinsel voraus in die letzte Weite.

An der Grenze von Land und Meer, wo die Trostlosigkeit der Felsen aufsteigt aus der Trostlosigkeit der Flut, in dieser Einöde zwischen den Elementen liegen die alten Forts, die man zum Schutze Lissabons an der ganzen Tejomündung und den benachbarten Küsten errichtete. Sie stammen alle aus den vierziger Jahren des siebzehnten Jahrhunderts und tragen den Namen des Königs João IV., jenes Herzogs von Braganza, der zur Zeit des Dreißigjährigen Krieges den portugiesischen Königsthron ohne große Mühe den Spaniern entriß und Portugal mit der Freiheit den Schein eines neuen Aufstiegs verlieh. Diese flüchtige Tatkraft ist längst dahin; heute läßt man die Forts, deren Zentrum die alte Zitadelle von Cascais war, ungehemmt zerfallen; wie sollten auch die dünnen Mauern, die schon von Wind und Meer zerstört werden, Kugeln standhalten können?

Das runde Ecktürmchen ist mitten aufgebrochen. Unter seinem halbkugeligen Dach steht ein schwarzes Weib in zerfetzten Kleidern mit vom Wind zerwühltem Haar. Leblos sieht sie auf die löchrige Straße und hinüber zu dem grauen Gebirge von Cintra, auf dem kein Grashalm weht. Die Tür ist offen. In der Festungsmauer steht eine längliche, niedere Hütte, deren Fenster von den Bastionen verdeckt und verdunkelt werden. Innen gackern ein paar Hühner, ein Hund erschöpft sich in hungrigem Gebell. An einer zusammengeknüpften Schnur hängen zwei Fetzen ärmlichster

Wäsche. Alle Mauern sind im Zerfall begriffen, alle Steine lösen sich voneinander los; das ganze Fort rollt in tausend Trümmern unaufhaltsam hinunter in das Meer, das ihm über die schrägen Felsenplatten entgegenschäumt.

In seiner ganzen Breite steht hier das Unendliche offen. Nie empfand ich so seine Gewalt als hier, am Saum des Erdteils, an der Grenze der lebendigen Welt, die ihm nicht mehr widerstehen kann und vor seinem Ansturm rettungslos zerfällt. Pflanzen fliehen zurück, Tiere rasten nicht mehr, nur der Mensch sucht sich noch in den Trümmern zu halten, in die sein Werk zerstäubt. Wenn das Meer das Prinzip des Werdens ist, so ist es auch das Prinzip der Vernichtung: Land, Mensch und Tier reißt es hinab, um sie zu verwandeln.

Nicht weit davon grub es sich dreißig bis vierzig Meter tief eine Höhle in die harten Felsen, die den Fischern zur Aufbewahrung der Langusten dient. Tag für Tag stehen die kleinen Boote draußen vor der Küste zum Fang. Ich öffne das Fallgitter aus Holz, das auf der Erde liegt und steige durch die schmale Luke auf einer Leiter in die Dämmerung hinab. Es ist ein langes, schmales Gewölbe, das schräg nach der Landseite verläuft und steil abbricht in aufgetürmtem Sand. Aus der ungleich geformten Decke springen ein paar helle Steine, ein paar zu kurz geratene Bogen hervor.

Wie meine Augen sich langsam an das Dunkel gewöhnen wollen, trifft sie das blendend weiße Licht hochgetürmter Wellen, die am Eingang der Höhle an ihrem eigenen übersteigerten Ansturm zerschäumen und über die Felsen sprühen. Das Segelboot, das ich vorhin sah, zieht fern durch die Aura zwischen Himmel und Meer; ich sehe ihm nach, als wäre ich längst dem Tageslicht entrückt, als wäre mir aus bodenlosen Tiefen noch einmal ein Blick vergönnt auf die schimmernden, schweigsamen Dinge der Welt, deren Wandel ich schon nicht mehr ganz verstehen kann.

Ich steige weiter hinab und stehe nun auf einer kleinen Brücke, die sich über einen flachen, von dünnen Backsteinmauern dreifach zerteilten Wasserspiegel spannt; in dieser Tiefe bin ich schon im Bereich des Schattens, den ein dichtes Eisengeflecht hereinwirft, denn der Eingang in die Höhle vom Meer her ist bis zu zwei Dritteln seiner Höhe versperrt. Der Sandboden des vorderen Beckens ist mit langen, schwarzen Flecken besät, etwa doppelt so groß wie eine Hand, die manchmal ein wenig zittern und sich zögernd bewegen. Nun stechen zwei dünne rote Stäbe wie Grashalme durch den glatten Spiegel, entfernen sich und nähern sich einander wieder, vorsichtig die leere Luft durchtastend; matte Ringe schweben auf dem Wasser; nun bleiben die Fühler stehen, nach verschiedenen Richtungen gestellt, als wären sie geknickt.

Eine große Schildkröte rudert lautlos in dem mittleren Becken auf und ab. Manchmal hebt sich der braune Rückenschild ein wenig über das Wasser empor in das leichtere Element, gleich einer atmenden Qualle, dann gleitet er wieder eilig hinab und flüchtet in tiefere Schatten. Die große Fläche läßt sich schräg vom Wasser tragen, hell von unten erschimmernd, in keiner Drehung gehemmt; widersinnig fast erscheint die eilige Bewegung der flachen Füße, die wie Fische rudern unter dem leblosen Panzer, der Schlangenkopf und das Licht der dunklen kleinen Augen.

Eine ungeheure Ferne tut sich auf, die Leben von Leben trennt: ist dieses rätselhafte Wesen mir wirklich näher als Fels und Wasser, bedeuten die unermeßlichen Strecken, die es von den Elementen her durchlief, nicht mehr? Bewegung, Gleiten, zwischen Felsen in unterirdischer Flut, gefangen, allein; nach welchen Wünschen wechseln Dunkel und Licht auf dem fühllos gepanzerten Leib? Warum hebt er sich und läßt sich wieder hinab, warum tauscht er unablässig die Elemente? Die Bahnen, die er beschreibt, diese Rune unter der Erde, wer mag sie lesen? Es steigt und sinkt, uralte Formen, verborgen, verkrustet, kaltes Blut, kalter Leib, Vermächtnis einer nicht mehr erfaßlichen Zeit; ein Leben, immer bereit zu entfliehen in den Schutz des nicht Lebendigen, aus dessen Decke sich zaudernd Augen und Füße wagen, unter die sie rasch wieder fliehen vor der dämonisch darüber tobenden Feindschaft der Welt. Möglichst nahe dem Stein, möglichst ferne dem Tag, ist vielleicht noch eine Hoffnung, zu dauern, sich der Kargheit der Erde zu erfreuen.

Der Grund des dritten Beckens ist dunkel und steigt an, als rage von unten ein Fels hinein; hier häuft es sich: harte, knirschende Schalen, die schwerfällig übereinandergleiten, greifende Füße, suchende Scheren, tastende Fühler: zweitausend Langusten aus der Weite des Meeres zusammengedrängt in eine versteckte Felsenschlucht, durch Gitter und Mauern von dem hinwallenden Wellenschlag getrennt, der, vielfach gebrochen, kaum mehr die Felsenwände erbeben läßt. Hochgetürmt beharren sie in der Schattenkluft, fast wie ein Haufen übereinandergeworfener Steine, in dem es nur manchmal zufällig rollt; der Strom des Lebens scheint durch diese Schalen zu rinnen, ohne sie zu erschüttern. Sie haben sich gesammelt, wo es am finstersten ist und verdauern hier ihre Zeit, die kaum mehr Zeit ist für eine solche Starre. Zweitausend Tiere, von denen man offenbar nicht mehr sagen kann, als daß sie sind.

Inzwischen hat ein Fischer ein paar hohe, geflochtene Körbe auf vorspringenden Felsenplatten aufgestellt; nun tritt er nahe an den Haufen schwarzer Steine heran und fährt mit einem Stab, an dem ein Netz befestigt ist, in die stille Flut. Der Schrecken taucht ein; die Langusten entfliehen pfeilschnell, jagen wie Schatten über den Sand und drängen sich noch enger vor einem Felsenspalt zusammen. In einer Sekunde ist ihr Tod in wildestes Leben verwandelt; das Auge kann den Kreuzungen der nach allen Richtungen hinschießenden Flecken nicht mehr folgen, das Ornament des Entsetzens spinnt sich über den Sand. Hart stoßen die Panzer zusammen in dem schwankenden Netz, die Beine stacheln daraus hervor, die Fühler zucken und biegen sich. Die Gefangenen werden ausgeschüttet auf einer Felsenplatte neben dem Becken, wo sie sich hilflos bewegen im fremden Element. Vom Instinkt verlassen streben sie der Felswand, statt dem Wasser zu; einige kommen auf dem Rücken zu liegen und stemmen vergeblich die immer wieder ausgleitenden Beine auf den Stein; der ganze Leib ist empörtes, zuckendstes Leben. Mit elektrischer Energie schlagen die breiten, schuppigen Schwänze auf den Stein und die weiße Bauchwölbung, daß es schauerlich durch die Höhle hallt; es zappelt, schiebt und windet sich und widersetzt sich von neuem in rasender Wut.

In der tagfernen Höhle rollen Minuten abgründiger Angst, unerhörter Qualen ab; die verdämmernde Stille wird zerrissen von der beinernen Klapper der Stimmlosen, die machtlos mit gepanzerten Gliedern an die Steine schlagen.

Lebendiges zerquält sich im Fels. Formen wie diese, die mächtig geschwungenen Scheren, der gedrängte Leib, die starken, weit ausgreifenden Beine, der dicke, zuckende Schwanz, können nur von einer sehr starken Energie, von einem kriegerischen harten, grausamen Willen gebildet worden sein, der etwas Erschreckendes hat, weil er die Tiefe sehen läßt, aus der er kommt. Je gewaltiger die Lebenskraft ist, die vernichtet wird, um so erschütternder ist es, diese kalte Vernichtung zu sehen. Alle Adern einer geheimen Verwandtschaft beginnen zu bluten, alle Tiefen der eigenen Lebendigkeit empören sich mit. Von diesen sich krampfenden Muskeln – jeder Leib ist ein einziger Muskel – gehen Ströme aus von einer vernichtenden Energie, auf die die Ströme berechnender Feindschaft treffen; Härte stößt auf Härte, es ist, als ob ein Diamant Glas zerschneide.

Er geschieht unter der Erde, tiefer als Wurzeln reichen, dieser Actus tragicus von der Spaltung der Welt; zwischen den Steinen zermartert sich das Leben; aus stechenden, vorspringenden Augen zuckt jener entsetzliche Haß, den die Elemente nicht kennen: es ist die berstende Wut der Zerstörer, die selber zerstört werden.

Denn kein anderes Tier ist so zur Erscheinung der Zerstörung geworden, ist so unmittelbar Feindschaft als die Languste. In diesem Panzer, diesen gefräßigen Werkzeugen ist ein Haß, der sich gegen die Umwelt, gegen alles, was außerhalb dieses Individuums ist, zu richten scheint in seiner Totalität. Aber will die Welt ihn nicht so, ist er mehr als ihr ehrliches Bild? Der Kampf zweier Langusten, zweier Zerstörer mit sich selbst: dies wäre der ganze Prozeß, der sich um uns vollzieht.

Man preßt sie knackend in Körbe; man schleppt sie in das gefürchtete Licht; sie sind nur noch Schrecken und Angst, Körbe voll Entsetzen. Oben, an der furchtbaren Küste, die das Meer zerstört, packt man die von Furcht erstarrten Tiere in Kisten: auf einer dünnen Lage Stroh werden sechs nebeneinander gereiht, sechs andere stellt man ihnen gegenüber: Auge gegen Auge, Schere gegen Schere. Die Fühler werden umgebogen, geknickt, gebrochen von der nächsten Schicht, die man darüberlegt; sie starren von Waffen und wagen doch nicht mehr zu zittern; wieder scheinen sie tot, wie unten in der Tiefe, in der sie lebten.

Fünfzig oder mehr birgt jeder enge, holzumschlossene Raum; man nagelt sie zu wie Tote in einem Sarg, und doch leben sie noch alle, erhalten von der wilden Kraft, die sie schuf. Auch nach Tagen qualvoller Beengung, hilflosen Vegetierens in Schaufenstern, in Körben und Eimern ohne Wasser und Nahrung behaupten sie sich noch für die volle Qual des Todes, der sie mit Glut und Dampf übergießt.

Das Auto trägt sie fort, die aufgebauten Kisten stoßen und schieben sich, als wären sie nur Gewicht, nur Ware, als wäre keine andere Energie in ihnen als die tote Energie der Last. Mit allem Rüstzeug, dessen es bedarf, mit Panzern, Scheren und Zangen und jener Verbissenheit in die Finsternis und die Tiefe, die noch am ersten

Schutz gewährt, waren die Langusten bewehrt; aber alle Waffen versagen vor dem letzten großen Entsetzen, dessen Kommen schon lähmt; keine Feindschaft ist größer als die gefräßige Feindschaft des Lebens gegen sich selbst.

## *Herbstfest in Estoril*

Eine halbe Stunde von Lissabon, dort, wo der Tejo zum Meere wird, fängt das breite Halbrund der Bucht von Estoril den Ansturm des Ozeans mit seinem weichen, herrlichen Sande auf. Es ist die schönste Küste, die man sich denken kann, wenn man das Meer, den Sand und die Sonne liebt und sich von dem ungeheuren doppelten Blau des Oben und Unten umfangen lassen will. Dahinter steigen zwei Palmenalleen, die von einem langen Rasenstück mit hoffnungslos vernachlässigten Blumenbeeten getrennt werden, in die ziemlich flache Anhöhe zu einer breiten quer laufenden Straße hinauf, von der sie wieder verbunden werden. Über dieser Straße steht auf dem halbfertigen Piedestal schon wieder überwucherter Grundmauern ein echt portugiesisches Fragment: der Anfang des neuen Casinos von Estoril. Vor ruinenhaftem Mauerwerk ohne Bedeckung und Verputz, das nach allen Seiten offen ist, so daß sich die hohen Bogen und Fenster völlig sinnlos öffnen, schimmert eine Reihe weißer Säulen, von denen jede ganz vereinzelt steht, ohne Verbindung mit den übrigen und mit dem Hauptbau.

Niemals während des halben Jahres, da ich in der Nähe von Estoril wohnte, sah ich, daß eine Hand geschäftig war an diesem versteinerten Projekt, dessen Ausführung nicht nur den Portugiesen allein eine der schönsten Terrassen am Meere geben würde, die sich erträumen lassen. Endlich kam ich in Anbetracht der großen Vorliebe der Portugiesen für alles Ruinenhafte zu dem Glauben, man habe dieses Casino nur angefangen, um bei seinem wehmütigen Anblick aufs neue über die Hinfälligkeit des Irdischen zu klagen.

In der Tat hatte man auch Verständnis für die melancholische Romantik des halb verdorrten Parkes und des in Trümmern liegenden Bauwerkes; denn dieser Platz wurde ausersehen zum Schauplatz und Hintergrund des Herbstfestes von Estoril. Dieses Fest, die größte der Veranstaltungen um Lissabon, hatte natürlich ein historisches Thema, denn der Portugiese hängt, wie jedes gestürzte Volk, an nichts mehr, als an seiner Geschichte. Je ruhmloser, ja beschämender die Gegenwart ist, um so heller leuchtet die Vergangenheit auf, in einem Glanze, den sie mit Sicherheit nie besessen hat: sie ist der Spielraum ungezügelter Phantasie, fesselloser Wünsche, die, weil sie sich rückwärts richten, allen Ernstes nachträglich die Realität zu erobern meinen. Wozu noch Siege in der harten Welt der Gegenwart und der Tat, wozu Jahrzehnte der Vorbereitung und sich zähe sammelnder Kraft, wenn jeden Tag mühelos in der Vergangenheit ein Sieg gewonnen werden kann, ein historischer Sieg, ein Sieg, den die »Geschichte« verbürgt! Geschichte aber ist, zum mindesten in Portugal, wo man auch Dokumente in lyrischem Tonfall verfaßt und die Erzählung einer Tatsache mit einer elegischen Apostrophe beendet, Dichtung, das heißt Vollendung erstickter Möglichkeiten, verdorbener Hoffnungen, Gestaltwerdung von Wünschen. Geschichte schreiben heißt einen Traum zur Urkunde machen. [Freilich steht man hier im Süden allen »Tatsachen« und »Urkunden« mit einer gewissen angeborenen Weisheit gegenüber, mit jener niemals schwindenden Ahnung von der Hinfälligkeit der Grenze zwischen Schein und Wirklichkeit.]

Bereits etwas vertraut mit portugiesischen Eigentümlichkeiten betrat ich eine halbe Stunde, nachdem der historische Festzug stattfinden sollte, den Park von Estoril. Das Fest befand sich noch in ebenso fragmentarischem Zustande wie das neue Casino, das nun, seit die sinnvolle Absicht an die Stelle der Beschämung getreten war, den Mittelpunkt bilden sollte.

Am Meer, unter Palmen, in blitzendem Blau entfaltete sich ein merkwürdig deutscher Anblick: die freiwillige Feuerwehr aus der ganzen Umgegend von Lissabon, diesseits und jenseits des Tejo, versuchte gemessenen Tempos, unter wehmütigen Klängen, einen Aufmarsch, der freilich chaotisch blieb. Ihre Helme blitzten, wie in einer kleinen deutschen Stadt, und wie bei uns hat sie ganz den Charakter eines geselligen Vereins, der heroische Ziele mit Nachdruck betont. [Ihr Ansehen ist groß, gibt es doch selbst Straßen, die nach Feuerwehrleuten benannt sind, weil sie, wie das biographische Straßenschild bedeutungsvoll sagt, »durch ihre Taten den Namen ihres Vaterlandes auszeichneten in der Welt«. Auch hier ein verzweifelter Versuch zum Heroischen, ein Weltruhm, um den die Welt sich niemals kümmert, eine ganz unsüdliche Biederkeit.]

Durch die beiden Palmenalleen quillt die Menge nach der Querstraße hinauf; aus einem Seitengebäude schauen, wie bei einer schlechten Komödie, die noch ungeschminkten Kriegshelden des Mittelalters, ohne irgendwelche Eile zu verraten. Zu meinem Erstaunen sehe ich das Zelt des Staatspräsidenten, das der Ruine unmittelbar gegenüberliegt, schon besetzt. In einfacher grauer Uniform sitzt der bescheiden und sympathisch wirkende Mann auf einem ordinären Stuhl, ein Bild der Nachsicht und der Geduld. Vor ihm, das Gesicht gegen ihn gewendet, wartet die Musikkapelle mit aufgeklappten Notenblättern und spielbereiten Instrumenten, aber ohne ein Zeichen der Spannung. Das Programm verzeichnet ein einziges Stück: die einzige portugiesische Symphonie; es ist noch nicht Zeit, die zu spielen.

Inzwischen kommt die Menge notgedrungen zum Stehen, die Damen haben sich vorteilhaft arrangiert auf den Tribünen und in dahinter stehenden Autos. Um halb fünf Uhr sollte der Umzug beginnen, nun ist es halb sechs. Vom Meer her ziehen Wolken herauf. Der Präsident wartet. Die Musikkapelle schweigt. Nichts regt sich in der Ruine. Eine Dame tröstet ihren Jungen: »C'est la vie, mon petit.« Nur in den Kindern ist Ungeduld; Tausende warten ohne zu murren.

Auch um sechs Uhr, während der Himmel noch dunkler wird, regt sich nichts. Der Präsident sieht noch immer mit der gleichen Nachsicht in die Ruine. Die Musikkapelle hat die Noten wieder zugeklappt und die Instrumente beiseitegestellt, weil ein Regen droht.

Kurz nach halb sieben schmettert eilig die Feuerwehr, als gälte es eine Reiterschlacht. Vor dem Präsidenten steht ein Mann mit brennend rotem Gesicht, der seine Hände von sich wirft, als wolle er sie samt den Armen dem Staatsoberhaupt ins Gesicht schleudern. Sein Mund klappt auf und zu, er wirft den Kopf zurück, als gälte es zu den Planeten zu sprechen, aber der Wind treibt die Stimme ab, kein Laut dringt herüber.

Endlich sitzt die Musik am Ende ihres Wartens: in acht Minuten ist die Nationalsymphonie verrauscht, und nun reiten sie malerisch aus der Ruine hervor, die großen Helden, und schwingen ihre fadendünnen Banner: Affonso Henriques, der erste portugiesische König, Dom Diniz, die heilige Königin, Ines de Castro, Heinrich der Seefahrer, Bartholomeo Dias, Vasco da Gama, Affonso d'Albuquerque. [Magalhães, vielleicht der Kühnste von allen, wird nie genannt, weil er seine Taten in spanischen Diensten vollbrachte.] Leer und idealisch schwenken sie ihre armseligen bunten Tücher vor dem Fragment des neuen Casinos, dessen Pracht, ehe sie noch fertig wurde, schon genau so vergangen ist, wie der Schimmer ihrer Taten, die niemand mehr versteht. Dann ordnen sie sich mit einigen grauenvollen Anachronismen zum Zug und ziehen vorbei.

Unter den Feuerwehrleuten, die ihnen vorausziehen, regt sich ein Lachen, gegen das sich gravitätischer Ernst vergeblich wehrt. Worte fliegen zwischen ihnen und den Zuschauern hin und her, man spürt, daß ihre eigene Würde ihnen komisch erscheint und daß sie versucht sind, sich selbst zu parodieren. Nur die Neger, die mit ihnen vermischt sind wie mit dem ganzen portugiesischen Volk, bleiben ernsthaft, soldatisch-gezwungen in ihrer Haltung, als müßten sie ein bedeutungsvolles Ansehen bewahren; ihre Mienen zeigen völlige Unzugänglichkeit für einen Scherz und die Komik ihres Tuns. Für sie haben die Kleider noch Gewicht, hat das Spiel noch Ernst.

Mit unverhohlenem Lachen werden die Kriegsknechte begrüßt, die in notdürftig versilberten, viel zu großen Papphelmen und unsinnig weiten Panzerhemden die Nachhut des gestrengen Königs Affonso Henriques bilden, und während sie diese Heiterkeit noch mit Mißmut aufzunehmen scheinen, lacht Heinrich der Seefahrer vergnügt mit über den viel zu großen Schild und die ihm unvermeidlich immer tiefer ins Gesicht sinkende Sturmhaube. Von nun an wird der ganze Zug zur Farce. Affonso d'Albuquerque, der große Vizekönig, und sein federgeschmücktes Gefolge möchten sich ausschütten vor Vergnügen, das Publikum wird unerschöpflich an Einfällen, auch die Soldaten, die die Aufsicht führen, lachen samt den Offizieren unbekümmert mit. Das Gefühl für Lächerlichkeit ist ungemein scharf in diesem Volke von Phantasten, das sein Mißlingen über Träumen vergessen will und mitten in seinem Schwelgen doch immer die Schwäche gewahr wird, die es versagen und phantasieren läßt. Keiner von allen, die anwesend sind, hätte den leisesten Spott über einen dieser Helden ertragen, deren Namen ihnen nicht unheiliger klingen, als der Name Gottes – die portugiesische Heldenverehrung hat einen ganz sakralen Charakter –, nun aber sehen sie sich selbst in den unmöglichen und unzureichenden Kleidern, schauen diese Schwärmer mit unbestechlichen Augen durch die Fadenscheinigkeit der Kostüme und Masken tief in die Fadenscheinigkeit ihrer Träger und des eigenen Selbst – und brechen in ein Lachen aus, das wie der eigentliche Hauptpunkt des ganzen Festprogramms erscheint.

Ob auch all ihre Sinne umnebelt sind von dröhnenden Siegen, von einmaligen Taten eines auserwählten Volkes und sie diese Taten brauchen zu ihrem Dasein, ebenso notwendig wie das tägliche Brot: so wissen sie doch auf das genaueste, was sie von diesen

Träumen trennt, wenn sie übergehen wollen in die Wirklichkeit der gegenständlichen Welt. Mit diesen Schwertern aus Blech, diesen Helmen aus Pappe, diesem ganzen Rüstzeug der Illusion wird nichts erobert – und die kleinen Kriegsschiffe draußen im Hafen und die harmlosen, schlecht geübten Soldaten, deren Hauptspaß es ist, Fanfaren zu blasen, ob die wohl Siege erfechten? Über der Freude zu träumen soll man die Freude zu lachen nicht vergessen; so ernst ist die flüchtige Welt nicht, daß man nicht den Pomp komisch finden dürfte, in dem sie sich bewegt.

So geht der Zug vorüber, halb ist er schon aufgelöst von den dazwischendrängenden Zuschauern; nur die Pferde versuchen noch einen tragischen Schritt, doch auch sie müssen endlich tänzeln und sich drehen. Wenig mehr als eine halbe Stunde dauert das Fest, um dessentwillen Tausende viele Stunden lang warteten, aber man lacht über sich, seine Träume, seinen Ehrgeiz, über alle flirrenden Kunstgriffe der eigenen Schwäche, die doch oft so ungeschickt im Zaubern sind, man lacht in Portugal über seine Flucht zur Geschichte und Vergangenheit und genießt die einzige Freude der Gegenwart: die Ironie.

## *Die Stadt des Lichts [Evora]*

Diese kleine Stadt, die hellste und liebenswerteste unter allen, hat die riesige, verbrannte Ebene des Alemtejo zur Voraussetzung. Sie liegt auf dem Plateau der dürren Äcker wie ein weißer Kristall auf dunklem Tuch. Die Bewegtheit und Fülle, die grandiose Zerklüftung des portugiesischen Nordens, dieses gemäßen Hintergrundes früher ritterlicher Zeit, ist längst in die Monotonie der Niederungen übergegangen, in das breite Gewährenlassen der Uferlandschaften um Lissabon; aber nun zerteilt der Tejo wie ein langgestreckter See das Land, um gleichsam alles Bisherige zu enden.

»Jenseits des Tejo«, Alemtejo, heißt die Provinz; hier beginnt wirklich ein Jenseits, über das die Schicksale keine Gewalt mehr haben, wo die europäische Forderung nicht mehr gilt. Kiefern ziehen durch verbranntes Gestrüpp; mit Korkrinde hochbepackte Wagen wälzen eine unförmige Staubmasse hinter sich her. Rötlich schimmernde Ochsen stehen stumpf, mit gefurchter Stirn, in der furchtbaren Sonne. Wie das verlassene und zerstreute Geleg eines phantastischen Riesenvogels liegen eiförmige Melonen im Sand. Wohin ist der Vogel geflohen?

Schon wird die Öde transzendent; ein Übergang bereitet sich in ihr vor. Wie sie hinausschwillt als Fläche, als Erde, die sich der Sonne unterworfen hat, auf jede Form, nicht nur auf Hügel, auch auf den dumpfen Ausdruck der Steine verzichtend; wie sie den Horizont ergreift, ohne seine Linie mit einer Gestaltung zu durchbrechen oder zu markieren, immer weiter sich dehnend, ohne zu variieren, reicht sie in das Rätselhafte hinein. Sie hat keinen Saum, keine Grenze; der nicht ermattende Wille zu wachsen, sich zu erstrecken, die Monotonie zu erweitern und das eigene Selbst ins Unbegrenzte fortzusetzen, scheint endlich alle Schranken zu überwinden. Wie im Sand, der verwitterten Glimmer enthält, flimmert das Geheimnis an tausend Stellen. Ist das Auge in der rechten Höhe, so spürt es das Blinklicht; blickt es auf, senkt es sich tiefer, so ist kein Geheimnis mehr da.

Fern, in Algarve, dem letzten maurischen Königreich, verfärbt sich die Erde noch einmal in warmes Rot; dort beben Mandelbäumchen vor zierlichen weißen Häusern mit drolligen Kaminen, und kleine Städte halten sich auf der Grenze zwischen Land und Meer. Dann vollzieht sich der Übergang wirklich; es drängt aus der Erde in die Flut, die Scheidelinie verwischt; das Meer umspielt schon die Füße, und weit draußen steigt feucht, zerteilt, sich zerlösend, das Land noch einmal auf. Die weißen Vögel aus dem Grenzenlosen bevölkern die Erde und die umhegten Gärten; das Salz durchdringt den Grund. Hinüber-, herüberwechselnd tauschen die beiden Bezirke sich aus; das Gesammelte verfließt, das Gestaltete verliert seine Gestalt. In allen geheimen Kanälen steht schon die Flut des Künftigen; sie steigt, und der Boden schwankt und bebt; das andere Reich, das jede Erdkrume benetzt, löst die Formen auf. Nichts ist mehr fest; der Erdteil, die Erde münden und fließen fort. –

Evora liegt noch fern von dieser Grenze, die den Anfang des Grenzenlosen bezeichnet, mitten im Land, aber in einem Land, das weit und unveränderlich ist wie ein braunes, erstarrtes Meer. Die ungeheure Macht des Lichts, der die ganze Umgebung zum Opfer fällt, findet ihren Partner in dieser Stadt. Die Wände sind weiß; die Dächer sind dunkel und wie Schatten über sie gelegt. Als streng bemessene Blöcke ordnen sich die Häuser wieder zu Blöcken an; die schmalen, hohen Kamine, der Parallelismus der Linien, die Strenge der rechten Winkel, die unablässige Wiederholung der einen Anlage bringen eine Form von arabisch-mathematischer Nüchternheit hervor, die wie ein scharfgeschliffener Stein den Ansturm der Strahlen bricht und die zerstreute, zurückgeworfene Lichtmasse verhundertfältigt. Aus den Dächern steigen sonderbare Kuppeln, gerundete und kantige Kegel und Türme hervor, die oft wieder auf kantigen Prismen ruhen und noch einmal das Licht besiegen. Gedrängt und in der Höhe der Dächer über die Gassen hinweg durch Bogen verbunden nehmen die Häuser vereinigt diesen einen Gegner an; im Widerstand gegen das Licht scharten sie sich zusammen.

Je schärfer das Weiß die Augen verletzt, um so tiefer beruhigt das Schattendunkel in den spärlichen Fenstern und in den weitgespannten Bogenwölbungen alter Häuser, vor denen Palmen wie Fontänen noch einmal den Reichtum des Schattens verströmen. In dieser Helligkeit, die so unerbittlich scheint, dieser Abwehr, die keine Konzessionen machen will, wurden tausend Spielereien erlaubt. Wo ein Hof sich öffnet, ein Brunnen Kühlung verspricht, wo Weinreben bereit sind, zu schützen, oder wo auf der Höhe der Dächer und Terrassen am späten Abend ein kühler Hauch erwartet werden darf, sind die graziösesten Einfälle am Werk: Schattenträume und Dämmerungsphantasien der glücklich Geborgenen.

Zierlicher konnte die Säule nicht gedacht werden, die hinter einem morschen Brettertor das gewölbte Schattendach auf der Treppe des Grafenhauses trägt; wieder steht der weiße, spitze Zuckerhut darüber, und das Licht sucht vergeblich, ihn zu vertilgen. Anmutiger wurde nie ein Pavillon ersonnen, als der auf der Terrasse des Palacio de Cordovil. Soviel Heiterkeit, soviel Grazie waren Europa nicht erlaubt; sie konnten nur in maurischen Gärten gedeihen. Die sechs kleinen Säulen sind schlank wie die Mandelbäumchen in Algarve; sie sind und sind doch nicht; sie tragen, und sie stehen doch nur zum Spiele da; ihre Last scheint ungefüg, viel zu schwer für sie, und schwebt doch. Wie ernst sind die fast kriegerischen Zinnen, der breite Kegel auf dem Dach! Aber sie ruhen auf Bogen, die hochgespannt sind wie die Flügel einer eiligen Möwe; die Last ist nur ein Scherz, und die kleinen weißen Säulen können das nicht ganz verbergen.

Manches Mal freilich stieg den Bürgern von Evora diese Grazie zu Kopf, und sie erfanden dann ein Fenster, dessen schwerer, dreifach gebogener, mit Ornamenten belasteter Rahmen mit steinernen Schnüren an die Pfeiler geknüpft ist; diese Schnüre sind so lose verknotet, daß sie jeden Augenblick sich zu lösen drohen, und hierin, in dieser getäuschten Leichtigkeit, fand man Grazie und Anmut. Wie wunderbar, daß der Rahmen nicht herabfällt! [Aber er ist so fest mit dem Hause vermauert wie ein Eckstein.] Die Spielerei hat einen steinernen Rückhalt; die Leichtigkeit ist nicht wahr; die Grazie ist schwerfällig und maskiert sich mit einer Lüge: Europa beginnt. Denn dieses Fenster ist nicht mehr maurischen, sondern manuelinischen Stils.

Doch die Giganten aus noch späterer Zeit, die auf dem Dach der Klosterkirche da Graça sitzen, kommen über alle Bedenken hinweg. Ihr Gelächter ist freilich derb und hätte maurische Ohren beleidigt; sie lassen auf eine ungebührliche Weise die Beine über die Rampe herunterbaumeln und kümmern sich nicht darum. Das Gebäude in ihrem Rücken ist nun ziemlich zur Ruine geworden; ihrer Fröhlichkeit tut das keinen Abbruch; sie sind einer immerwährenden Trunkenheit voll, die ebensolange dauert wie der Stein. Auf dem Dach, vor dem Abgrund, die brennende Weltkugel überm Kopf und die Ruinen der Vergangenheit, die unablässig sich vergrößernde Ruine der absterbenden Gegenwart im Rücken, machen sie sich einen guten Tag. Die im Licht erstarrte weiße Stadt und die Mühseligen unten auf dem glühenden Platz bekommen das impertinente Gelächter dieser Kobolde nicht aus den Ohren, die mit Armen und Beinen zappeln vor Vergnügen, während das Haus einstürzt, auf dem sie sitzen.

Die Zeiten und Epochen verschlingen sich, und alle finden sich zu Scherzen bereit in Evora. Hier, überm Strom, in der jenseitigen Provinz, zu der das Schicksal nicht übersetzte, wurden die Launen nicht ausgetrieben. Auch die alte Eremitage S. Braz vor der Stadt ist ja nur schwerfällig, um zu scherzen. Wie ein Fabeltier streckt sie sich in die Sonne; es ist, als wollte sie schrecken mit ihren vielen Zacken und Spitzen und Türmen; aber diese Schreckgestalten sind ja nur deshalb so bedrohlich, weil sie täuschen müssen. Wie umständlich wurden die Variationen der Türme versucht! Nach dem Rund wird ein Vieleck gewagt, nach der Spitze eine Kuppel. Zakken laufen über den Rücken des Untiers, Fenster werden nicht zugelassen. So liegt es vor der Stadt wie die Tarasque, jenes Monstrum der Provence, das endlich von einer Heiligen bezwungen wurde und nun noch immer in den Prozessionen mitziehen muß, und wie die Tarasque wird es nicht ganz ernst genommen.

Das Mittelalter verliert seine Waffen, und das europäische Problem gönnt uns einen Feiertag. Ein Schritt führt aus der blendenden Weiße in den Schatten; die Grenzlinie ist wie mit dem Lineal gezogen; sie ist so leicht zu überschreiten. Für welche wunderbaren Dinge könnte man leben! Für einen Baum, der im Hofe steht, oder den kleinen roten Papagei in seinem Käfig. Besser aber noch: für die Stunden, die man alle nicht durchleben durfte. Dann gäbe es keine Undankbarkeit mehr, die verlassenen Begleiter kämen wieder, die Freunde, die für immer aufgegeben wurden, träten als liebste Gäste ein. Und es könnte gesagt werden, was immer verschwiegen werden muß, und die liebste, die verstoßene Gestalt käme zurück, und nun, da sich nichts mehr ändert, und nur der Säulenschatten im Hof, nicht mehr die Palme oder der Wechsel der Früchte, die an allen Tagen reifen, die Jahreszeiten verrät: nun hätte sie Recht.

Sonderbares Arabien mit deinem Traumhimmel der Unveränderlichkeit! Käme ich hier in Evora wirklich dazu, an ein Ende, eine Dauer, ein Gleichgewicht zu glauben? Hier, wo unter gleich mächtigem, gleich feindlichem Licht die Stille regiert, das Spiel nicht endet? Im Hofe des Bischofshauses springt ein phantastischer Bogen von der Terrasse zur Galerie; die Fenster in den Türmen, den Lauben über den Dächern füllt weißes Gitterwerk aus Ziegel wie Spinnweb aus Stein. Wird das Flüchtigste bleibend? Ein Giebel schwingt sich auf und stumpft ab wie ein Akkord, der nicht ausklingen darf; er hebt sich neu und strahlt nun aus; Halbtöne und Gedanken, die nicht schwerer wogen als Sommerfäden, wurden aufgefangen und bewahrt. In diesen Häusern ließ das Feinste seine Spur; Wolkenschatten, die über die Seele fliehen, das Wunderbare, das wir kaum ahnen dürfen, blieben gegenwärtig.

Wie drei Säulen sich verbinden und verschränken, um einen Bogen zu tragen im Kloster des heiligen Johannes, zur Einheit werdend, ohne daß eine sich verliert, jede ganz ihre Schönheit bewahrend, und alle drei gemeinsam noch eine neue Schönheit findend, die wieder schwillt und steigt und eine Linie aus drei Linien macht: wäre das kein menschliches Gleichnis? Abbild eines Ereignisses, das sich irgendwann begab und, völlig entrückt in die Unwahrscheinlichkeit seines Daseins, noch immer einen Schein in den Kreis der Dinge wirft?

Auf dem Platz, den man Portas de Moura nennt, steht ein Brunnen. Eine gewaltige steinerne Kugel ruht auf einem sich verjüngenden Pfosten; das Wasser fällt aus ziemlicher Höhe nach zwei Seiten in das Becken. Dieses ist noch einmal von Platten wie von einer Mauer umfaßt, die wieder vier Zugänge freiläßt, so daß die Schöpfenden in ruhiger Folge kommen und gehen können, oder daß die Rastenden ihren Platz am Brunnen finden, abends, wenn das Licht von Evora erlosch und selbst auf der Spitze des Pavillons von Cordovil kein Strahl mehr liegt.

Die Kugel ist so schön und vollkommen wie die Erdkugel, auf der wir leben, oder wie jene andere, ungeheure, zu der endlich die Sphären, Zeiten und Vergangenheiten sich zusammenschließen müssen. Eine Linie noch bezeichnet die Grenzen zwischen den beiden Hälften, aber sie sind gefügt und werden sich nicht mehr trennen: Pol steht gegen Pol; die Gegensätze bilden das Rund. Die blasse junge Mutter, die am Brunnenrand sitzt – sie trägt den portugiesischen Müdigkeitsschatten unter den Augen und ist schmal wie ein Heiligenbild –, fürchtet sich, ihrem Kinde von dem Wasser zu geben. Ist es zu kalt? Könnte es schaden?

Das Wasser fällt frei herab und rauscht dunkel im Becken. Es ist nur *ein* Wasser; denn es gibt nur einen Durst: der, den die Qualen der Hölle ebenso stillen wie die Freuden des Himmels. Die kühle, mächtige Kugel ist voll dieser einen Flut; die Krüge, die man hertrug aus Zimmern, wo im Schatten der Vorhänge und im frisch bezogenen Bett der Kummer unsichtbar schläft, und aus andern, die leer, mit bereiten Möbeln und gedecktem Tisch auf etwas Unbekanntes warten, nehmen das Wasser auf, ohne zu wissen, was es ist. Und wenn es tödlich wäre: morgen oder schon heute, und wir hätten Durst: sollten wir dann nicht trinken? Und da es endlich tödlich ist, und in der Kugel, der vollkommenen Kugel, die der Zwiespalt formte, die Vernichtung sich unlösbar mit dem Leben mengt: sollten wir deshalb den Brunnen meiden? Aber das Volk ist müde; es glaubt sehr weise zu sein und will nicht mehr trinken. Hat der Trank enttäuscht? Mußte er's nicht? Jeder Schluck enttäuscht; aber das Verlangen ist mehr als alle Enttäuschung.

Das Häusergedränge und das Dächergeschiebe, in die eine lustige Fahne von der Brunnenkugel weht, enden an einer dunklen Wand. Wie ein schwerer, mit Zähnen und Nägeln besetzter eiserner Riegel schiebt sich die Kathedrale quer durch die Stadt. Um die geschuppten Türme, die Zackenkränze weht etwas Ungeheuerliches, Frühes, aber hinter der Kathedrale birgt sich ein noch merkwürdigeres Geheimnis: ein römischer Tempel. Auch er ist dunkel, fast wie ein Fleck im blendenden Weiß der Häusergevierte, und war vielleicht doch einmal von noch hellerem und natürlicherem Lichte als alle die getünchten Wände.

Ein goldener Rost überzicht den Stein. Kaum zwölf Säulen stehen noch; die Riefung wurde vertieft vom Wind und vom treibenden Sand; Trümmer wurden wieder vereinigt. Dennoch: die festliche Ruhe der Säulenreihe, die kein Dach mehr trägt, ist größer als die Macht aller Hallen und geschlossenen Gewölbe. Nachdem er zerbrochen, geschändet, aus Barmherzigkeit und Großmut endlich geschont und wieder errichtet worden ist, leistet der Tempel noch einmal Widerspruch mit dem ganzen Stolz des Geschlechtes, das ihn schuf. Er allein entsprach völlig dem Übermaß des Lichtes; auf dem Hügel, den er und seine Gottheit als erste besetzten, bot er sich frei dem Himmel und seiner Gewalt. Jede Säule stellte sich gegen das Licht; die Sammlung, die Ordnung des Gründervolkes wankten auch hier, unter einem Exzeß der Sonne nicht. Noch blieben das Maß und die Freiheit, um aller Enge, Gedrucktheit, der kleinen Lust am Schatten und an umzirkten Höfen zu spotten. Nachdem man ihnen das Dach genommen, finden die Säulen im Himmel ihr Gewölbe und sind nicht zu schwach für ihn.

Er protestiert; er widerruft den Gang der Zeit. Es gab kein Recht, nach dem die römische Größe gestürzt werden durfte, versichert er noch immer. Keine der Säulen, die jetzt in Evora ihre Balken tragen, werden so lange stehen, wie die seinen. Man hat ihm seine Steine geraubt, sein Fundament gelockert, den Grund gehöhlt, bis er zusammenbrach. Man hat ihn zu jedem schändlichen Dienste mißbraucht. Viele seiner Säulen rollte man fort. Sie stützen die Wohnungen fremder Gewalthaber, die das römische Erbe antraten, ohne dazu erlesen zu sein; fremder Götter, deren Reich doch nicht größer und geordneter wurde als das Reich der Diana. Er ist nur der geringste Splitter des gefällten Bildes; aber gerade das Sprengstück erhebt Anklage gegen die Zerstörer, verrät, was zerschlagen worden ist. Wohin entschwand das Licht des Tempels? Wer ermißt seine Helligkeit? Als der Tempel makellos über der Ebene stand, die ganze verbrannte Fläche nur sein Piedestal war, und die ruhige Ordnung der Säulen den Strahlen nicht wehrte, weil sie ihre Macht noch vermehrten, ihren Glanz verstärkten; als die Straßen ihn suchten, die Boten sich von ihm entfernten: hatte damals nicht das Land seinen Ausdruck gefunden und die Erde ihren Herrn?

Der Tempel ist stolz; er ist einsam; er hat nicht seinesgleichen mehr. Auf der Halbinsel bürgt er als letzter für Rom. Seine Stimme ist ohne Widerhall; die Werte, auf die er sich beruft, sind verschollen oder sie wurden verdeckt. Er hat nur sich, das Gesetz, das allein in ihm besteht und keiner Bestätigung begegnet. Keines der Häuser hat etwas mit ihm gemeinsam. Sein Maß wurde nirgends wiederholt. Seine Form ist so fremd, daß sie keinen Vergleich zuläßt, kein Urteil erlaubt, keine Verteidigung begründet. Als Erscheinung einer unbekannten Wesenheit steht er mitten auf dem Marktplatz alltäglichen Lebens, zwischen den Häusern des Friedens, der Liebe, des Essens, des Schlafs. Er ist gebrochen, aber es ist etwas an ihm, das niemals ganz zerbrochen werden kann. In Trümmern ist seine Macht. Seine Vereinzelung ließ ihm keine andere; aber dieser Macht begibt er sich nie.

Besser noch als die Stadt steht der Tempel an seinem Ort. In der Ebene, die von Geheimnissen flimmert, die den Anlauf zum großen Übergang macht, wo alles unbestimmt wird, dient er der Ordnung. Ist das Fundament auch verdächtig: die Form und das Maß sind verläßlich und wahr. –

Wunderbare Vielfalt der kleinen Stadt! Arabien lockt so nah, wie warme Lippen, deren Feuchtigkeit man im Düster schon auf den

Wangen fühlt; das Mittelalter droht wie ein verhallendes Gewitter; die Trunkenen lachen vom Dach, und der Weltbrunnen rauscht. Spät aber, wenn im Weinlaub der Terrasse die Sterne hängen und die sirrende Glocke des übermächtigen Lichtes zersprang, bleibt noch die Stimme des Tempels im Ohr, des Zeugen ohne Gefährten, dessen Art sich nicht wiederholt; des absolut Einsamen, der als einziger sein Gesetz vertritt im Übergangsland.

## *Das Pantheon*

An einem Dezembernachmittag ließ ich mich dazu überreden, das Pantheon des Hauses Braganza anzusehen. Ich steige von der kleinen Kapelle Nossa Senhora do Monte, wo zwischen uralten, fast versteinerten Bäumen das Bild Lissabons ungewiß schimmert, steile Straßen hinab, sehe nur flüchtig die grellweiße Fassade von São Vicente de fóra das noch immer tiefe Blau des Himmels verdecken, gehe die breiten, verlassenen Stufen hinauf und fühle um mich das weite, kühle Schweigen der Kreuzgänge neben der Kirche. Breite Gewölbe, die von schwer getürmten Quadern getragen werden, umschließen steinerne Höfe; kein Grashalm wagt sich zwischen den festgefügten Platten hervor, kein Tritt geht über sie hin.

Auf den Wänden, die diese furchtbare Stille umgrenzen, lachen, genießen und taumeln die Gestalten des Barocks. Sie glänzen noch immer in dem unvergänglichen Blau der alten Azulejos, und nur selten stört eine zerbrochene oder von Späteren falsch und nachlässig eingesetzte Platte, ein Stück Baumstamm mitten in einem See oder der Kopf eines feurigen Pferdes mitten in einem Blumenbeet, die Vollkommenheit dieser glücklichen Welt. Fruchtschnüre hängen mit dem drängenden Gewicht der Reife zwischen Palmstämmen herab, darunter tauchen Nymphen aus der Flut und eilen ziehenden Schiffen nach: der alte Traum des Camões von der Liebesinsel, von der schwelgerischen Vermählung der Weltbesieger mit dem Meer. Liebespaare im Schatten, goldschwere Karossen von Genien geleitet, tanzende Schäfer, Frauen in aller Süßigkeit des Fleisches von pustenden Meerungeheuern getragen; so schlingt sich der Reigen der Selig-Unbeschwerten bis zu dem gewaltigen Tore aus schwerem Holz, in dem der Schlüssel knackt.

Oben, über dem sich widerstrebend drehenden Flügel, ist blaues Glas in die Füllung eingelassen; keine Finsternis tut so weh, wie das Licht, das durch solche Scheiben fällt. Die Nacht ist endgültig, unwiderruflich, erschütternd, sie erhebt, weil sie unausbleiblich ist, und kommt, aber in dieser blauen Dämmerung sind alle Traurigkeiten zu Haus, sie läßt noch sehen, ohne irgend etwas zu gewähren, erstickt, vermummt, gestattet keinen Schrei, nur ein haltloses Weinen unter Schleiern. Im Licht, in der Nacht geht der sichere Rhythmus der Tat, sind wir gepanzert oder befreit, aber in diesem letzten Hinüberschwinden des Lichtes, diesem ganz unhaltbaren Versprechen, beginnt die Tat fragwürdig zu werden mit allem, worauf sie wirkt, worin sie gilt; es rinnt hernieder wie feiner weicher Sand, der uns langsam die Freiheit unserer Glieder nimmt.

In einem kurzen breiten Gang vertrocknen ein paar Lorbeerkränze über unleserlichen Inschriften, welkender Ruhm der Halbvergessenen, den man sich vortäuscht noch retten zu können, dann tut sich die Halle auf, die in rechtem Winkel vom Gang abbiegt und schwer und gedrückt erscheint, als wäre sie mühevoll in einen Felsen gehauen. Das Licht fällt spärlich aus Schächten auf den Steinboden, die Decke ist von Dunkel verhüllt.

Hier am Eingang, zu Häupten der Halle, steht der Sarkophag Joãos IV., des Gründers der Dynastie Braganza, der sich endlich genötigt sah, den Herzogsthron mit dem Königsthron zu vertauschen und wollend und widerstrebend sich und seine Familie dem schimmernden Verhängnis der Krone übergab. Er war gewiß kein Held. Zufrieden ließ er die Spanier regieren in Lissabon, während er im Norden auf seinen Gütern, die ein Drittel des Königreiches umfaßten, jagte, musizierte und schlief und seine Frau aus dem alten spanischen Geschlecht der Guzman sich in Ehrgeiz verzehrte, diese Frau, die das dämonische Wort sprach: »Besser einen Tag lang Königin, als ein Leben lang Herzogin.« Mühelos gewann er den Thron des zerborstenen Weltreichs: als seine Freunde seinen Namen ausriefen als des neuen Königs von Portugal [1640], zogen die Spanier, die hier sechzig Jahre lang geherrscht hatten, ab wie aus einem Hause, das es sich nicht mehr lohnt zu erhalten. Müde führten sie dann einen erfolglosen Krieg um das ohne Verdienst wieder frei gewordene Königreich; beide Völker waren längst gestorben und bekämpften sich über ihren Gräbern wie zwei Schatten, denen es nicht mehr ernst ist um irdischen Besitz. Es gibt kein beschämenderes Nachspiel der Größe, als diese Befreiung Portugals, die man dem spanischen König mitteilte als einen Scherz, während des Schachspiels, diese Niederlagen ohne Verzweiflung, diese Siege ohne Resonanz.

Immerhin, João IV. hat noch den Schein der Tat für sich und das ganze gesammelte Pathos, mit dem Jahrhunderte den »Befreier« und »Erneuerer« Portugals umgaben, und so ist er auch der einzige, dessen Gebeine das noch glückliche Los traf, von Stein umschlossen, in Kühle gebettet zu sein, allein und würdig in einem schön geformten Sarkophag in einer Nische zu ruhen. Alle anderen aber, auf die der Glanz seines unbedeutenden Namens überging, behandelte man auf eine unmenschliche Art. Starben die Braganza so schnell, daß man keine Zeit mehr fand, ihnen einen Stein zu setzen; waren sie, nicht als Fürsten, auch als menschlicher Staub, so gering, daß man sie eines Grabes nicht wert hielt? Oder projektierte man so lange die Gräber, bis das Geschlecht vertrieben wurde und sein Grab verlor?

Den Wänden der Halle folgt ein Postament von etwa einem Meter Höhe, und auf diesem stehen in der Richtung des Gewölbes mit der langen Seite gegen den Vorübergehenden nicht etwa Särge, sondern Koffer aus Holz und Metall; sie sind hoch und schmal, manche erschreckend lang, andere geheimnisvoll kurz, und stehen so eng gedrängt, daß nicht ein Finger sich zwischen sie schieben könnte. Über einigen hängen Decken aus dunklem Sammet, auf die goldene Kreuze genäht sind, andere sind nackt und kahl, an jedem aber ist ein Schild befestigt wie ein Etikett, auf dem in nüchternem Druck die prunkvollen Namen stehen, mit denen jene Substanz belegt wurde oder sich selbst belegte, als ihre Teile noch verbunden waren. Nun wird es ein wenig Schmuck sein, gewiß nicht der kostbarste, ein paar Schnallen von Schuhen und Gewand, ein paar Knöpfe, Haar, einige starke Knochen, alles überdeckt von einer Schicht jenes entsetzlichen, unscheinbaren Staubes, was am Boden dieser vor Jahrhunderten eingefangenen Finsternis liegt und etikettiert wurde mit der armen Herrlichkeit tönender Titel.

Dies sind keine Toten, über denen das Geheimnis der großen Verwandlung zusammenschlug, die übergehen auf eine wunderbare, verborgene Weise in einen anderen der unzähligen Blutkreisläufe des Universums: dies ist Stoff und Staub, dem nicht nur die Bindung des Lebens, sondern auch die Bindung des Todes fehlt, die ebenso zart, ebenso heilig ist, wie jene.

Ist dieses Pantheon aber wirklich nur der Lagerraum einer in Kisten verpackten Ware, die ihr Ziel nicht erreichte? Kann man nicht mit konventionellem Respekt hindurchgehen, kühl, wie man zu sein glaubt, gegenüber dem langen Nachspiel unseres eiligen Daseins, diesem umständlichen Aufräumungsprozeß, der endlich die Unordnung wieder verwischt, die wir hinterlassen haben? Was geht uns die Geschäftigkeit an, mit der man alles wieder an seinen Platz stellt, bis man seiner von neuem bedarf, und die Frage, wie sie endlich ihr Ziel erreicht, ob sie Steine zertrümmern, Gewölbe stürzen, Holz zersplittern, Metall durchfressen muß, oder ob man ihr die Arbeit erleichtert und das ihr Zukommende selbst in den erdigen Rachen schiebt?

Gewiß, diese Särge werden nicht stehen bis zum Ende der Welt; wer weiß, ob sie nur in einem halben Jahrhundert noch auf ihren Plätzen sind, aber wir wollen es nicht hören, wie der Wurm in ihnen schafft, gerade weil es Könige waren, die ärmlichen Träger unserer Herrlichkeit; und dann schämen wir uns alle der Entkleidung durch den Tod; wenn man schon den Leib nicht sehen lassen mag, wieviel weniger das Gerippe! und endlich den Staub!

Noch thronen auf dem Baldachin eines in der Mitte stehenden Sarges die runde Königskrone von Portugal und die fremdartige, ovale Kaiserkrone von Brasilien, die das Haus Braganza, zu Anfang des neunzehnten Jahrhunderts die größte Kläglichkeit mit dem größten Prunke verbergend, in sich vereinigte. Hier, am unmenschlichen Sarg so vieler Schwäche, faßt uns die Tragik der Könige an, die die Tragik der Menschheit ist. Sie haben sich aufgezwungen und werden doch gleichzeitig gewollt; sie wollen herrschen und dienen, das Volk will sich widersetzen und beherrscht sein. Sie sind die geborenen Wundertäter, die immer alles schuldig bleiben und bleiben müssen; wenn sie an ihre Wunder glauben, so sind sie Narren; wenn sie die gleiche Menschlichkeit in sich selbst wie im Volke entdecken, so dürfen sie es doch nie verraten. Sie sind auf eine andere Weise gezeugt und geboren, als alle, und sie sind es nur, weil alle es von ihnen glauben und erwarten, weil sie – mögen sie mittelalterliche oder moderne Titel tragen – jene Schwächen überwinden sollen, an denen alle leiden, und die man doch so gerne in ihnen erspürt.

Der Mensch erwartet vom Menschen sein Heil, erhöht sich und läßt sich erhöhen, erweist dem Erhöhten alle Ehren eines Gottes und zerschlägt ihn wie ein billiges Götzenbild, wenn ihm aus irgendeinem Grunde wieder die ganze Qual seines Daseins bewußt wird. Die Geschichte der Könige und ihres Volkes ist nichts als ein Tanz des Menschen um sich selbst, der immer wieder an sich verzweifelt und sich über sich täuscht; was für ein schauerlicher Hall ist im Krönungslärm und der langen Reihe pomphafter Namen! So verkleidet man das Geschick, macht es schmackhafter mit wechselnden Hoffnungen, zaubert sich Glanz und Glück vor, um sie wenigstens mit leiblichen Augen zu sehen. Die Tragik des Menschen offenbart sich in ihrem ganzen Umfang an der Armut seiner Idole; wie viele Schicksale hingen ab von diesen unglücklichen Taschenspielern, die schlecht und recht die Vorstellung gaben, die man von ihnen verlangte, und sich für die heimliche Angst und die Kühle, die sie umwehte, auf irgendeine törichte Weise zu entschädigen suchten!

Hier steht man nicht wie im Escorial am Sarg eines Karl v., eines Don Juan d'Austria: das ganze Haus Braganza hatte, als es zur Herrschaft kam, keine Helden, keine Größe mehr zu vergeben; es war hilflose Mittelmäßigkeit, um nichts Schlimmeres zu sagen, von der eine sinkende Nation Macht und Glück erwartete. Der von seiner Frau und den Umständen zum Königtum getriebene João iv. gilt noch mit Recht als der Bedeutendste, schon unter seinen Söhnen bricht einer der jammervollsten Zwiste aus: der Bruder des Königs, Affonso, setzt diesen ab, gewinnt seine Frau, die in einem öffentlichen und von Affonso bestätigten Manifest erklärt, niemals von ihrem Manne berührt worden zu sein, und hält den König acht Jahre lang bis zu dessen Tode in einem kleinen Zimmer des Schlosses zu Cintra gefangen. So regieren sie zwischen Intrigen und Festen, lassen ihren Besitz verfallen, werden fromm und verrucht zugleich wie jener João v., der im Nonnenkloster liebte zwischen Gebeten, im Weihrauchduft, und werden weder durch das Erdbeben von Lissabon noch durch das napoleonische Gewitter klug. Wie in der Geschichte eines Ideals die Kämpfe der Menschheit dröhnen, so beben in der Geschichte eines Königs die Hoffnungen eines Volkes; unerfüllt sind sie in Staub zerfallen, während neue Hoffnungen nach neuen Erfüllern suchen.

Über alle Unzulänglichkeit hinweg jedoch offenbart sich das ungeheure Leiden, das in diesen hohen Koffern mit ihrer dünnen Staubschicht liegt: die Angst, die Hilflosigkeit, der Hunger nach Genuß und das Versagen allen Genusses und endlich der grauenvolle Tod. Hintereinander stehen die Särge von vier Infanten, die im Mannesalter, einer nach dem andern, dem Gifttod erlagen, und hinter dem Kaiserbaldachin unter der Königskrone, wartet der Schrecken im Sarge des Dom Carlos.

Ich wollte eigentlich den Blick durch jene Glasscheiben nicht tun, unter denen, schlecht einbalsamiert, der Erde nicht mehr Angehörende doch noch für irdische Augen sichtbar sind; nun überrede ich mich selbst, von Grausen verlockt, die kleine Treppe hinaufzusteigen, von der man in die erhöhten Särge sieht. Wenn »leben« bedeutet, in einem brüderlichen Verhältnis zum Tode zu stehen, in seinem Widerspruch nicht den Feind, sondern den Bruder zu hören, so dürfte sein Antlitz endlich nicht mehr schrecken, in welchem Lichte auch immer die vernichtende Verwandlung erscheint. Irgendwann müssen wir uns ihm stellen im Kampf, und gerettet wird nur der, den er am furchtbarsten verwundet.

Dennoch fasse ich zitternd das abgegriffene, von vielen Händen blank geriebene Messinggeländer, dessen Pfosten lahm und schief im Holze stecken, weil sie einer allzu großen Last empörter Angst als letzte Stütze dienten; jede Stufe bedeutet einen Kampf; nun sehe ich im Lichte einer elektrischen Birne, die der Führer eingeschaltet hat, das spiegelnde Glas; auch der nächste Schritt bringt nur den Widerschein des grellen Lichtes und der glühenden parallelen Fäden, dann sehe ich Ordensbänder und bunte Sterne, die matt und glanzlos geworden sind; ich trete noch höher, und widerwillig vorgebeugt, tue ich den Blick in die Zukunft.

Ich sehe ein dunkel erdfarbenes Antlitz, durch dessen verschrumpftes Fleisch sich deutlich die Konturen des Totenschädels zeichnen als nächste Form seiner Umgestaltung, ein dünnes schwarzes Bärtchen schwebt wie losgelöst über der Oberlippe, die Augen sind versunken in eine große überdeckte Tiefe; der Leib hat sich unter der Uniform verflüchtigt, die faltig und leer wie ein Tuch über dem Boden liegt.

Nicht das Geschichtliche, daß dieser Mann aus voller Lebendigkeit, aus kraftvollster Körperlichkeit auf offener Straße von ein paar Kugeln hinübergerissen wurde in die finstere Ferne des Pantheons, sondern es ist der Tod schlechthin und nichts als der Tod, der hier erschüttert. Es ist unbegreiflich, daß der Baldachin seit zwanzig Jahren über diesem Entsetzen steht ohne einzustürzen, daß die überschatteten Augentiefen nicht Holz und Stein durchbohren oder vielmehr, daß Holz und Stein sich nicht ihnen entziehen, daß der Himmel nicht über ihnen zergeht und die nächtlichen Höhen sich öffnen, damit das Grausen das Grausen verschlinge. In tödlicher Ruhe liegt das Furchtbare dort, erhöht auf dunklem, kronengeschmückten Postament, das unvergängliche König- und Kaisertum des Schreckens und des Todes; jeder Nerv begehrt auf gegen seinen Befehl, und auch die tiefste Erkenntnis seiner unumschränkten Macht vermag diese Empörung nicht zu besänftigen. Aus diesem vergangenen Gesicht scheint die ewige Jugend des Todes, dessen Wesen es ist, immer zu überraschen.

Mein Herz tobt; mühsam taste ich mich hinab; ich sehe noch, wie der Schimmel durch den schönen blonden Bart des Königs Luiz wächst, während der halb offene Mund hohl dazu lächelt, dann wage ich einen letzten Blick in den Sarg des Infanten Luiz, der mit vierundzwanzig Jahren an der Seite seines Vaters Dom Carlos denselben dröhnenden Glockenschlag hörte, der alle Zeit zerreißt. Das Gesicht ist klein und schwarz, und ebenso dunkel ist das einstmals blonde Haar: die Jugend steht dem Tode am nächsten, ihre Formen sind noch nicht mit beharrender Entschiedenheit geprägt und lösen sich deshalb rascher wieder auf, ebenso wie die Erinnerung an sie früher zergeht. Für sie ist der Tod gemäßer, als für den Mann; der nur halb Erwachte findet wieder in den Schlaf zurück, hart aber ist es, am hellen Mittag die Läden zu schließen, vor dem letzten dünnen Strahl sich abkehren zu müssen zur Wand.

Dieses Pantheon ist auf eine furchtbare Weise Symbol: eine Familie, die ihre Toten offen verfaulen läßt, ein Staat, der seine höchsten Repräsentanten vor der Schmach sichtbarer Verwesung sich nicht zu schützen verpflichtet fühlt, sie sind nicht mehr weit von der tatlosen Verwesung dieser Toten selbst. Den Königen des alten Reiches setzte man in Belém wenigstens noch prunkvolle Denkmäler, die, wenn nicht den Menschen, so doch der Würde der Krone entsprachen, im Pantheon des Hauses Braganza, dem Pantheon des neuen Reiches, das 1640 begann, ist auch das Bewußtsein dieser Würde dahin. Keine Hand rührt sich, einen Schleier zu decken über diese zerfetzten Gesichter, für die weder das Königtum noch das Menschentum ausreicht, um sie vor der Schmach des Todes zu retten. Und immer wieder klingt das Schicksalslied dieses Volkes auf, das Kraft genug hatte, Erdteile zu erobern und heute zu müde ist, um seinen Königen ein Grab zu schaufeln...

Einer dieser Koffer empfängt Besuche; es ist der, auf dem der Name einer englischen Königin steht, die aus dem Hause Braganza stammte. In den Eisenbändern, die seine auseinanderberstenden Wände zusammenhalten, stecken Hunderte von Visitenkarten mit englischen Namen und in ergebungsvoller Handschrift beigefügten Daten und Adressen. Was ist es, das in diesem Koffer steckt und Besuche empfängt? Plötzlich fühle ich, daß dieses Pantheon der grausigste Ort ist, den ich sah, und daß alle historischen Reminiszenzen und Entrüstungen keinen anderen Zweck haben, als dieses Grausen zu verwischen. Getrennt, geschieden, und doch Wand an Wand mit dem nächsten geht in jedem dieser Koffer das Entsetzliche vor sich, das oben im Sarg des Dom Carlos sichtbar geworden ist; seit Jahrhunderten dauert dieser Prozeß, denn wann ist der Staub wirklich Staub genug, um nicht mehr zerfallen zu können? Es schafft, wühlt, nagt, arbeitet in den Särgen; Eingeschlossenes hämmert und will hervor, stemmt die Wände auseinander, dringt in die Luft ein und entflieht mit ihr, sickert in den Boden, den Stein. Die dunklen Winkel sind angefüllt von ihm, es wartet, bis die Türe sich öffnet, wartet auf die, die kommen, um sich ihnen mitzuteilen, ihren Kleidern, ihrem Atem. Der Wärter, der hier Tage und Jahre zubringt, ist blaß, verzehrt, vom Tode gezeichnet, halb schon Genosse dieser Schweigenden und Versteckten. Was aber geschieht hier, wenn sie allein sind? Wer mag auf die knakkende Arbeit der gefesselten Kräfte hören? Auf das Rollen eines Rings, das Herunterfallen einer ihres Fleisches entlasteten Hand? Verdächtige Maske der Stille auf diesen Sammetdecken, diesen Kreuzen und Kronen! Kindischer Glaube an die Gefangenschaft des Stoffs, den Schlaf unseres Leibes! Es rollt und strömt, immer wieder aufgehalten, gehemmt; es will sich vereinigen und tobt an den Gittern. Es empört sich im Holz der Koffer selbst, die sich verwandeln wollen und vom Eisen gezwungen werden, es revoltiert im Eisen, gärt in den Kronen, bekämpft sich im Tuch, seit das Fleisch den Aufruhr entzündete. Noch immer geht in jeder Stunde etwas von der Körperlichkeit dieser längst Vergangenen zurück; der Nachhall des Menschen verebbt nicht in der Zeit. Und doch schlägt in jeder dieser Einsamkeiten die gleiche Uhr und treibt die Ereignisse an, die unabhängig sich vollziehen und endlich alle Ketten zerbrechen.

Diese Koffer sind gefährlich, als wären sie geladen von Kraft, und gefährlicher noch ist die Wölbung der Halle, unter der sich alle Kräfte zusammendrängen.

Es rüttelt am Pantheon, die Könige werden unzufrieden in ihren Kerkern, sie wollen diese blaue Feierlichkeit nicht mehr und täuschen uns nur mit ihrem Schlaf. Nein, dies ist kein Ende, dieser Staub, diese Ringe ruhen nicht, ob wir auch ihre Geschäftigkeit nicht sehen; wir vergessen nur, daß jenseits des Todes die Zeit nicht mehr gilt.

Endlich löse ich mich aus dem blauen Licht, die Tür fällt wieder zu, und langsam mache ich mich in den folgenden Wochen vertraut mit den stummen, dunklen Gesichtern, die ihre Furchtbarkeit verlieren, je tiefer sie in mich eindringen; sie gehen über in den

Bereich des Lebens, in dessen letzte Gründe sie versinken, um ihm eine größere Fülle seiner Dunkelheiten zu geben, und lassen mich immer deutlicher das Rauschen des großen Stromes vernehmen, auf dem sie schweigend und geheimnisvoll und wir in Licht und Lebendigkeit ziehen.

## *Stolz auf Traurigkeit*

Als in Lissabon an jenem Allerheiligentag 1755 den eben aus der Kirche Kommenden die Meerflut entgegenstürzte, und die Steine ihrer eigenen Häuser sie zerschmetterten, bevor sie sich noch vor ihnen flüchten konnten, als der ganze Grund der Stadt ins Wanken geriet und unter einer Wolke aufstiebenden Staubes sich das Entsetzlichste begab, was Europa seit dem Untergange von Pompeji gesehen haben mochte, als diesem infernalischen Aufstand der Elemente ein siebenjähriges Beben folgte, das auch die Ruinen noch lockerte und niederwarf, da ward ein Schlag geführt, der dem portugiesischen Volke in seiner Gesamtheit, der allen Ausdehnungen seiner Vitalität in Gegenwart, Vergangenheit und Zukunft galt. Denn nicht nur Lissabon ward betroffen: im Süden wie im Norden, in Évora wie in Coimbra, in Setubal wie in Porto stürzten die Türme ein, lösten sich in siebenjähriger Erschütterung die Fundamente, die der erste große Schlag aufgespalten hatte; und wie das gegenwärtige Leben zermalmt, die zukünftige Entwicklung erstickt war, so war auch die letzte kostbare Schatzkammer, die einem Volke in einer solchen »Generalüberwältigung« noch bleibt, die Vergangenheit, verschüttet, ja fast ausgelöscht mit den unzähligen Bauten, Dokumenten, Erinnerungen, die von Erde und Meer gefällt und verzehrt worden waren. Die Tradition war abgeschnitten; sie wurde in der noch während des Bebens einsetzenden Aufbauzeit unter Marques Pombal, die ihr noch am nächsten hätte stehen können, reformatorisch verneint und ist seitdem, auch in der sehr spät aufkommenden portugiesischen Romantik auf eine sichere Weise nicht wieder angeknüpft worden; denn gerade die Romantik hat die Tradition so sehr verschleiert und getrübt, daß sie gegen Ende des 19. Jahrhunderts eine Kritik hervorrief, die in ihrer fast feindlichen, übernationalen Strenge abermals verwirrend wirkte. Seitdem ist die Vergangenheit Spielraum der Phantasie, Zuflucht, Entschädigung, aber – so vergangenheitsbewußt die Portugiesen auch sind – nur zum geringsten Teil das, was sie sein sollte: Antrieb.

Bedeutet so das Erdbeben den brutalsten Eingriff in den im Grunde immer leicht verletzlichen, überraschend sensiblen Organismus eines Volkes, so scheint es doch, daß es nur den Schlußstrich unter eine der großen Epochen des portugiesischen Niedergangs zog, und das Resultat auf eine entsetzliche Weise in der zertrümmerten Hauptstadt und vierzigtausend Toten zeigte, ähnlich der großen Pest des Jahres 1580, die die erste Epoche des Niedergangs abschloß und dem Lande seinen ersten Dichter, seinen weltgültigen Repräsentanten, nahm zur selben Zeit, da sein Thron an einen Fremden fiel. Dieser Niedergang, der, vom gewaltigen Rhythmus großer Katastrophen zerteilt, bei weitem den größten Teil der portugiesischen Geschichte ausmacht, dieser Geschichte des Falls, und auch heute noch durchaus nicht am Ende der gleitenden Bahn angelangt ist, wird sich, sowenig wie die Katastrophen selbst, die die stärksten Griffe in sein Räderwerk tun, durch äußere Umstände erklären lassen.

Wie wichtig auch die einzelnen Faktoren sein mögen: die kleine Bevölkerungszahl des Mutterlandes den unzähligen Millionen nur an ihren Grenzen eroberter Gebiete gegenüber, die völlige Unzulänglichkeit der eigenen Mittel, die bei so großer Verschiedenheit verhängnisvolle Mischung der Rassen, endlich der lähmende und zerstörende Einfluß herrschsüchtiger Geistlichkeit: alle diese Momente setzen einen Charakter voraus, auf den sie wirken können und teilweise schon einen Charakter, der sie entstehen läßt. Man wollte in Portugal zu viel. Niemals hatte man ein sicheres Verhältnis zur Realität, war man fähig, die Grenzen der eigenen Kraft zu erkennen und nach diesem Maßstabe sich zu richten. Phantastisch, im tiefsten Grunde erdfremd, war die portugiesische Expansion, und eben deshalb war die Ahnung aus ihr hervorbrechenden Verderbens von Anfang an mit ihr verknüpft.

So war schon in der Zeit des Aufbruchs der Boden bereitet für die Reaktion. Mitten in den Taumel und den Rausch schallte die Büßerglocke; denn unmittelbar auf den Versuch, das Phantasma eines portugiesischen Weltreichs durchzusetzen, war eine unwiderrufliche Enttäuschung gefolgt. Es ist ein Unding, allein den Priestern oder den Mönchen die Schuld am Zusammenbruch zu geben, wenn das ganze Volk sich an die Altäre, in die Klöster drängt, wenn bald kein Gebäude mehr ausreicht, um die Mönche aufzunehmen, obwohl sich die Bevölkerungszahl, wie die Chronisten versichern, zwischen 1524 und 1580 von 1550000 auf eine Million verringerte. In noch nicht sechzig Jahren hatte Portugal ein Drittel seiner Menschen dem östlichen Traumreich geopfert. – Auch die große Entfernung des Mutterlandes von den Kolonien, die man in einer halbjährigen Reise durchmessen mußte, so daß es wenigstens ein Jahr dauerte, bis eine Antwort eintraf, vermag die verwirrte Verwaltung und den endlichen Verlust nicht zu erklären: England und Holland hatten noch größere Strecken zu durchmessen und erhielten sich den Besitz.

Nein; die äußeren Umstände haben wohl Kräfte, aber diese Kräfte sind richtungslos, sie sind durchaus zweideutig, zum Ja und zum Nein, zu Aufstieg und Absturz geneigt, so wie die Welt, von außen betrachtet, jede Möglichkeit bietet und erst eindeutig wird für die Einmaligkeit des Individuums. Die portugiesische Eigenart gab diesen Kräften die Richtung; nun erst wurden sie konsequent, wurde die Welt begrenzt, um nur die eine Straße noch offenzulassen, die in dieser Richtung verlief.

Es existiert eine alte, fast stereotype Bezeichnung für das Meer: »o mar tenebroso«, das höllische, dunkeldrohende Meer, die man für ein Vermächtnis der Araber hält, und die in sonderbarem Gegensatze steht zu dem normalen Bilde des Meeres an der portugiesischen Küste; denn es ist fast immer hell, von Licht überblitzt, von Schaum umsäumt und erfüllt als eine unermeßliche Fläche der Helligkeit noch die Lüfte mit seinem Glanze. Warum prägte sich das Bild der Gefährlichkeit tiefer ein als das Bild der Ruhe, die Finsternis tiefer als das aufströmende Licht? Und wenn von den Arabern das Bild übernommen wurde: warum ist das geschehen und warum erhielt es sich? Da sich aber endlich das Meer als das höllische, dunkeldrohende erwies, als es in die Hauptstadt einbrach und sie verschlang, und schon viel früher, als es die Schiffe hinauslockte und nicht mehr zurückkehren ließ, als es Gold spiegelte, den Schein von Juwelen und Perlen in die Lüfte warf und das verlockte Volk mit der Finsternis des Zusammenbruchs traf, so wissen wir, warum man es schon in frühen Zeiten »o mar tenebroso« nannte. Es ist nicht nur eine Ahnung: hier ist die Einheit offenbar, die zwischen Seele und Schicksal besteht. Die Kurve der Lebensbahn ist nur eine Projektion der inneren seelischen Beschaffenheit, oder, in den Worten des Novalis: »Schicksal und Gemüt sind Namen *eines* Begriffes.«

Diese Seele wollte im tiefsten Grunde das Unglück, weil sie klagen wollte; denn sie war niemals zufrieden in der Welt, die ihr keine Heimat bot. Eines jener unübersetzbaren Worte, welche die Sprachen und Nationen als seltenstes und kostbarstes Geschenk der Menschheit übermachen, wie das von Unamuno als eigenste spanische Prägung, als Ausdruck spanischer Konsequenz und Unerbittlichkeit gerühmte »nada« nichts, wie das zu Unrecht verrufene, von Novalis geadelte deutsche »Gemüt«, ist das portugiesische »saudade«, das ein fast durch seine Undefinierbarkeit zu definierendes, entschieden aber zur dunklen Seite tendierendes Gefühl bezeichnet. Es hat vielleicht eine Ähnlichkeit mit der »Wehmut« im Sinne Jean Pauls – auch eines jener Worte, die überall Gültigkeit haben sollten, wie »saudade«, weil sie nicht zu ersetzen und nicht zu übersetzen sind –, hat aber noch mehr Gewicht, ist noch stetiger und endgültiger. »Saudade« ist nach einer Definition eines portugiesischen Schriftstellers des 17. Jahrhunderts die »Sehnsucht nach allen liebenswerten Dingen«, da aber alle liebenswerten Dinge niemals zu besitzen sind, so ist »saudade« der sanfteste Ausdruck für die totale Unzufriedenheit mit der Welt. An den Wünschen, die nicht schweigen, ob sie auch ewig unerfüllbar sind, zerbricht die Wirklichkeit.

»Saudade« ist die Grundstimmung des portugiesischen Lebens; sie ist das letzte, das der Seele niemals verlorengeht; auf das alles einwirkt, was jemals eindringt in die Seele. Wenn es einen Grundton gibt, der durch alle inneren Geschehnisse hindurchgeht und ihnen den Charakter einer Einmaligkeit und Einheit gibt, die nur diesem Volke zukommt, so ist es dieses Gefühl. Es ist so allgemein für den Portugiesen, daß es wie ein Wahrnehmungsorgan der Seele ist: nichts wird aufgenommen, das von ihm nicht gefärbt wird.

Auf nichts sind wir stolzer, als auf das Einmalige, auf das, was uns – als Menschen und Volk – von allen anderen unterscheidet. Der Portugiese entdeckt die »saudade« in allen wahrhaft nationalen Gütern: in der Geschichte mit ihrem großen Trieb zur Ferne, zum Märchenhaften, das »alle liebenswerten Dinge« bescheren soll; in den großen Helden, die von Blutbad zu Blutbad eilend, sich plötzlich über den Rand des Schiffes lehnen und träumend und wehmütig in die Wunderwelt versinken, die sich niemals verwirklicht in der eigenen ebenso armen wie sehnsuchtsvollen Landschaft – denn wo sollten die Träume üppiger gedeihen als auf Steinen unter unbarmherzigem Himmel? – vor allem aber in der Dichtung, die mehr als jede andere Kunst der Ausdruck dieser Wesenheit ist. Es wird kaum ein Portugiese sein, der nicht einmal zu dichten versuchte; es sind Unzählige, die von Jahr zu Jahr Versbücher füllen, deren Menge in gar keinem Verhältnis steht zu der geringen Bevölkerungszahl; denn nur ein Bruchteil ist des Lesens fähig. Direktoren, Minister – um nur jene zu nennen, von denen man dichterische Arbeiten am wenigsten erwartet – zählen unter die bekannten Lyriker des Landes: in allen lebt dieser Wunsch nach dem Unbegrenzten, dem Alles-Umfassenden, der über die Welt der Erscheinung, der Härte und der Begrenzung lockt.

Das portugiesische Herz ist überreich und gerät dadurch notwendig in Konflikt mit der »Armut« der »Wirklichkeit«. Aus den Felsen der verlassenen Küste, der Kahlheit der Gebirge, aus der großen Ebene jenseits des Tejo, erfolgt keine Antwort auf die tausendfach nuancierten Fragen, die eine ewig oscillierende Sehnsucht stellt. Der riesenhaft gesteigerte Hunger nach Größe in einem kleinen Volk wird nicht gesättigt, nicht einmal beachtet von der Feindschaft der Welt. Wie jeder einzelne, dessen Reichtum von solcher Verweigerung umkerkert ist, sich einsam fühlt, so versinkt das Volk selbst in alle Schleier der Einsamkeit, um nur sich selbst zu gehören an der äußersten Küste Europas.

In dem schmerzlichen Widerspiel zwischen der Härte der Welt und nicht endenden phantastischen Wünschen, das freilich nicht tragisch, sondern rein lyrisch, elegisch verläuft, in einer immerwährenden gedämpften Unzufriedenheit, die gleichzeitig zu weich und zu umfassend ist, als daß sie mit Notwendigkeit zum Kampfe drängte; in einem Vergälltsein des ganzen Lebenskreises, in dem es nur heimlich pocht und lebt, füllt sich diese Seele mit einer unabänderlichen Traurigkeit. Diese Trauer kommt aus solchen Tiefen, daß man sie für das Erste, das eigentlich Angeborene halten könnte, das sich mit Wünschen und Enttäuschungen nur verwirklichen will. Für sie gibt es kein Liebäugeln mit der Heiterkeit; hierauf gründet sich ihr Recht und ihr eigentlicher Wert. Die portugiesischen Volkslieder, jene »fados«, die sich wie ein Schatten über Himmel und Erde legen und sie langsam und unwiderstehlich aller Verlockungen berauben, werden nicht gesungen von plötzlich vom Unglück Betroffenen, die aus der sicheren Tätigkeit eines gegründeten Lebens verwiesen wurden in das fremde Dunkel bangenden Leidens, sondern sie ertönen ohne besonderen Anlaß, ganz aus der Atmosphäre einer steten Hoffnungslosigkeit.

Es gibt ein freilich unverständliches französisches Sprichwort, das die Portugiesen heiter nennt, und gegen kein Urteil wehren sie sich mit solcher Entschiedenheit, als gegen dieses; Heiterkeit ist ein Vorwurf, der viel schwerer wiegt als die Aufzählung irgendwelcher Fehler. Man will nicht heiter sein, aber nicht aus jener abergläubischen Furcht und Schwäche, die im Sonnenschein schon den

Regentropfen hört und die in gewisser Beziehung tatsächlich charakteristisch deutsch erscheint, sondern die Traurigkeit ist die Erfüllung wahren Seins, die eigentliche Einkehr in die Heimat. Denn die Berge sind traurig, der Himmel und das Meer, und gerade das ist es, was mit ihrer Verweigerung versöhnt und das Band der Liebe zum eigenen Boden schlingt. Auf einem Felsen sitzend und in die verschwimmende Unendlichkeit des Ozeans sehend an einem sanft verblauenden Tag, genießt der Portugiese seine Traurigkeit, die sich verwandelt und wechselt wie ein Wolkengebild und doch immer gleichmäßig die Sonne verschleiert.

In der Traurigkeit wird die Welt konzipiert, überschaut, überwunden, ohne daß freilich das Bedürfnis besteht, eine solche Erkenntnis in die Klarheit und die Starrheit von Worten und Systemen zu fassen. Sie öffnet lediglich die Schranken der Individualität, und das erweiterte Leben findet seinen Ausdruck im Gesang. Denn ein solches Volkslied, das nichts weiter ist als eine einzige, niemals begonnene, niemals endende Klage, enthält das gesammelte Maß der Philosophie, die keines anderen Ausdrucks bedarf: die Erkenntnis von der ewigen Heimatlosigkeit des Menschen, der am Meer, vor der anrollenden Unendlichkeit steht, am letzten, schmalen, steinigen Saum, dem unabänderlich Ungewissen gegenüber; es ist der Gesang der Seele, die sich einsam über die ewige Wasserwüste der Erde schwingt.

Traurigkeit ist ein Adel. Mit zurückhaltender Verachtung sieht man in Portugal auf einen Menschen, der heitere Lieder singt, der viel lacht; auf ein Volk, das seine Lautheit nicht dämpfen läßt von Melancholie. Es wäre ganz oberflächlich, wenn man nur der Trägheit die Schuld daran geben wollte, daß in Lissabon noch immer Trümmer des Erdbebens liegen – jenes ungeheueren Anlasses zur Traurigkeit –; dieses Zerbrochensein kommt der königlichen Stadt zu; Ruinen sind ein Schmuck. Auf eine sonderbare und doch offensichtliche Weise erklärt man sich einig mit dem Unglück. Auch in seiner härtesten Grausamkeit ist das Schicksal Erfüllung.

Traurigkeit erhöht; Unglück macht groß, nicht weil es zum Kampfe fordert, sondern allein, weil es trifft. Der Blitzschlag ist ein Ehrenmal. Es ist eine Umkehr abendländischer Werte wie in der portugiesischen Liebe, der stolz proklamierten »passiven Leidenschaft«, deren höchstes Glück es ist, besiegt, verachtet, zermartert zu werden.

Unzweifelhaft ist es, daß wirklicher Stolz, nicht Eitelkeit auf das dunkle Tuch der Melancholie, diese seelische Einstellung vertritt. Denn sie ist das eigentlich Nationale, und sie findet den Ton, der Unsterblichkeit verspricht, weil kein Volk ihn wiederholen kann. Weil sie aus ihr entstanden sind, gehören die portugiesischen Volkslieder zu den seltenen Kostbarkeiten unseres Erdteils, die das Leben mit etwas Einmaligem erweitern, und weil der Dichter Camões die ganze fremdartige portugiesische Landschaft mit allen Eigenwilligkeiten ihrer Gipfel, allen Absonderlichkeiten ihrer Täler und ihren traumschweren Ebenen erschöpfend vertritt, ist er einer der großen Repräsentanten des Menschen, einer der unvergänglichen Vollender seiner Möglichkeiten.

Das Leben des Camões ist von seiner Geburt an ein Kampf gegen die Traurigkeit, die ihn mit allen Abstufungen ihrer Dämmerung von den feinen, alles überspinnenden Schleiern der »saudade« bis zu der Finsternis vernichtender Schwermut umgibt, aber es ist der Kampf mit einem notwendigen, gesetzten Gegner, dessen immer gegenwärtige Feindschaft gerade den gemäßen Inhalt dieses Lebens ausmacht. Man kann deshalb nicht sagen, daß Camões erliegt und sein Leben in seiner Gesamtheit zu einem einzigen, wenn auch großartigen Untergang wird, obwohl er in fast jeder Stunde seines Lebens ein Unterliegender ist. Es gibt ein Verwachsensein mit dem Feinde, das die Kraft des Feindes dienstbar macht, wie zwei kampfverschlungene Körper zu *einem* Körper werden mit doppelter Kraft. So halten sich Efeu und Stamm, durch Feindschaft verschwistert. Auch die Schwermut, die hart an die Grenze der Vernichtung führt, gehört dem Leben noch an und ruft seine ganze Tiefe auf, damit sie ewig werde im Gesang und selbst in der Tat. Durch das ganze Schaffen des Camões erweist sich die Traurigkeit als das befruchtende Element, das verlockend, bestreitend, drohend, steigernd endlich das Einmalige entstehen läßt, zu dem dieser Dichter und in ihm sein Volk durch alle Zusammenbrüche und Katastrophen unbeirrbar streben: die Gestaltwerdung der portugiesischen Seele mit dem ganzen betörenden Wechselspiel ihrer Lichter in einer nicht zerstörbaren Form. Denn hier, in diesem einzigen Falle, hört das Fragmentarische auf: ein makelloses, von höchster Vollendung gekröntes Werk ersteht mitten unter Ruinen. Unter diesem Werke ist freilich jede Zeile des Camões verstanden; denn die Lyrik gehört ebenso der Weltliteratur an, wie das Epos.

Auf eine zweifache Weise wird jene sonderbare Freude, traurig zu sein, o gôsto de ser triste, verständlich, die Dichter wie Volk charakterisiert: einmal aus einer verhängnisvollen Sucht, die eigenen Gefühle zu genießen, einer Art seelischer Üppigkeit, die erschlafft; das zweitemal aus dem Gefühl, trauernd bei sich selbst zu sein und in den spiegelnden Abgrund der eigensten Geheimnisse zu sehen. Denn nur beschattet erkennt sich das portugiesische Herz. Vor seinen Toren stehen Zypressen, und die Klänge einer unergründlichen Klage rühren dem Eintretenden ans Ohr; nur nach einem Prolog in Moll tun sich die schimmernden Kammern auf, ja der Glanz der Steine und die Fülle der Blumen bedürfen immerwährend einer Klage, wenn sie leuchten und sich entfalten sollen, wie eines leise zerstäubenden Regens, der von einem Springbrunnen weht.

Um seines Vermächtnisses willen stirbt das Volk. Was das Werk des Großen eifernd vollendet, was von allen als Heiligtum empfunden wird, das vernichtet in der materiell-historischen Sphäre alle, auf die seine Größe nicht fiel, und es gilt im irdisch Begrenzten, was für das Ewige nicht gelten konnte: daß die Traurigkeit des Herzens zum Verhängnis wird. Unter so vielen Schleiern verliert sich der Tag; so viel Enttäuschung, so viel Gewißheit von der Vergeblichkeit aller Wünsche, eine so grundsätzliche Überzeugung von der Unmöglichkeit des Glücks fühlt sich bald von der Welt verwiesen, denn die Welt kann nur Mitspieler brauchen, die an ihre Versprechungen glauben.

Zum letztenmal erhebt sich der Stolz auf die Traurigkeit: als der Stolz auf das Verhängnis, das jeder in sich trägt. Wie Camões sagt, daß sein Schicksal gebildet sei in seinen Eingeweiden, so ist das Schicksal gebildet in seinem Volk, das seine Hauptstadt an der Stelle baute, wo die Katastrophe in der Erde schlief. Unter den unzähligen Deutungen, welche die Geschichte zuläßt, kann dann wohl auch die eine gelten, daß Portugal die Welt gewinnen und verlieren mußte um der Ruinen willen. Denn die Klage der vereinsamten Seele tönte am Anfang, und sie wird bleiben, wenn auch die Ruinen nicht mehr sind.

# Wiedersehen mit Portugal

# *Wiedersehen mit Portugal*

Im vergangenen Winter feierte ich Wiedersehen mit Portugal; seit mehr als 25 Jahren war ich nicht mehr dort. Ich fuhr hinaus nach Cascais, wo ich, in dunkler, schwermutvoller Jugendzeit, mein erstes Buch geschrieben habe: über Camões und die Vollendung der portugiesischen Macht in seinem großen Gedicht. Das Meer strahlte wie immer, blaues, flüssiges Feuer; es schien mir noch herrlicher als damals, gepflegter die Ufer, und der kleine Palmenhain vor der Festung war noch üppiger geworden. Ich fand auch das Haus wieder meiner ersten Arbeit, eines erfüllten Winters, aber es war nicht mehr blau gestrichen wie vor Zeiten, und von den Bewohnern wußte mir niemand etwas zu sagen. Aber war ich noch, der ich war? Ich hatte über ein Vierteljahrhundert Weltgeschichte durchlebt, vom Jahre des Heils 1929 bis 1955, in Deutschland Jahre der Not, der Verfinsterung, der Hybris, des Sturzes, der Einsicht, des suchenden Wiederbeginns. Und in all diesen Erfahrungen fühlte ich mich in Portugal verstanden. Denn das portugiesische Volk hat sich auf bewundernswerte Weise aus den Tälern der Geschichte emporgearbeitet. Das war es ja, was mich vor 25 Jahren, nach der Katastrophe des ersten Weltkriegs, hierhergezogen hatte: daß Portugal sechzig Jahre lang fast ausgelöscht war, daß das portugiesische Volk seinen Platz verloren hatte im Rate der Völker und dann, mit der Revolution des Jahres 1640, diesen Platz sich zurückgewann, aus dem Rechte seiner Eigenart, seiner Taten zu Lande und zur See, seiner ausgeprägt persönlichen Kultur, seiner Empfindungswelt und leidenschaftlichen Vaterlandsliebe. Dieser echte, nicht aggressive, sondern auf den Stolz der Selbstbehauptung gerichtete Patriotismus tat mir not. Das Gedicht des Camões schwebte mir vor als eine Weisung für Deutschland in seiner reinigenden Kraft als Selbstgericht und Selbsterneuerung, als Tafel unabdingbarer Werte.

Heute sehe ich es anders. In der Katastrophe des zweiten Weltkrieges und der ihm folgenden Zeit ist das Geschichtsbewußtsein der europäischen Völker in einen Umwandlungsprozeß eingetreten, der noch lange nicht abgeschlossen ist. Immer deutlicher zeigt sich, wenigstens im westlichen Teile Europas, daß ernsthafte Konflikte zwischen europäischen Völkern nicht mehr möglich sind. Wohl verstehen sie einander noch nicht gut. Wohl fällt es dem einen nicht leicht, sich in das andere zu versetzen, das Bedeutende einer fremden Tradition zu erkennen und zu achten. Zu viele Mauern sind noch stehengeblieben, die nur langsam abgetragen werden können. Es soll auch gar nicht in wenigen Jahren geschehen. Wer seine Tradition nicht behauptet, hat dem andern wenig zu bringen. Und nicht die Vermischung, sondern der Zusammenklang der Eigenarten allein verdient den Namen Europa.

Ich komme gerade, wie im vergangenen Jahr, aus Schweden, Norwegen, Dänemark. Der Unterschied der Sprachen, mindestens der Schriftsprachen, ist nicht so erheblich wie der zwischen Spanisch und Portugiesisch. Aber die Geschichte Schwedens war nach der Ostsee gewendet, die Dänemarks eingeengt zwischen Westen, Osten und Süden, die norwegische wendet sich an die Nordsee. Sie ist während achthundertjähriger dänischer Herrschaft verstummt, die Sprache ist in Verwirrung geraten, aus der sie sich tastend frei zu machen strebt. Die Profile der drei Völker sind aber klar ausgeprägt; auch die Aussagen ihrer Schriftwerke heben sich deutlich voneinander ab. Und doch wird von ihnen, trotz mancher Gereiztheiten, Skandinavien als ein Ganzes empfunden: die nordische Einheit, der sich mit gewissen Vorbehalten auch Finnland anschließt, ist eine geschichtliche Gestalt, eine bedeutende europäische Bastion. Sie wird gerade dadurch stark, daß die Eigenständigkeit fortdauert, sich noch festigt und weiter sich auszubilden strebt – und nur in dieser Richtung, glaube ich, könnte Europa zu einer geschlossenen und starken geschichtlichen Erscheinung werden.

Das Gedicht des Camões wird immer ein Heiligtum des portugiesischen Volkes bleiben. Aber unabhängig davon wurde es in den letzten Jahrzehnten ein europäisches Symbol: die Größe und Tragik der Kolonialgeschichte, die zu den ungelösten Problemen der Gegenwart gehört, sind in diesen Versen mit unbarmherziger Wahrhaftigkeit geschildert: es ist gesagt, wessen sich die Völker anzuklagen haben, es ist mit Stolz auch gesagt, was sie über die Meere getragen haben: die Botschaft des Heils, den Ruf an die Menschheit, ein Ganzes zu werden. Immer wird der heilige Franz Xaver, der mit einer portugiesischen Flotte ausfuhr, Träger dieses Rufes bleiben: an der Malabarküste hinwandernd, wirkte er, der nur weniger fremder Worte mächtig war, nicht durch die Lehre, sondern durch die Kraft der Existenz, der Liebe, der Opferbereitschaft, des Gesendetseins.

Nach zwei Weltkriegen, unter den die Erde bedrohenden Gefahren, die der Wagemut forschenden Geistes herabbeschworen hat, sehen wir die hinterlassenen Bilder und Überlieferungen in ganz neuer Perspektive. Camões hat den Schiffbruch überwunden aus der Kraft des Glaubens an seine Sendung: und das müssen auch wir tun. Er hat Tradition an ein neues Ufer getragen. Er hat gestaltend Geschichte gerettet, deren Größe, deren eigentliches Wesen darin besteht, daß sie ein Aufbruch ist zur Totalität. Es könnte wohl sein, daß nicht Waffengewalt, daß aber ein Bündnis europäischer Überlieferung mit den großen, heute zum Teil verschütteten Überlieferungen des Ostens die gegenwärtige Welt rettet, ein neues Leben und Denken heraufführt. Von Lissabon wurde eine Brücke geschlagen, die noch immer trägt, die nicht einstürzen darf. Das Spiel orientalischer, fernöstlicher Bauformen über dem Lande bekundet, daß die Brücke noch da ist. Auf den Azulejos in Kirchen und Palästen vermählen sich Westen und Osten, portugiesisches Rittertum und portugiesische Abenteuerlust, die heilige Geschichte und östliche Gelassenheit und Weisheit sind hier schon zu einer Einheit geworden. Das ist Weisung in sehr ferne, in vielleicht hellere Zeit. Wohl ist der Ferne Osten von entfremdenden Gedanken überschattet – Gedanken, die in bestimmtem Sinne europäisch, aber nicht portugiesisch sind. Wohl geschehen dort unaufhaltsame Umgestaltungen, aber die wahren Weisen des Fernen Ostens waren auf alle solche Bedrohungen gefaßt. Sie kannten Geschichte, die Verwandlungen der Welt und rechneten längst mit einer eisernen Zeit. Die Brunnen aber, die sie anlegten, sind sehr tief. Sie werden nicht so bald versiegen. Und wenn sie verschüttet werden, so wird es nicht unmöglich sein, sie aufzugraben.

Ich möchte nur sagen, was ich portugiesischer Tradition verdanke, was mir in diesem Augenblick als ihre wichtigste, auf Europa, auf die Welt gerichtete Aussage erscheint: das ist das Vorbild der Selbstbehauptung durch Untergang und Schiffbruch hindurch; das ist das großartige Streben, Europa mit dem Fernen Osten zu verbinden. Der Tejo ist nicht nur Ausmündung europäischer Kräfte, er ist auch die Straße, auf der heilsmächtige Kräfte des Ostens hereingeflutet sind. Er ist Ort erster Begegnung des Abends und Morgens, vielleicht gerade heute das Tor einer großen Hoffnung. Völker, an die eine Sendung ergangen ist, erfüllen diese nicht in reflektierender Sicherheit, sowenig ein Künstler am Anfang seines Weges sich völlig klarwerden kann über das, was er soll. Völker nehmen eine Sendung an, nicht indem sie von ihr reden, sondern indem sie sie vollziehen und ihr sich opfern. Es kommt nicht darauf an, ob sie das Opfer wollen oder nicht. Natürlich wollen sie das Opfer nicht. Aber sie bringen es. Und das ist es, was mich heute erschüttert: das portugiesische Volk spannte seine Segel auf dem Wege zur aufgehenden Sonne und opferte sich auf ihm. Ohne Schuld vermag kein Mensch, vermag kein Volk zu handeln. Aber die Weisung, die Bereitschaft, der Gehorsam gegen ein rätselvolles Gesetz werden von der Schuld kaum abgeschwächt.

Damit habe ich noch nichts gesagt von meiner Liebe zur portugiesischen Seele, der blauen Grotte, um derentwillen man ins Meer tauchen muß, wenn man in sie eintreten will. Hier ist die Seele anders gestimmt als in irgendeinem Lande Europas; Leiden, Trauer und Sehnsucht haben ihren eigenen Akzent, und es ist nichts bezwingender als der portugiesische Tränenschleier über der Freude. Hier, in der Seele, der verschwimmenden Landschaft, dem betörenden Versklang und Lied entschleiern sich die Grenzen des Menschseins: wir sitzen am Ufer, und draußen, immer dunkler ansteigend, droht das Meer. Wir sind nicht mehr ganz zu Hause. Aber wir ergeben uns darein: denn Unerfüllbarkeit, das ist das große Geschenk an den Menschen. Er ist angewiesen auf das, was sich verweigert. Und eines Tages werden wir alles, ein jeder auf seine Weise und allein, ein Boot besteigen mit rotem Segel und den Tejo hinuntertreiben. Wir werden die Ufer grüßen, die fruchtschweren, und den Turm von Belém und die Zitadelle von Cascais. Und die Wunder des Ostens fahren den Strom herauf, uns entgegen. Jahrhundertealte Elefanten mit tief gefurchter Stirn, und Weise unter dem Palmfächer und unter Zelten aus Goldbrokat. Wir aber verlieren die Ufer, und alles geht unter in Licht und Wehmut und Seligkeit, weit draußen vor der Bucht von Nazaré.

Das ist die Ausmündung Europas, sein Wort an die Unendlichkeit, Gespräch mit dem Meer und dem Schicksal, das sich im Meere verbirgt. Es ist auch die Ankündigung einer ganz neuen Möglichkeit, der Vermählung des Abends mit dem Morgen. Europa mußte ja einmal aufbrechen, Vermächtnis und Weisheit des Ostens zu suchen, das Heiligtum, das der Menschheit gemeinsam ist und vielleicht die Kraft hat, sie zu einen. Hier auf dem Tejo, vor Belém, ist dieser weltgeschichtliche Aufbruch geschehen.

Freiburg i. Br., 9. Oktober 1956

## *Das Monument*

An den Zacken der Serra von Sintra zerreißen die vom Meere her ins Land fallenden Wolken. Sie schütten sich über den Felsenhängen, den Gärten aus, deren Üppigkeit über die Mauern quillt. Es ist Januar, von den Mimosenhainen kommt der erste Duft. Rasch wird der Sturm die hellgelben Blütenbüschel aufschütteln. Aber er jagt schon vorüber, die Wolken vor sich hertreibend, über die kahle zerrissene Hochebene nördlich des Gebirges, in der sich die zerbröckelnden Stümpfe verlassener Windmühlen verlieren, andere auf den Hügeln mit zitternden Radstangen und schwingenden Seilen noch aushalten. Hinter den Feldmauern ziehen die schwarzen Schirme der auf Eseln reitenden Bauersfrauen. Unter Schirmen ducken sich die Arbeiter in ein Mauereck, ihr karges Brot verzehrend, während die hellgrauen und schwarzen Esel, dann und wann die Nässe abschüttelnd, unbekümmert die Weide absuchen. Aber das Licht ist schneller als der Sturm. Das Meer, das eben schwarzgrau war, strahlt in Blau, umrandet von einem verdächtigen Streifen, der grün ist wie geschmolzenes Glas, er verbreitet sich rasch dem Lande zu. In jubelnder Selbstvernichtung werfen sich die Wellen unten an die roten Felsen, weit das Land übersprühend. Schon dunkelt es wieder an dem unendlichen Horizont, während das Licht in das Land hineinflieht über Brüche edlen, gelblich-roten Gesteins, weiße Siedlungen und zierliche barocke Kirchtürme, wüste, von Kakteen starrende Hänge und steinbesäte Feldmarken, Flecken niederen Grases, über das Schlüsselblumen schäumen, Arbeiter, die unter Schirmen neben der fauchenden Dampfwalze stehn – Gesichter, wie sie vor fünfhundert Jahren gemalt wurden, das alte, ernste, lebensvolle, von Erfahrung gezeichnete Gesicht –, über die in hohen Mauern und spitzen steinernen Häusern geschützten Gräber – und weiter über die kahlen Feigenbäume neben morschen Hütten, die Gärten unter der Serra und dann hinauf zu den gezackten Türmen und langgezogenen Mauern der Mauren und zum Schloß der Könige von einst, das seine phantastisch-verspielten Formen eben aus den Wolken befreit.

In den windgeschützten Tälern ist die dunkle, braungelbe Erde sauber in Mauern gefaßt, Terrasse über Terrasse, auf Felsen ruhend. Die dünnen Mauern sind ohne Bindemittel aus kleinen Steinen zusammengefügt. Die Erde ist kostbar, sie ruht wie gesiebtes

Korn in den hohen Behältern unter dem dünnen Schatten schwingender Eukalyptus- und Bambuszweige. Nun grüßt das zurückkommende, vor einem neuen Wolkensturm flüchtende Licht seltsame Formen auf flacher Höhe über einer kleinen Stadt: Türme und eine von hoher Laterne gekrönte Kuppel dahinter, unter ihnen eine sich mächtig entfaltende Front, die von schweren fremdartig behelmten Eckbastionen gehalten wird. Die Bastionen treten vor, das Licht nimmt nichts von dem düsteren Ton des Gesteins. Dahinter ziehen sich unübersehbare Trakte fort. Hell unter dem Blitze endloser Fensterreihen leuchtet die Front. Mit wachsender, fast erdrückender Macht entfaltet sich der Koloß über der aufsteigenden Straße.

Es ist *Mafra,* das Monument Portugals, königliche Basilika, Kloster und Königsschloß, königliche Bibliothek, geplant als Krone des Landes; Mafra, von Mönchen und Königen verlassen, nur von den toten Mönchen nicht, die in einem der untern Gänge, vor einer düstern Kapelle, unter inschriftlosen, mit Nummern versehenen Steinplatten ruhn. Unter dem Altare liegt der vom Kreuze Abgenommene, unbedeckt, auf weißem Linnen, wartend, wie die Mönche unter dem Stein. Der Psalter ist aufgeschlagen, aber das ungeheuerliche Gebäude, Höfe, in denen der Buchs zierliche Muster um kleine Teiche bildet, Kreuzgänge, Fluchten, vor denen das Auge ermüdet, majestätisch ansteigende Treppen unter nach oben sich verbreiternden Gewölben und der graue Kuppelbau in der Mitte – all dies ist stumm wie die einstmals vielgerühmte Glocke, erste Stimme der über die Ebene und hinab zum Meere rufenden Türme. Wie, wenn Mafra noch immer Stimme wäre einer Zeit, eines Volkes, einer geschichtlichen Landschaft, eines Glaubens? Mafra, das vielgeschmähte Ärgernis der Historiker, die darin den Präzedenzfall königlicher Verschwendungssucht und politischen Unvermögens sahen oder Flucht aus Welt und Verantwortung; Anstoß der Kunsthistoriker und Labsal ihrer Spottlust und ihres Werturteils – wie wirksam und einleuchtend ist es, Werke des österreichischen und oberdeutschen Barocks dagegenzustellen und sich darüber zu wundern, daß sie hier nicht entstanden sind, daß das Monument in der eben geltenden Ästhetik ihren Kunstwert nicht erreicht! Dies ist Mafra, mit noch schwereren Vorwürfen belastet als der Escorial, der, wenn nicht in Spanien, wo er dessen weniger bedurfte, so doch in Europa spät und mit Vorbehalten rehabilitiert worden ist. Wohl ist sein ideeller Gehalt übernommen: die Einheit von Kloster, Kirche und Schloß, von Herrschaft und Gebet, Königtum und Gottesdienst und das heiße Bemühen, Glaube, Wissenschaft und Kunst zusammenzuhalten, aneinander zu binden, in einer Ära, da sie sich in unwiderstehlicher Entwicklung voneinander trennten – gerade der Sinn für Naturwissenschaft und Medizin ist für die Bibliothek von Mafra charakteristisch –, kurz, es ging im Escorial wie in Mafra um die Einheit überhaupt, so wie sie von weltumspannenden Kolonialreichen gesehen wurde. Diese Bauten – man sollte kaum daran erinnern müssen – sind einmal durchaus modern gewesen: Zusammenfassungen einer Epoche und Versuch, deren Ertrag fruchtbar zu machen für die kommende Zeit und deutlich gespürten Gefahren zu widerstehen.

Man könnte also von einem portugiesischen Escorial sprechen – und es ist sehr wohl möglich, ja wahrscheinlich, daß auch dieser Escorial in der allgemeinen Schätzung einmal gerechtfertigt wird. Das kann nicht ausbleiben, wenn man sich nur die Mühe gibt, ihn zu verstehen. Aber aus derselben Idee, dem einen Samen haben sich ganz verschiedene Stämme entwickelt. Mafra und der Escorial: man könnte kaum Formeln finden, die portugiesische und spanische Art, wie sie sich in der neueren Zeit ausgebildet haben, in ihrer Verwandtschaft schärfer voneinander scheiden. Mit der Idee ist der Sinn für Größe beiden gemeinsam. Mafra ist eine große Konzeption. In der Bibliothek ist der Grundriß zu sehn: welche Harmonie der Komplexe, Lasten, Räume, welche Ordnung des halbierten Gevierts, dessen vorderer Teil, mit der Basilika in der Front zwischen den Eckbauten und der vom Atrium breit sich herablagernden Treppe der Aufnahme, der Repräsentation und dem feierlichen Gottesdienst, dessen rückwärtiger um einen weiträumigen Hof geordneter Teil der Sammlung, der inneren Arbeit gewidmet waren! Aber Portugal hat nie einen Philipp II. hervorgebracht. Es hat ihn immer gehaßt. Es kennt die steinerne Gleichmäßigkeit nicht, die er darstellte, nicht den unerbittlichen, von pedantischer Arbeit erfüllten Verzicht, nicht den imperialen Anspruch, nicht die abweisende Starrheit strenger Form. Und doch: Philipp ist ein Grenzfall des Hauses Habsburg. Mafra ist das Vermächtnis des Hauses Bragança, sein Werk, seine Aussage. Im Zögern, im Gewährenlassen, im großen, vielleicht allzu großen Vertrauen auf den Gang der Zeit, in der Bereitschaft, Gott in die Hände zu geben, was er als Tat des Menschen zu fordern scheint, waren Habsburg und Bragança einander verwandt. Das letzte portugiesische Königshaus hat mehr Ankläger als Verteidiger oder gar Verherrlicher gefunden. Auch der Adel seines Unglücks hat sein Ansehen kaum erhöht. Zum mindesten aber ist die Wiederherstellung geschichtlicher Eigenständigkeit mit seinem Herrschaftsantritt [1640] unlösbar verknüpft. Es steht im selben Verhältnis zu der ihm vorausgegangenen zweiten portugiesischen Dynastie, dem Hause Aviz, in dem dieses zur ersten stand. João I., der mestre Aviz, der in einem Gewaltstreich die Krone an sich riß und das Land vor spanischer Herrschaft bewahrte [1385], war Bastard König Pedros I., aus dem alten, in legitimer Linie erloschenen Hause burgundischen Ursprungs. Dom Alonso, der erste Herzog von Bragança, war ein natürlicher Sohn Joãos I. Die Geschichte des Hauses gleicht den Teppichen in seinen Schlössern, auf denen heroische Szenen leben, Bilder der Eifersucht und lässig-wollüstige Idyllen vor phantastischen Küsten, Inseln, Gebirgen – Tiger, Kamele schweifen hindurch, mit Federkronen geschmückte Eingeborene bergen sich hinter Palmen, um die sich Schlangen winden, und königliche Vögel breiten den Federprunk, der zu schwer für sie ist, langsam schreitend über den Rasen. Dunkle Fäden ziehen sich durch den Teppich. Flecken breit ausgegossenen Blutes löschen Gestalten aus. Über dem Ganzen aber webt eine Melodie wie über der Geschichte der Stuarts, der Wasas, der Romanows, aber schwer von portugiesisch-orientalischer Trauer, von exotischer Schwüle und Leidenschaft.

Der zweite Herzog soll sich glorreich geschlagen haben in dem unglücklichen Zuge des Königs Duarte gegen Tanger – Leid und Ruhm des standhaften Prinzen sind in diesen Feldzug verwoben –, verwaltete Ceuta, das João I., Gründer der afrikanischen Herrschaft, im Jahre 1415 erobert hatte, als Gouverneur, und später, als Stellvertreter des Herrschers, das Königreich. Auch der dritte, Fernando, kämpfte in Afrika. Reiche Gunst, die ihm sein König erwiesen hatte, machte ihn dem Nachfolger verdächtig. Unter João II. [1481-1495], noch einem Zeitgenossen Ludwigs XI. und Richards III. und wie diese rücksichtslos gegen den hohen Adel kämpfend, des Einverständnisses mit dem König von Kastilien angeklagt, wurde er, nach fragwürdigem Prozeß, auf dem Marktplatz zu Évora enthauptet. Manuel der Glückliche stellte die Rechte des Erben Dom Jaime wieder her. Dieser – ob mit Recht oder Unrecht – beschuldigte seine Frau des Ehebruchs mit einem vierzehnjährigen Pagen und tötete sie im Palaste zu Villa Viçosa mit eigener Hand. Ein zehnjähriger Knabe, Sohn des sechsten Herzogs, zog mit König Sebastian in das Unglück von Alcácer-Quibir. Auch nachdem das Haus unter João IV., wohl durch seine Stellung und die Verhältnisse gezwungen, aber auch in wagemutiger Klugheit, die Führung gegen Spanien übernommen und die Souveränität der ihm angetragenen Krone behauptet hatte, weicht das Verhängnis nicht: ein König entthront seinen Bruder, vermählt sich mit dessen Gattin und läßt den Entrechteten in der Gefangenschaft in Sintra verkümmern. Das Erdbeben zertrümmert die Paläste. Vor dem Uferschloß in Lissabon erhebt sich die Woge, wimmelnd von Schiffen, Ertrinkenden, Leichen, sie spült Schätze zurück, mit denen das Meer Emanuel dem Glücklichen gehuldigt hatte. Pombal regiert, baut, richtet statt des Königs José. Maria I. verfällt in Wahnsinn vor den Schrecken der Französischen Revolution. Vor Napoleon flüchtend, faßt das Haus Wurzel in Brasilien. Es entstehen zwei, bald drei Traditionen: Dom Miguel erhebt sich gegen den Vater João VI., im Namen des alten absoluten Königtums gegen das liberalistische. Nach jahrelangen Kämpfen und Verwirrungen wird er verbannt, während in Portugal eine Tochter seines über Brasilien unabhängig von Lissabon regierenden Bruders folgen soll: Maria da Gloria, Fürstin von Groß Para, die sich später, als Maria II., mit dem Coburger vermählt. Miguel, geliebt, gehaßt, zog sich nach Wien zurück. Das Bewußtsein der von ihm fortgeerbten Rechte ist noch nicht erloschen. Es ist ohne Zweifel noch ein Wert kontinuierender portugiesischer Geschichte. Vielleicht liegt die Katastrophe des Hauses Coburg-Bragança in seinem Schatten. Und wieder Krankheit und das Grollen der Revolution, das der Hauptstadt so eigen ist wie die Drohung des Erdbebens von Jahrhundert zu Jahrhundert, und endlich der furchtbare Abend des 1. Februar 1908, dessen Opfer, Carlos und sein Sohn, vor wenigen Jahren noch in mit Glas bedeckten Särgen den Augen Neugieriger ausgeliefert waren, entkörperte Gestalten unter Sternen und Ordensbändern, dunkel gefärbte Gesichter, deren Auge unter den Lidern versunken waren. Und wieder Wahnsinn und die letzte Nacht eines Königs – Manuels II. – in seinem Land und Flucht: hier in Mafra.

Das Geschlecht hat großzügige Bauherren hervorgebracht, nicht allein von des Erdbebens Gnaden. Am 17. November 1717 legte João V., der vierte König der Dynastie, den Grundstein der Basilika, östlich über Mafra, im Angesicht der Serra von Sintra, wo einst die Mauren herrschten und Manuel der Glückliche; wo die Wächter die heimkehrenden Karavellen Vasco da Gamas erblickten und anzeigten; vor der Ebene, deren karge Gewächse der Sturm in dieselbe Richtung beugt; hier, dicht am Kap Roca, der westlichen, meerumdrohten Spitze des Festlands. Geschichte geht vom Meere aus wie die aus ihm aufsteigenden Wolken und sinkt in das Meer zurück. Der Gesetzgeber der portugiesischen Geschichte ist der Hafen von Lissabon. Sollten die Glocken, die Gebete von Mafra die Schiffe grüßen und segnen und auch die Toten, die die Welle unten an den kleinen Strand von Ericeira warf? Die Erde ist so tief wie das Meer; auf dem kleinen umstürmten Friedhof, über dem Strand, hinter dem Eukalyptuswäldchen, sind ihre Namen nicht mehr zu finden.

Der Grundstein wurde somit gelegt zwei Jahre nach dem Friedensschluß von Utrecht, in dem sich Königin Anna von England verpflichtet hatte, Portugal, seine europäischen und außereuropäischen Herrschaften gegen spanische Angriffe mit allen geeigneten Mitteln und im Notfall mit den Waffen zu verteidigen. Vor 75 Jahren hatten der erste Bragançakönig und seine Mitverschworenen die Hoheit Philipps IV. abgeworfen im Bunde mit Ludwig XIII. und den Aufrührern in Katalonien. Aber dieses Bündnis, eine politische Notwendigkeit, widersprach jahrhundertealter Tradition, der »atlantischen Gemeinschaft«* zwischen England und Portugal, die in einem Handelsvertrag vom Jahre 1353 und in Bündnisverträgen von 1373 und 1386 grundgelegt war. Englische Soldaten kämpften neben den portugiesischen in der Befreiungsschlacht Joãos I. [Aljubarrota, 1385]. Die Partner gelobten, einander »Freunde ihrer Freunde und Feinde ihrer Feinde« zu sein. João I. vermählte sich mit Filipa aus dem Hause Lancaster. Als dieses Haus, über den Thron Richards II., mit Heinrich IV. zur Herrschaft gekommen war, beklagten sich die Portugiesen über die Bevorzugung englischer Kaufleute, die Weizen und Hafer, Wolle, Metalle, Waffen nach Lissabon brachten und portugiesischen Wein einhandelten. Die spanische Oberherrschaft unterbrach, Konflikte in den neu aufgekommenen kolonialen Interessen ge-

* Darüber die wichtige zusammenfassende Schrift von José de Almada: Para à História da Aliança Luso-Britanica [1955], herausgegeben vom Ministerio dos Negócios Estrangeiros.

fährdeten die Tradition. Sobald Frankreich die Emanzipation Portugals garantiert hatte, suchte João IV. sie wiederaufzunehmen. Die Heirat einer Bragança mit Karl II. aus dem Hause Stuart befestigte sie aufs neue: die königliche Morgengabe der Braut waren Tanger und Bombay [Vertrag von 1661]. Zu Beginn des spanischen Erbfolgekrieges schwankte Portugal für einen Augenblick, mit Frankreich sich für die Nachfolge des Bourbonen einigend, dann reichte es der großen Allianz gegen Ludwig XIV. die Hand. John Methuen, Gesandter Großbritanniens in Lissabon, der Kreisen der Wollindustrie entstammte, schloß [1703] den berühmten Handelsvertrag, der die freie Einfuhr englischer Wollwaren in Portugal und durch eine bedeutende Zollermäßigung die Vormacht des portugiesischen Weinhandels in England sicherte. Das nördliche Weinbaugebiet des Landes begann sich reicher zu bevölkern und zu entwickeln, ebenso die Orangen- und Mandelplantagen von Setúbal und in Algarve. Im Jahre 1706 erlebte das Land einen Triumph, der bittere Erinnerungen ausgelöscht haben mag: Erzherzog Karl, später als Karl VI., der letzte Kaiser des alten habsburgischen Stammes und Vater Maria Theresias, war in Lissabon gelandet. Er führte im alliierten Heere portugiesische Truppen nach Madrid. Wenige Monate später wurde João V. König. Freilich war es ein flüchtiger Sieg, und schwere Schatten liegen auf der Zeit. Schon Ende des 17. Jahrhunderts wurde der Geldwert um ein Drittel herabgesetzt; für Getreide, Leder, eingesalzenen Fisch aus Neufundland wanderten Gold- und Silberbarren nach England; das Land, so reich an Marmor, arm an Brot, vermochte schon vor dem Verfall der Landwirtschaft in der Expansionszeit sein Volk nicht zu ernähren. Von Jahrhundert zu Jahrhundert vergrößerte sich diese Schwierigkeit. Unter dem Mangel an Arbeitern – falta de braços – verödeten die Felder, zwischen 1570 und 1640 wuchs die Bevölkerung kaum, sie wird auf wenig mehr als eine Million geschätzt. Zunehmender Luxus des 17. Jahrhunderts verschärfte das Mißverhältnis zwischen Produktion und Verbrauch. Das Handwerk verfiel, neue Industrien wurden nicht eingeführt. L. A. Rebello da Silva spricht in seiner sorgfältig fundierten Historia de Portugal nos seculos XVI e XVIII [1871] von einem immensen Niedergang [imensa decadência] auf allen Arbeitsgebieten. Heere von Neger- und Mulattensklaven, ihren unglücklichen Weibern und Kindern, überschwemmten die Hauptstadt, zum großen Teil wie Vieh gehalten und verbraucht. Der Preis eines kaum entwöhnten

Negerkindes betrug 30 bis 40 Escudos. Aus den Kolonien, dem Orient waren die Krankheiten herübergekommen, die in jahrhundertelanger Arbeit die Völker, die Menschheit bis in die feinste Struktur der Seele und des Geistes verändert haben. Wer will echte Schwermut von den verhängnisvollen Geschenken der Krankheit unterscheiden, und ist nicht auch diese Ausdruck uranfänglicher, unstillbarer Daseinsnot? Doch muß Krankheit als geschichtliche Macht anerkannt werden. Welche Veränderung des Gesichts vom Mittelalter zum Barock! Es ist eine Veränderung fast bis zur Unkenntlichkeit, zum mindesten in mittel- und südeuropäischen Ländern. Wer will auf den verwischten, aufgedunsenen, sich auflösenden Formen die Furchen und Narben der Krankheit verkennen? Dennoch muß das Portugal jener Zeit von einem gewissen Triumphgefühl bewegt gewesen sein. Im Jahre 1717 hatte eine portugiesische Flotte, die auf den Anruf des Papstes Clemens VI. den Venetianern zu Hilfe geeilt war, mit diesen vereint eine mächtige Türkenflotte am Kap de Matapan geschlagen.

João V. war ein Fürst des Barock in der besonderen weichen Tönung, die die Epoche in Portugal hatte, die Bauzeit zauberhafter Kirchen, die die eigentliche Musik des Landes sind. Es ist die Anmut Mozarts, getaucht in atlantischen Nebel, verspielt sich auflösend in die Ornamentik des Fernen Ostens, der ja nirgendwo näher ist. Im Innern, in geschwungenem, vielgestaltigem Raum, im Blitz der Lüster, entfalten Fliesen in altem Blau die traumhaftesten Perspektiven, die die Indienfahrer lockten und irrten. Die Wehmut der Heiligen, ihre Sehnsucht, die Macht der Visionen, die sie schauen, das beseelte Leid ist stärker als die Marter des Leibes. Die Tragödie flieht vor der Melodie. Aber solche Kirchen, und gerade die kleinen unter ihnen, wie die von Viana, die feingegliederten, von Blüten übersponnenen Landhäuser, die später über Terrassen im Palmenschatten sich ausbreitenden, rötlich getönten Paläste – welche Gartenstille dahinter, weicher Rasen, sich verlierende Laubengänge und Alleen! – sagen nicht alles. Verfall und Gestaltung gehen hier Hand in Hand. Es ist gewiß nicht richtig, die Ära Joãos V., des letzten Königs vor dem Erdbeben und der Revolution Pombals, ohne Vorbehalt als Verfallszeit zu schildern, wie es unbarmherzige portugiesische Selbstkritik Ende des vorigen Jahrhunderts getan hat [Rebello da Silva und namentlich der geniale, heute zu Unrecht übergangene Oliveira Martins, der für kurze Zeit Finanzminister Karls I. war]. Aber die Zeitgenossen wissen allzuviel zu berichten von Korruption, von nächtlichen Beutezügen bewaffneter Banden unter adliger Führung in der Hauptstadt und Coimbra, von der Flucht geistlicher Personen, seien es Mönche oder Nonnen, mit ihren Geliebten auf dem Tejo, von Liebesabenteuern in Palästen und Klöstern, von plötzlich hervorbrechenden Zügen schwarzgekleideter Büßer, die sich im Straßenschmutz auf die Knie warfen und in den Nischen der Heiligen ohrfeigten und dann sich wieder weiterwälzten, den Rosenkranz betend und sich an die Brust schlagend, während die eine oder andere der Büßenden ein Billett eines vorüberstreifenden Kavaliers oder das süße Gift der im Blut fortzehrenden Schmeichelworte nicht verschmähte. Und es sickerte so viel durch von den Besuchen des Königs im Zisterzienserinnenkloster zu Odivelas, nördlich von Lissabon, wo die zwei schönen Schwestern Madre Paula und Maria da Luz neben Weihwasserbecken unter den Kostbarkeiten des Okzidents und Orients schliefen; es wurde so viel berichtet, das widerlegen zu wollen ein schweres oder törichtes Beginnen wäre, daß wir uns entschließen müssen, das Doppelgesicht der Epoche zu sehn. Sie sagt nichts vom Pathos der Heldenzeit, aber vom Volk, vom Menschen hat sie viel zu sagen, vom Aufstieg im Untergang, vom Untergang im Aufstieg, vom immerwährenden Vorabend des Erdbebens, des Gerichts. Sie hat ihre Geschichtlichkeit bezeugt im Monument von Mafra. Und dieses Denkmal ist nur im Ganzen der Geschichte, der Vergangenheit wie der Zukunft, zu verstehn.

Die außereheliche Deszendenz Joãos v. mag zahlreich gewesen sein. In der Sorge um den Thronfolger legte er ein Gelübde ab, das er, nach der Geburt seines Sohnes José I. [1714], mit der Gründung des Franziskanerklosters Mafra erfüllte. Wohl nie ist im Namen des Armen von Assisi zu seiner Ehre ein gleicher Anspruch erhoben worden. An Umfang wie an Aufwand sollte der portugiesische Escorial den spanischen übertreffen als das größte Bauwerk des Königreichs. Jetzt erst hatte man begonnen, die Goldminen Brasiliens, über die der Eroberungsrausch hinweggeeilt war, ernsthaft auszubeuten. Nach langem Verbot waren sie gegen Steuern in Höhe eines Fünftels des Ertrages freigegeben worden. Der Reichtum scheint so groß gewesen zu sein, daß er seinen eigenen Wert herabsetzte. João verteilte mit vollen Händen, für den Aquädukt von Lissabon, dessen hohe schmale Bogen noch immer von der Hochebene in das Häusergewirre der Hauptstadt herabschreiten, ein Werk, das den Römern Ehre gemacht hätte und das ein Lebensproblem Lissabons löste, für Hospitäler, Kirchen, Akademien, die Bibliothek in Coimbra, die Errichtung eines Patriarchats in Lissabon und Ausschmückung der alten, noch das männliche Gepräge der Ritterzeit tragenden Kathedrale, für die Kirche der Portugiesen in London, die Geburtskapelle in Bethlehem, die Heiligtümer in der Ewigen und in der Heiligen Stadt – und für Mafra. Über die zerrissene Hochebene von Sintra und hinab gegen das Meer, von Ericeira bis Cascais, breitete sich eine Arbeiterstadt hin aus Baracken für die unter Militäraufgebot im ganzen Land ausgehobene Mannschaft, Wohnungen für die Aufseher, einer Kirche aus Holz, vor der der Priester im Angesichte der unter freiem Himmel versammelten Menge zelebrierte, Krankenhäusern, in denen Ärzte, Chirurgen, Apotheker, Krankenpfleger bereit waren, Werkstätten der Bildhauer, Schmiede und Schmelzer, Wagenschuppen und Ställen für die unzählbaren Zugochsen und Maultiere. Zu Lande und zur See, aus dem Norden Portugals und aus Italien schwankten die Holzfrachten heran, aus den Städten des Landes Seile, Ketten, Winden, Handwerkszeug und Gefäße, aus Genua, Rom, Mailand, Venedig, Flandern und Frankreich Kisten und Truhen, in denen Statuen, Lüster, Paramente, Altargerät, Lampen, Fackelhalter, schmückende Bronzen, Glocken und Uhren verpackt waren. Brasilien schickte Hölzer für Fenster, Türen, Schwellen, Geräte. Ein italienischer Meister und seine Schüler meißelten die Statuen der Heiligen und Kirchenväter für Vorhof und Basilika, ein Antwerpener stimmte die Glocken. Der beglückte Bauherr ernannte den Überbringer der Nachricht, daß die große Glocke aufgehängt sei, zum Sineiromor, Oberglöckner, mit ansehnlichem Gehalt, und vertraute ihm das Glockenspiel an. Die Basilika, sagt ihr Kritiker Oliveira Martins, sei größer gewesen als das Königreich; sie habe mehr an Menschen und Geld gekostet, als Portugal wert gewesen sei.

Acht Tage dauerte die Weihe der Kirche, zu der João v. die geistlichen Würdenträger, Vertreter aller im Lande ansäßigen Orden und des Adels geladen hatte. Vier Regimenter, Kavallerie und Infanterie, zogen als Ehrenwache in buntblitzenden Uniformen auf; mit dem Arbeiterheer strömte das Volk aus weiten Entfernungen zusammen. Und wenn der König nun oben stand auf der kalt-feierlichen Tribüne über dem Portal oder gar zum Altar schritt, er, den die Zeitgenossen O magnânimo nannten, und das doch nicht ganz mit Unrecht, mußte er nicht verschwinden, untergehen in seinem

Bau, wie ein Schauspieler von bescheidenen Gaben, der sich auf eine zu große Bühne gewagt hat? Aber nicht João hat Mafra gebaut, und auch nicht der bedeutende Architekt Joh. Friedrich Ludwig aus Regensburg und sein Sohn und alle seine Helfer: das Zeitalter, in der eigentümlichen Brechung, die es in Portugal erfuhr und auf dem Grunde seiner Geschichte, hat sich hier zwischen Sintra und dem andrängenden Meer sein Denkmal errichtet. Heute umschauert es uns kalt unter dem Gewölbe des marmornen Atriums, bis die gewaltigen Heiligenfiguren ihr heimliches Leben verraten, meist Gestalten des 16. Jahrhunderts: der todesernste Franziskaner Franz von Paula, Teresa von Ávila, Ignatius, Felix von Valois, Philipp Neri, der in Liebe verströmende Johann von Gott und die großen Heiligen früherer Zeit, Sebastian, Vinzenz, Sankt Bernhard, Sankt Bruno... Es ist ein ekstatischer Chor, eine jede Gestalt schauend versunken in Gott, Teresa, Bruno wie vom Sturme durchweht. Aber die Stimmen finden sich zusammen, und jetzt, da das Portal sich öffnet vor der Marmorpracht der hochgewölbten, schmuckschweren Halle, in die das Licht durch das Zimborium über der Vierung aus unsichtbarer Höhe niederrauscht, antwortet von innen ein noch mächtigerer Chor der Kirchenväter, die Jungfrauen, die Bekenner, die Martyrer, die heiligen Bischöfe nehmen in den Kapellen der Seitenschiffe den Gesang auf – Elisabeth von Portugal, die zwei streitbereite Heere versöhnte, Rosen tragend wie ihr erlauchtes Vorbild, Franz von Borja, der sein Herzogtum hingab, einen gekrönten Totenschädel haltend, Hieronymus, leidenschaftlich forschend in der Schrift, die ihn wie Flammenschein anweht... – die Kapellen der Querschiffe verstärken das Lob und tragen es über die Schranken zum Hochaltar unter den Gekreuzigten. Die Lichter weißen, blauen, gelben, rötlichen, braunen Marmors fließen zusammen mit der düstern Pracht der in schwarzen Marmor gefaßten Portale, die sich zwischen den Kapellen der Seitenschiffe öffnen, dem steinernen Teppich der Mosaiks. Wunderbare Weichheit des Steins, aus dem die Basreliefs in den Kapellen der Seitenschiffe und der Altäre des Querschiffs nicht gehauen, sondern mit formender Hand sachte geschnitten, gebildet sind! Das widersprüchliche Beginnen: Visionen darzustellen in Stein, hier ist es gelungen. Ein mächtig visionärer Zug durchweht alle Gestalten, die das Martyrium erleidenden Missionare, die die Holdselige erblickten, die Anbeter des Lammes, die Schar zu Füßen der Unbefleckten und auch der Kreuzweg ist in erregender

Dramatik gesehn. Die Basilika ist der große Tempel der Mystik, der spanischen, portugiesischen, italienischen, erfüllt von Gesichten, die im Stein nicht erstarrt, vielmehr in ihm zur immerwährenden Gegenwart erhoben sind. Stein in der Fülle und Weichheit seiner Töne – sein Farbenklang – ist das Lebensmedium der Gestalten. Sie können nur atmen unter diesen ineinanderschmelzenden Lichtern. Mystik überschreitet jede Kategorie, sei es die des Denkens oder der Ästhetik. Hier ist noch einmal der Zyperwein gefaßt, in einer Schale aus portugiesischem Marmor und in streng romanischem Geist. Es ist geschehen am spätesten Abend vor der Herrschaft des Rationalismus und der Revolution.

Aber die Musik ist stumm. Die sechs Orgeln schweigen, je zwei in den Kapellen des Querschiffs und im Hochchor; die Kandelaber, die sieben Bronzeampeln vor dem nördlichen Altar des Querschiffs, über die das Licht wanderte von Tag zu Tag, von Woche zu Woche, tragen keine Flamme. Der Bauherr von Mafra liebte die Liturgie und soll sich auf sie verstanden haben. Dies sollte ihr Raum sein. Ohne Vollzug der Liturgie kann er sich nicht völlig öffnen. Wenn der Weihrauch die Kapellen und Schiffe, die Höhen und Tiefen durchwölkt, die Lichter sich in ihn hüllen, die sakramentale Kraft des Altares ihn durchstrahlt, die Orgeln einander antworten und zusammendröhnen und der Gesang sich über sie erhebt und von draußen, oben die Glocken herabsingen und hinaus ins Land – einzelne schwere Schläge nach geheimnisvollen Pausen – und die Glockenstimmen des Landes antworten und das Volk mitbetet und feiert und mit ihm das Schiffsvolk auf der See und die Toten der Erde und des Meeres und der Chor in den Himmeln: dann lebt das Monument, und vielleicht wird dann niemand wagen, ihm dieses Leben abzusprechen. So war es gemeint. Und das Gold aus den Minen Brasiliens würde mitsingen, und all die Armut und Mühsal, die es zutage förderte, das unverwindliche Leid des in der Erde wühlenden schwarzen Sklavenvolks auch – und vielleicht alle Armut, der nicht geholfen wurde um dieses Gesanges willen, und alle Geschichte, die nicht getan wurde seinetwegen. Das hat mit der Eitelkeit, der Seelenangst eines kleinen, sündigen Königs nichts mehr zu tun, der im Kloster frevelte, im Kloster sühnen wollte. Das Gold und die Macht, die in solchen Gesang verwandelt wurden, sind allem Streite, allem Fluche enthoben.

Paralytische Erkrankungen hemmten die Pläne Joãos v. und seiner Helfer in seinem letzten Jahrzehnt [1740-1750]. Das Monument überdauerte den Allerheiligentag des Jahres 1755, an dem die Ära unterging, die sich in Mafra ihr Denkmal gesetzt, gewissermaßen selbst begraben hatte. Wohl erzitterten die Gewölbe, Türme und Glocken, die Heiligen und Altäre. Aber die felsenstarken Bastionen hielten stand. Und die Mönche gaben sich Mühe, die Risse zu verheilen, und arbeiteten bis gegen Ende des Jahrhunderts an der Vollendung des Monuments. Pombal, dem das Erdbeben Stadt, Land und Volk und den armen König José überliefert hatte, erwirkte ein Breve, das vom ursprünglichen Gelübde von Mafra absolvierte. Die Franziskaner mußten ausziehen und Augustiner-Chorherren, ein reicher Orden, fanden Aufnahme; sie widmeten sich der Ausschmückung und besonders der Bibliothek, dem größten Raume des Klosters und einem der schönsten. Es ist ein helles und ernstes, von Galerien umzogenes, langgestrecktes Gewölbe, das im Goldlicht der Prägungen edler Bände, vom sanften Glanze des Leders schimmert. Doch blieben die Medaillons über der oberen Galerie leer. Sie sollten die Bildnisse verehrter Autoren in den goldenen Rahmen fassen. Aber es war zu spät. Die Franziskaner kamen wieder. Dann verödete Mafra im Klostersturm, und der Nutzen, mit dem sich das ungeheuerliche Unternehmen nie vertragen hatte, triumphierte an ungeeigneter Stelle. Endlich, in sich wieder festigendem Selbstbewußtsein, ahnte die Nation den Wert, das Eigentum, das Selbst in der Größe, der Melancholie, dem Stolz und Adel von Mafra und nahm sich seiner liebend, verehrend an.

Und wieder: Treppen, Gänge und Fenster, tödliche, wohlgepflegte Leere von Raum zu Raum, die Schaukrone des Erbauers und das Zepter, vielfach vergrößert, auf rotem Kissen, die ihm vielleicht an Festtagen vorangetragen wurden, verlassene regenfeuchte Höfe und die traurig-kriegerische Melodie aus der Militärschule im rückwärtigen Trakt; der Krankensaal der Mönche, noch ganz im Sinne des Mittelalters, ein jeder Kranke hat seine Zelle, die mit Vorhängen verschlossen werden kann, die Helle des hohen Fensters darüber und fromme Azulejos an den Wänden, aber alle Zellen sind von demselben Raum umschlossen wie im Heiliggeistspital in Lübeck, der Kranke ist allein und doch in der Gemeinschaft. In den Eckbastionen und den sie verbindenden Räumen der Fassade wohnten die Könige. Eine fast bescheidene Behaglichkeit, zumeist des vorigen Jahrhunderts, ist geblieben, im Speisesaal aus Geweihen gefertigte Stühle und im Musiksalon, um den Empireflügel, geschwungene Sofas, die vielleicht für jene Unbequemlichkeit entschädigten; Bilder, in ihrem Werte absinkend mit der Zeit und im Familiären sich verlierend, lugubre Betten und Wiegen in hellem Gestänge, die sich noch schaukeln lassen – welchem Unglück wiegten sie entgegen! –, ein zierlich bemaltes Badezimmer altmodischer Art, in dem die Zinnwanne hinter dem Wandschirm steht, ein paar chinesische Spielereien und endlich, in der nordwestlichen Bastion, nach dem Meere gerichtet, der Raum, in dem der letzte Bragança die letzte Nacht im Königreiche verbrachte, ehe er sich unten in Ericeira einschiffte nach England.

Die Straße eilt an einem hellen Eukalyptuswalde vorüber, dann fällt sie rasch zum Sandstrande ab. Das Licht baut ein Gewölbe aus Regenbogen über das Meer; weiß wie eine Möwe zieht ein Schiff gegen Nordwesten auf dem Weg des geflüchteten Königs, und in ungebrochenem Jubel werfen sich die Wogen gegen die Felsenzakken. Es hallt wie von Schüssen, und der Schaum überschüttet die Straße. Draußen, im Südwesten, zieht sich ein furchtbares Dunkel zusammen, Himmel und Meer verwischend, und wieder schillert und wächst unter schwarzblauer Decke der grüne Streifen. Jetzt ersteigen die Wolken, von rückwärts, über Lissabon kommend, die Serra. Noch wehrt sich das Licht auf den Felsen, den Mimosengärten und grell aufleuchtenden Palmkronen, den zierlichen Palästen. Dann, niedergezogen von ihrer Last, gleiten die Wolken an den Hängen herab, sie keuchen vor dem Sturme her über die Ebene. Der Regen baut Wände aus undurchlässigem Glas. Mafra ist nicht mehr sichtbar. Es ist wieder mit sich allein, Orgel aus portugiesischem Marmor, die nie mehr erbrausen wird, Weg- und Grabstein an dieser unserer Straße.

Lissabon, 13. Januar 1956

## Jenseits des Stromes

Der Pulsschlag des Meeres flutet auf dem Tejo tief in das Land. Wenn die Brücke sich senkt auf das südliche Ufer, kommen die reitenden Hirten mit ihren Stäben und bunten Mützen groß über den unter Wasser stehenden Wiesen herauf. Angler sitzen geduldig, die Schilfgerte haltend, mit dem Rücken gegen die Straße am Wegrand. Draußen schweifen Herden dunkelfarbigen Viehs. Braune, schwarze Stiere tragen ihr schweres Gehörn über die spiegelnden Gräben. Winterliche Gewitter haben Regenfluten verschwendet über dem im Sommer fast verdurstenden Land. Nun scharen sich Korkeichen zu lichten Gehölzen zusammen, die flachen, weit ausladenden Kronen über die von Ginster umblühten Steine breitend; die bis zum Ansatz der Zweige abgeschälten Stämme schimmern dunkelviolett, hellbraun, schwarz oder grau, die berindeten Äste grau und grün. Zwischen den Korkeichen siedeln sich Pinien an; hoch schwebt der Schirm der Mansas über dem kargen Land, die rasch aufschießenden kerzengleichen Bravas beugen sich im Wind. Stumm steht das Vieh im Gehölz; die Schafherde weicht, von einem stattlichen Hammel geführt, geschickt dem Wagen aus ohne Befehl; dahinter kommt der Hirt im Schultermantel aus braunem Fell, die Flinte umgehängt; er nimmt den schwarzen Hut ab, in stolzer Freundlichkeit; zwei dunkle Augen, eine Begegnung für einen Augenblick. Nun wimmeln die schwarzen Schweine über die Straße, die jungen, wie kleine Hunde, humpeln hinter den alten her; wunderbares Land, wo der Schritt des Ochsen, der zierlichen hellgrauen Esel, der Schafe und Schweine dem Wagen befiehlt und die Gelassenheit des Hirten, des Anglers, des Bauern hinter dem Pflug die bestimmende Haltung und Bewegung sind!

Die Duftwolken der Mimosenbäume bauschen sich auf, und die Mandelblüten zittern im ummauerten Garten über rotbrauner Erde, neben stillstehenden Schöpfrädern, denen der Regen die Arbeit abgenommen hat. Das grelle Weiß hochliegender Gehöfte sticht in der Sonne; von ferner Höhe grüßen die Zacken und Türme über Montemor-o-Novo, verlassene vielumkämpfte Zuflucht, unter der nun die Stadt behaglich ausgebreitet, palmengeschmückt und aller Gefahr enthoben, ihren Frieden genießt, Wiege des großen Liebenden João de Deus und seinem Segen anvertraut. Enger verschwistern sich Oliven und Korkeichen, die Ölbäume in Lebensgemeinschaft mit den übereinander sich schichtenden bemoosten Felsbrocken, die sie mit hohlen, zerrissenen Stämmen und Wurzeln umschlingen. Vor der Ebene, die mit ihrem fernsten Saume aufsteigt wie ein blaues Meer, liegt Évora, spitzengezackte Krone aus dunklem und hellem Stein. Über ihr steigen die Wolken wie schwarzblaue Gebirge auf. Eine Wolkenwand formt sich zu einem gewaltigen Amboß; mit durchglühten Rändern bleibt er unveränderlich stehn, als sollte das Licht auf ihm geschmiedet werden.

Évora: die letzten verwundeten Säulen des Tempels der Diana, noch immer herrschend über das Land, vor der kegelförmigen Vierungskuppel und den Türmen der Kathedrale; uraltes gelbes Mauerwerk, vielleicht der Römer, vielleicht der Goten in Toren und Festungsbau; unter den auf die Wälle gebreiteten Palästen strenge Säulen oder aus weißen Wänden hervortretend als Stütze verspielter Paläste; beschattete Höfe, in denen sich die schmachtenden Gestalten später Azulejos am Erblühen der Kamelien und Mimosen erfreuen und an der fast unhörbaren Melodie eines Wasserstrahls; und wieder Säulen wie Birkenstämme, die sich spielend winden und umeinander schlingen, und absurde Tore: Seile aus Stein sind um steinerne Äste geknotet. Von draußen aber, an den um die Stadt verstreuten Klöstern, den Oliven- und Orangenhainen und Gärten vorüber, wo steinerne Löwen urtümlichen Ansehens wasserspeiend sich im Brunnentrog baden, schreitet der Aquädukt feierlichen Schrittes herein. Das Mittelalter, noch von Pathos und Härte der Eroberungszeit tönend, begrub seine Helden in ungefügen Särgen, die es im Portalbogen der Kathedrale und in den Nischen der Außenwände aufstellte; es wölbte großen Sinns Seitenschiffe und Schiffe der Bischofskirche und klang mächtig aus mit dem Gewölbe von São Francisco; ja noch die hochstämmigen Säulen und die Kreuzgewölbe von S. Antão, das seine Größe mit einer alltäglichen Barockfassade verbirgt, sind ihm verwandt. Aber längst schlichen sich die vertriebenen Mauren wieder in die Stadt. Sie formten mit sensibler Hand die hufeisenförmigen Fensterbogen des königlichen Palastes, die Pavillons auf den Dächern, die Arkaden der Kreuzgänge und verkleideten die alten Kapellen als Moscheen. Während die Renaissance einen kalten Triumph feierte in der Universität, dem Palast des späteren Kardinal-Königs Henrique, breitete sich die arabische Melodie über Évora aus, mischte sie sich in das Rauschen der sonderbaren Brunnen, den

Gesang der auf den Steinen knienden Wäscherinnen, in das Lied der Dichter. Helden haben die Stadt bekränzt: Geraldo sem pavor [ohne Furcht], als Eroberer, der hier seine gekränkte Ehre zurückgewann; der Alcalde Geraldo, der von hier seine Streiter südwärts gegen die Mauren führte, wie später die Könige Sancho I. und Affonso IV., der als heilig verehrte Kronfeldherr Nun'Alvares, der von seiner Burg in Évora weit über das Land herrschte und von hier zu seinem befreienden Siege aufbrach [1385].

Und auch die Dichter haben der Stadt einen Kranz gewunden: Araber und Christen. Geschichte mündet in Dichtung, die Dichtung in Geschichte. Ohne ein poetisches Element anzuerkennen, wird man die Geschichte des Landes kaum verstehen. Wie die Häuser, Höfe und Gärten nicht gebaut, nicht angelegt, sondern gedichtet sind – und gedichtet sind auch die Einrichtungen der Zimmer, die Spinde und eingelegten Truhen, Porzellane und Gläser –, so hat das portugiesische Volk sein Wohnhaus unter den Völkern gedichtet: seine Geschichte. Es ist ein phantastischer Bau vor dem in der Sonne brennenden Ozean; überwachsen von Ornamenten des Orients und des Fernen Ostens, auf Grüften hoher Ritterehre und ernsten strengen Gewölben ruhend, die der Anschein verschweigt; reich an Heimlichkeiten, versteckten Treppen und Pforten, die sich Müde und Träumer angelegt haben, um in die Gartenstille zu entkommen; Narben der großen Erschütterung, Risse und Trümmer sind nicht ganz ausgetilgt und sollen es nicht werden. Es soll nicht vergessen werden, daß dieser Bau vom Erdbeben heimgesucht, ausgezeichnet worden ist. Unversehrt ist das Heiligtum in der Mitte, die Sphären Dom Manuels, das Wort des Camões. Es ist der Altar, an dem ein Volk sich seiner Sendung vermählte und ihr sich geopfert hat. Um dieses Heiligtums willen und aus seiner Kraft behauptet sich der Bau. Von ihm geht die Erneuerung aus, Formen suchend, die das Jahrhundert gebietet oder auferlegt. Aber das Haus steht auf Erdbebengrund, und wer immer hier bauen, festigen, wiederherstellen will, wird und kann nicht vergessen, daß ein anderer Herr ist: der, dem sich die Besten von Jahrhundert zu Jahrhundert im Heiligtum angelobt haben. Und vielleicht verbirgt sich hinter dem mit ruhmreichen Zeichen geschmückten Saale, wo das Drama der Sendung sich vollzog und weiterspielt, tief im Mauerwerk, nach der Gartenseite zu, eine Kapelle, ähnlich der, die sich der Domherr André de Sande zu Anfang des achtzehnten Jahrhunderts draußen im Convento do espinheiro bauen ließ für sein Grab. Es ist die Capela do senhor morto [des toten Herrn]: Christus liegt auf dem Altare im gläsernen Sarg, mit frischem Linnen bedeckt, nur das Haupt ist frei, das verfärbte, blutüberströmte eines Toten. Es ist wie Verewigung des Leidens und des Todes, die an Gott geschehen ist und durch ihn. Vergeblich erzählen die Azulejos im Kirchenraum und im Kapitelsaal, von gelben, violetten Rahmen umrankt, die fast zärtliche Geschichte von den Prüfungen und Wanderungen der Heiligen, von der Freude der Heiligen Nacht und von des Hieronymus Heimkehr nach Rom, vom Glück gelassener, in Gott geborgener Flucht des heiligen Paares, über dem sich die Palmen schützend beugen: in die Kapelle des toten Herrn, über dem Kreuz und Krug, Lanze und Dornenkranz auf Azulejos-Tafeln die Passion gegenwärtig halten, tritt diese Milde nicht ein. Die Schranken aus düster-buntem Marmor weisen sie ab. Hier ist der Herr tot, liegt der Tote zu seinen Füßen, wartend. Aber es ist, als ob der Herr, der allein ihn wecken kann, jenseits sei des Wartens, des Hoffens und Verheißens. Gott ist tot, in einem ganz anderen Sinn, als dieses Wort einmal zwischen Prophetie und Wahn gesprochen worden ist: Gott hat Todesgestalt angenommen und die vollkommene Gestalt des Schmerzes. Er ist eingegangen in Tod und Leid für immer: solange diese für uns erfahrene, uns allein erfahrbare Welt besteht.

Es ist ein ganz anderes, ob Gott totgesagt wird und mit ihm die Außenwelt – oder ob Gott da ist als Toter, als verehrungswürdigste Erscheinung des Todes, eines Liebesopfers, das in der Zeitlichkeit nicht aufgehoben werden kann. Völker betreten solche Kapellen nicht, aber sie senden einzelne hinein, und es mag wohl ein Mysterium der portugiesischen Geschichte sein, daß die Kapelle des toten Gottes nicht vergessen worden ist. Ein Kranz von Büßern flicht sich um die Insignien. Er ist nur wie ein Schatten scharf gezackter Blätter; kaum zeichnen sich die Spitzen der Dornenkrone ab unter dem verbleichenden Golde der Herrschaft. Wie aber keine Macht aus dem Schatten der Schuld tritt, so war wohl keiner der Schutz der Sühne, der Fürbitte versagt. Das geschichtliche Convento do espinheiro war groß, reichte weit in das Unsichtbare hinüber. Ihm gehörten die Eremiten an, die über Bussaco, zwischen den Ölbäumen das Land überwachten von der spanischen Grenze bis zum Meer; die Wallfahrer, die auf den Steinen von Arrabida über dem Atlantik, gegenüber von Setúbal, ohne Schutz gegen die Sonne, den Schmerzensberg erstiegen, und die Kapuziner dort in engen Felslöchern, die sich das Bild eines gekreuzigten Mönchs an die Kirchenwand hingen, dem Herz und Lippen mit einem Schloß ohne Schlüssel verschlossen sind – sie hausten wie Bienen in der Felsenwabe, in stummem Gesang, bis ihr großer Dichter, Agostinho da Cruz, Elegiker ihrer Einsamkeit wurde; die Franziskaner von Évora, die in stummer Einfalt Totenschädel und Gerippe in Grüften, auf Friedhöfen und Schlachtfeldern sammelten, um neben ihrer Kirche, dicht vor dem Königspalast, Wände, Pfeiler, Gewölbe eines Todesheiligtums mit ihnen zu bekleiden. Darüber schrieben sie das Wort allen Gebeins:

Nos ossos que aqui estamos
Pelos vossos esperamos.

Als Gebeine, die wir hier liegen
Warten wir auf die euren.

Vielleicht war das eine unbeholfene, eine törichte Mühe, vielleicht war es doch mehr, vielleicht stützt dieser Kult der Vergänglichkeit die vergängliche Welt.

Hier, im Königspalast in Évora, neben der Kirche der Franziskaner, vertraute Manuel der Glückliche, plötzlich entschlossen, dem Edelherrn Vasco da Gama die seit langem wartende Flotte an; hier auf der Praça de Geraldo war das Haupt des Herzogs Fernando von Bragança gefallen im Kampfe des Adels gegen das absolutistisch-machiavellistische Königtum; auf demselben Platz rauchten die Feuer der Inquisition. Hier war der Traumkönig Sebastian, Manuels Urenkel, erzogen worden. Hier sammelte er sein pfauenhaft geschmücktes Heer für seinen Todeszug [1578]. Zwei Jahre später fand der Kardinal-König Henrique sein Grab in der von ihm gegründeten Kirche des Heiligen Geistes. Er, letzter Sohn Manuels des Glücklichen und letzter des Hauses Aviz, hatte mit versagender Kraft die von Sebastian aufs Spiel gesetzte Krone getragen. Ihm verdankte die Stadt den Ruhm ihrer Universität, an der Suárez lehrte. Aber Henriques Verdienst, wie die gesamte geschichtliche und kulturelle Leistung der Zeit, liegt im Schatten der Inquisition. Sein Bruder, König João III. [gest. 1557], hatte, unterstützt von Karl V., gegen langen und zähen Widerstand Roms, wo wiederholt versucht wurde, die Neuchristen in Schutz zu nehmen, ihre Einführung in Portugal durchgesetzt und den Kardinal Henrique, seinen jüngsten Bruder, zum Großinquisitor ernannt. Erst sechs Jahre später hatte sich der Papst entschlossen, den Kardinal in diesem Amte zu bestätigen, und zwar unter Aufhebung früher der Inquisition auferlegter Einschränkungen. In Évora erstand ihr erstes Tribunal [1536]. Hier waren ihre gefürchtetesten Kerker. War die Inquisition im Norden, in Porto, Coimbra, Lamego, Villa do Conde, nach der Formulierung ihres Geschichtsschreibers Alexandro Herculano, »Anarchie aus Autorität« [Anarchia vindo da auctoridade, Bd. III, I. 157], deren Vollzieher und Schergen keinem weltlichen Beamten unterstanden, so suchte sie in Évora die Schreie ihrer Opfer im Kerker zu ersticken. In Coimbra hatte sich der Bischof nicht gescheut, ein Mädchen jüdischer Herkunft mit dem Anblick eines Kohlenbeckens und der Drohung, ihm die Hände darin zu verbrennen, zu dem Geständnis zu bewegen, daß ihr Vater ein Kruzifix gepeitscht habe – die Zeugin wäre zur Zeit dieses Verbrechens sechs Monate alt gewesen –, in Lamego hatte der Bischof während des Gottesdienstes von der Kanzel die Gläubigen an ihre Pflicht erinnert, Christi Passion an den Neuchristen zu rächen [nicht Habsucht, Grausamkeit, Bosheit allein schürten die Scheiterhaufen: der vierte Dämon war religiöser Wahn]. In Évora arbeitete der Inquisitor Pedro Alvares de Paredes, ein Spanier, dessen Ratschlägen der Historiker im übrigen einen großen Teil der in Portugal geschehenen Greuel zuschreibt, mit anderen Mitteln. Er ließ in das Brot der Gefangenen gefälschte Briefe bakken, in denen die Angehörigen zum Geständnis aller nur denkbaren Verbrechen rieten, oder er brach ihre Kraft, indem er ihnen Urteile verkündete, die noch gar nicht gefällt waren. Auf den Kardinal-Infanten, wie viel, wie wenig er nun gewußt oder gebilligt haben mag, fällt die ganze Wucht der Schuld. An ihn gelangten die erpreßten Geständnisse in streng rechtlicher Form, auf die sich der Inquisitor wohl verstand; an ihn so viele verzweifelte Bittschreiben. Er hörte sie nicht an, sowenig wie sein königlicher Bruder. Schwerlich gibt es eine Psychologie, die ausreicht für die Verbrechen jener Zeit und die der unsern. Mit dem Wahn vereinte sich politisches, staatliches Interesse, und gegen dieses Bündnis gibt es keine Waffen. Aber vielleicht schwärte unter aller Untat die Wunde des christlichen Gewissens, der untragbare Vorwurf des Gekreuzigten: Das habt ihr mir getan. Und die Verklagten nahmen die Klage nicht an: Nicht wir, jene sind es gewesen. Sie liebten Christus doch. Sie kamen vom Anblick seines Leidens nicht los. Sie fürchteten ihn zum mindesten, wenigstens einige unter ihnen. Sie waren an einer ganz bestimmten Stelle auf den Todesernst des Christentums gestoßen – auf die Realität der von Christus erduldeten Marter. Sie waren nicht imstande, diese Gegenwart auszuhalten, und warfen unter Glockenklängen und Gebeten ihre Brüder ins Feuer: Opfer, Opfer, die sie retten sollten.

Dieses Schreckliche weicht nicht von der Stadt, nicht aus den Gassen, durch die sich die Angst schleppte, nicht von den Plätzen, wo Entsetzen und Frenesie in die Flammen starrten. Aber der mit Azulejos geschmückte Saal des Gerichts, die Gefangenenzellen und die Folterkammer sind stumm. Vasco da Gamas phantastisch geschmückter Palast stößt an den der Bischöfe. Er hat die Errichtung des Tribunals nicht mehr erlebt, wohl aber seine Söhne, die hier geboren wurden: D. Estevão, Gouverneur des Orients, und D. Cristovão, der in Äthiopien, am Ziel der Entdecker, als Eroberer fiel. Eine jede Zeit ist ein Ganzes mit fließenden Grenzen. Der Großinquisitor und der Eroberer, der schändliche Pedro Alvares de Paredes und João de Deus, der Heilige von Montemor-o-Novo [geb. 1495], gehören zusammen. Er richtete sein Haus in Granada für die Kranken ein und pflegte sie mit demütiger Liebe. Nachts bettelte er in den Straßen für seine Armen. »Tut Gutes, meine Brüder, tut Gutes.« [Fazei bem, meus ir mãos, fazei bem.] Und vielleicht kam diese Bitte in der Nacht Quälern und Gequälten ein wenig zu Hilfe. Vielleicht ist sie noch auf dem Wege zu ihnen, Quälern und Gequälten, die nach einer tiefen Einsicht Schopenhauers eins sind.

Aber auch Mestre Gil Vicente, der Dichter, wohnte hier. Er durfte vor den Königen Manuel und João III. und den Königinnen an Festtagen, zur Feier glücklicher Ereignisse, zum Trost in der Krankheit seine tiefsinnigen Spiele vorüberführen, ein früher, zugleich portugiesischer und iberischer Dichter. Er schrieb viele seiner Stücke in spanischer Sprache. Denn so vieles, was die Völker einander entfremdete, war noch nicht geschehen. Mestre Gil ließ die Wand noch nicht gelten, die heute undurchdringlich zwischen den iberischen Völkern steht, so daß England und Frankreich dem echten Portugiesen näher sind als der Nachbar; daß er die Welt kennt und durchschaut, aber nicht den Nächsten; und diesem stehen Frankreich, Italien, Deutschland näher als das unverstandene, sonderbare Volk an seiner Seite. Gil Vicente verkündete ein Jahrhundert vor Calderón und schon in dessen Formen die große Weisheit von Traum und Erwachen.

Denn so spricht einer der die Barca do Purgatorio rudernden Engel:

> Que vossa vida he sonhar
> E a morte he despertar.
>
> Daß euer Leben Träumen ist
> Und der Tod Erwachen.

Unübersehbare Schattenflucht der Götter und Priester, Herren und Knechte, des Hochzeits- und Leichenprunks, der Seehelden, die mit erpreßten Schätzen versanken wie Martim Affonso de Sousa, als Nachfolger Estevãos da Gama zwölfter Vizekönig und Schrecken der östlichen Meere, der Quäler und Gequälten in den Kerkerlöchern, die erst zu Anfang des vorigen Jahrhunderts voneinander ließen. Noch bewahrt der Aquädukt eigensinnig den Namen des klugen Rebellen Sertorius, der hier seine Legionen sammelte, und der Palast der Grafen de Basto an der nördlichsten Ecke der Mauer lastet auf römischen und westgotischen Fundamenten. Hier wuchs Sebastian seinem Abenteuer entgegen, hier zog sein strenger Erbe ein, Philipp, der erste von Portugal, der zweite von Spanien. Und all die grellweißen, von Streben überbrückten schmalen Gassen, die von Arkaden umzogenen Plätze, auf denen die Brunnen spielen, schmücken sich mit ruhmreichen Namen aus fast undurchdringlicher Vergangenheit. An den Pfeilern der Laubengänge lehnen die Wartenden im Fellmantel, schlafen die Bettler und Verkäufer, dreht sich der Reigen singender Kinder, sie alle sich geduldend, bis ihr Mestre Gil, der in der Franziskanerkirche, nicht weit von der Schädelkapelle, begraben wurde, eine neue Szene träumt. Und er wird weiterträumen: das ist gewiß. Die weiß behelmten Schutzleute, die freundlich und gelangweilt nach einem Wagen schauen, den sie einander zuschicken können, werden zu tun bekommen, irgendwann. Meister Gil hat den Schauplatz nicht aufgegeben und ist noch ebenso reich an Einfällen, wie er es war, als er vor dem sehr mächtigen und edlen König Dom Manuel und der sehr katholischen und heiligen Königin Maria das Zepter führte – die Königin war schon ganz nah dem Erwachen und erhob sich von dem Krankenlager nicht, an dem des Mestre Barke vorüberzog [1517] –, und auch der Tod ist, wie es sich versteht, nur ein Spieler im Spiel, freilich eine der wichtigsten Personen. Wie könnte die Geschichte auf ein solches Szenarium verzichten! Freilich: der Senhor morto draußen im Convento do espinheiro wird nicht im Spiel erscheinen. Sein beleidigtes mißhandeltes Haupt ist zurückgesunken für immer. Es ist ein Schmerz, dessen Gewicht keine Kraft mehr hebt. Vielleicht wird der Domherr André de Sande auferstehen zu seinen Füßen. Aber das Leid, das dieses Bild des toten Gottes gestaltete, nicht. Hier ist das Heilsdrama in die Tiefe der Tragödie gestürzt: Gott, der in die Geschichte eintrat, ist von ihr überwunden worden. Und es ist nun ein Friede ohnegleichen, draußen in dem zweigeschossigen Kreuzgang, in dessen Mitte sich ein Kamelienbaum in stolzer Trauer entfaltet. Das barocke Getöse des Weltendes, die Schreckensschreie, der Posaunenschall, Triumph und Verzweiflung, das Aufschäumen der Hölle und Niederfahren der Himmel, das Bersten der Räume finden keinen Widerhall. Es ist gut. Das Leid war zu groß. Das Leid ist gestorben, hier an einem besonderen, einem ganz bestimmten Tage jenseits des Stromes.

Aber vielleicht warten die mitspielenden Zuschauer auf der Praça de Geraldo vergebens: vielleicht hat der sinnreiche Mestre der Geschichte die Szene verlegt. Denn als es ihm einfiel, Dom Affonso, den ersten Herzog von Bragança, den natürlichen Sproß alten Königsblutes, mit D. Beatriz Pereira Alvim, Tochter und Erbin des Kronfeldherrn Nun' Alvares, zu vermählen [1401], der wie ein König im Alémtejo geherrscht hatte, spann der Szenenmeister ein neues, ein sehr bewegendes Spiel an von Erwählung und Schwäche, Versagen und Opfer und königlichem Leid. Der Schauplatz ist ein Idyll. Vier Reihen fruchtbeschwerter Orangenbäumchen geleiten die breite Hauptstraße Vila Viçosas – bei Elvas, schon nahe der spanischen Grenze – hinauf zum offenen, von Zinnen starrenden Mauerring des Kastells. Die Fenster und Türrahmen, Kanten und Schwellen der niederen weißen Häuser sind grell blau gestrichen. Dachstuben schweben wie Tempelchen über den mit ihren Spitzen sich aufwölbenden Dächern. Über die Wände sind in Drahtkörben hängende Pflanzentöpfe und Vogelkäfige verteilt. Auch hier, auf der Straße und den schmalen Balkonen, fehlt es nicht an sich sonnendem, redendem, speiendem Publikum, das einstweilen den Orangen zusieht, wie sie sich vor seinen Augen und Händen runden und färben, und nicht daran denkt, sich an einer nicht ausgereiften Frucht zu vergreifen. – Es greift ja auch nicht nach dem abgetragenen Streifen von Glückslosen, die Männer und Weiber bekümmert, mit verbrauchten Schreien bieten. Das Glück ist noch nicht reif. Es ist noch nicht die Zeit. Es wird kommen. Aber jetzt ist nicht die Zeit. Ist das nicht die seltsame Devise des herzoglich-königlichen Hauses: Depois vos, nos. Nach euch: Wir: Nach euch allen. Aber wann?

Der erste Dezember des Jahres 1640 war dieser Tag: Dom João, der achte Herzog von Bragança im Norden wie im Süden der reichste Herr des Landes, griff nach dem Glückslos, der goldenen Orange, die lange schon vor seinen Augen und denen seines Vaters geleuchtet hatte: nach der Krone von Portugal. Während in Lissabon die mit ihm Verschworenen das Schloß überrumpelten, die Statthalterin Philipps IV. [des III. von Portugal] in ihre Gewalt brachten, den verhaßten Sekretär Vasconcellos erschlugen, die Forts am Stromufer zur Übergabe zwangen, brach der Herzog – künftig João IV., König von Portugal – hier in Vila Viçosa zum triumphalen Zuge nach der Hauptstadt auf. Dort sollte es nicht an Propheten fehlen, die in ihm dem aus dem Tejonebel erstandenen Traumkönig Sebastian huldigten. Die messianische Erwartung des Volkes half ihm den Weg bereiten. Es war der leichte Anfang wechselvoll-schwerfälliger Kämpfe mit Spanien, die sich durch fünfundzwanzig Jahre hinschleppten und endlich hier, wo sie begonnen hatten, auf dem Felde vor Vila Viçosa [Monte Claros, 1665] entschieden wurden. Die Spanier zogen aus dem Land südlich des Tejo ab.

Die Herzöge waren nach der unter João II. [1483] erlittenen Katastrophe, der Enthauptung Fernandos II. in Évora und dem Verlust aller Besitzungen, unter Manuel I. zurückgerufen und in ihren Herrschaften und Rechten wiederhergestellt worden. Der König sicherte Dom Jaime I. sogar die Krone zu, falls er selbst ohne Erben bliebe, eine nicht ungefährliche Versprechung, die von Jaimes Nachfahren nicht vergessen werden sollte. Dom Jaime hatte sich während des Exils in Spanien mit der Tochter des Herzogs von Medina Sidonia verbunden. Er war offenbar entschlossen, im Glanze der Gunst einen neuen Anfang zu machen, verzichtete darauf, im Kastell von Vila Viçosa zu wohnen, und begann, darunter, in den Gärten, einen Palast zu erbauen. Die Reste – Formen von Schönheit und Kraft – liegen heute hinter dem langgezogenen dreigeschossigen Trakt, den seine Nachfahren errichteten.

Vor ihm breitet sich die Leere eines Gevierts von solcher Ausdehnung, daß auch der beste Wille an der Pflege ermüdet. Das Gras zieht sich darüber hin, und das Regenwasser sammelt sich in den Vertiefungen, einen unwirschen Himmel spiegelnd. Inmitten reitet Dom João IV., so wie er am Glückstag des Hauses nach Lissabon geritten sein mag, unter mächtigem Federhut, den Feldherrnstab haltend: der Mann, dessen Stunde endlich gekommen ist. Der Palast weit hinter ihm ist wie ein Abbild dieser Leere, kalte Klassik des siebzehnten Jahrhunderts, einförmiges streng gemessenes Über- und Nebeneinander der Fenster, mit sparsamen Schmuckformen, kaum treten die Portale hervor. Ist es nur eine einzige marmorne Wand, unterbrochen von toten Vierecken? Hier ist kein Leben, kein Raum, kein Licht und Feuer, hier konnte, so scheint es, das alles nie gewesen sein. In später Nacht, vielleicht wieder am 1. Dezember, oder zur Wiederkehr des schlimmen Tages vom Jahre 1512, da Dom Jaime, der Gründer, zwischen Wahnsinn und Eifersucht mit eigener Hand seine Frau tötete, D. Luísa de Guzmán, und den vierzehnjährigen Pagen ermorden ließ, der ihr Geliebter gewesen sein sollte; oder wieder zur Wiederkehr der Nacht, da der letzte König, Dom Carlos, hier noch einmal schlief und dann aufbrach, auf dem Wege Dom Joãos IV., in seinen Tod: in solchen Nächten vielleicht – und wie viele ähnlicher Nächte erlebte das Geschlecht – zuckt es hinter den Fenstern, nicht von Wärme, aber vielleicht von der Kerze, die einem von Angst Gejagten aus den Händen fällt; von dem vergessenen Lämpchen vor einem Heiligenbild, dessen Bitte machtlos verflackerte in der Nacht.

Im Untergeschoß der mehrreihige, mit einer Plane bedeckte Jagdwagen Carlos' I. steht still; ratlos, fast ängstlichen Gesichtes blikken ihn die Ahnenbilder an, von bescheidenen Künstlern gefertigt; über der majestätischen Treppe zum ersten Geschoß spielen sich an den Wänden gespenstische Schlachten ab, und oben die lange Flucht der Repräsentations- und Familienräume entschwindet im Nirgendwo, in der Gleichgültigkeit armer verbürgerlichender Freude. Wohl ist das Gewölbe des Saales der Herzöge mit waffenschimmernden Bildnissen geschmückt. Aber ein wenig überzeugender als ihre pathetischen Gesten ist die Anmut der Damen. Nur Columbano ist es gelungen, in seinem Phantasiebildnis Joãos VI. [gest. 1826] Schwäche in Größe zu verwandeln. Dom Miguel, dessen Sohn, der Empörer und Vertriebene, bleibt unerwünschter, beunruhigender Gast. Klagt er an? Hatte er unrecht, recht? Ist er der Herr – sollte er es nicht sein? Vor den rückwärtigen Fenstern steigen die Hügel an, bedeckt vom gleichmäßigen Grau-Grün der Olivenbäume und Korkeichen, die Carlos I. mit so großer Liebe, mit fast ängstlicher Sorgfalt gemalt hat neben der nun schon verwelkten Schönheit angebeteter Damen. In den Ecken der Gewölbe hängen verschlungene, ungefüge Barockornamente; freilich nur aufgemalt, aber schwer, als seien sie in dunklem Erz geschmiedet worden – so wie sie in Évora über den Sarkophagen der Grafen de Basto zu sehen sind. Unten die Buchsbeete des rückwärtigen Parkes scheinen sie wiederholen zu wollen; das üppig grüne Leben regenfrischer Pflanzen ist nur noch Ornament. In sich versonnen, ohne die Augen zu öffnen, weilt der Bettler Benedikt Labre, der einfältige Prophet des »Großen Feuers«, der Französischen Revolution, unter all dieser fürstlichen Ängstlichkeit und Gemessenheit, im königlich-bürgerlichen Maskenzug. Er ist nicht fremd. Er ist ganz an seinem Ort. Unserem Herren von der Armut ist eine Kirche in Évora geweiht. Und vielleicht wußte der Bettler vom Kolosseum die zu trösten, die der Krone müde geworden waren, lange ehe sie die Krone verlieren sollten. Schwerlich ist Dom Jaime I., der schuldbeschwerte Gründer, höherer Art als die Enkel gewesen. Er hatte das Glück, daß die Zeit besser für ihn baute als für sie: die auf schlanken Säulen ruhenden Gewölbe der Waffensäle, den zierlichen Hof, der das Schloß mit Klosterstille beschenkte, und die grandiose Küche, die fürstlicher ist als der Bankettsaal. In marmornem Rahmen faßt das Gewölbe des Rauchfangs den Herdraum zusammen, um auszumünden in zierlicher maurischer Laterne.

Guerra Junqueiro [1850-1923], unheimlicher Dichter hinreißender Verse, glühender Pathetiker, Atheist, Revolutionär, hat das geschichtliche Klima, den ambiente des Hauses Bragança, in seinem Drama »Patria« visionär gestaltet. Im Waffensaal eines Schlosses am Meer, vor den lebensgroßen Bildern der Braganças, unter Blitz und Donner irrt ein angstverzehrter König, umgeben von seinen drei Hunden: Jago, Judas, Veneno [Gift], verfolgt von einer »tragischen Stimme«: es ist die eines Kriegers, der unter verhängnisvollem Zeichen geblutet hat und wahnsinnig geworden ist. Im Blitze erscheint er, ein leichenhafter Gigant mit verwirrtem Bart, seinen Stab in kabbalistischen Kreisen schwingend: er hatte Schlösser, Imperien, er hatte ein Schwert, das glühte wie der Blitz, einen großen Namen. Wer hat ihm den Namen genommen? Wer kann noch sagen, wie er hieß? Der König flüchtet sich ans Feuer zu seinen

Hunden und läßt sich von ihnen lecken. Aber auch ihnen traut er nicht mehr, der von seinem Gewissen zerstört ist. Auf seinem Tisch liegen die Verträge, die das letzte vom Volke dem Hause Bragança überantwortete Erbe der Kaiserin von Indien und ihrem Minister Lord Salisbury überschreiben: er, englischer Untertan, empfängt dafür die Schmach, den Thron und den Hosenbandorden. Das Volk aber ist wahnsinnig geworden über dem Untergang seines Ruhmes. Es weiß nicht mehr, was es war und ist. Das ist eine Vision zwischen Liebe und Haß, übersteigert und doch wahr im irrealen Bereich, Ausdruck des glühenden Schmerzes, der das Volk gegen Ende des vorigen Jahrhunderts, in der Zeit des Niedergangs, erfüllte.

Ohne grausige Pathetik ging es zu Ende. Unter dem im rechten Winkel anstoßenden weißen Flügel, den Carlos I. bewohnte, sonnen sich Pfauen im Mauereck unter dem Zitronenbaum. Das kräftige frische Geäst der Steineichen, Eukalyptus- und Kamelienbäume verschränkt sich dicht vor den Fenstern; der vermooste, in Mauern gefaßte Gartenweg ist von Regenwasser bedeckt und spiegelt grün wie ein still stehender Fluß; die Orangenbäume, ihrer Last müde, stützen die beschwerten Zweige auf die Mauer und legen die Früchte auf ihr nieder. Die Pfauen regen sich kaum. Ein wenig beugen sich die schimmernden Hälse, zucken die Lider, spielen die feinen Zungen, zittern die Federn der Kronen. Oben schlief Carlos I. die letzte Nacht. Noch steht das Messingbett bereit, rot bedeckt, als sollte es heute abend wieder aufgeschlagen werden – als wäre der bescheidene Prunk jener Zeit doch nicht allzu fern –, neben dem Bett schimmern die ordengeschmückten Uniformen, die Käppis, wohl gepflegt. Wilhelm II., auf der Spitze seiner Zeit, hat seine Photographie mit stolzer Widmung versehen, Eduard VII. die seine auch, leise die Repräsentation ironisierend, ohne sie im mindesten aufzugeben. In einem Alkoven ist die Wiege des Dom Carlos; noch hält der den Schleier tragende Bügel die Krone. Wiege und Bett sind von der Fülle des Lebens, das Bett vom Sarg nur von wenigen Stunden getrennt. Und hier ist der König zu sehen, beim Jagdfrühstück, mit den Herren seines Hofes, unter den geliebten Korkeichen und Olivenbäumen vor Vila Viçosa. Er sitzt in der Mitte, dem Photographen schnell, scherzend und bewußt sich zudrehend, ein überschwerer Mann, den runden, flachen Hut auf dem Kopfe, die Herren auf beiden Seiten seriös gespannt, dahinter die aufwartenden Diener, in die Linse blickend, und vor der

Tafel auf der Erde ein paar Körbe und Flaschen. Wie milde ist es in Portugal! Sorgfältig ist unter die Photographie das Datum geschrieben. Es ist der 28. Januar 1908. Das ist der Tag blitzhaft aufgezuckten und niedergeschlagenen Aufruhrs. Am 1. Februar früh reiste der Hof nach Lissabon auf der Straße Joãos IV., den einige für den König Sebastian hielten. Und am Abend, unmittelbar nach der Landung, auf der Praça do Comércio, dem königlichen Empfangssaal der Erdbebenstadt...

Aber nein. Hier ist es ganz still. Die Uniform des Dom Carlos ist unverletzt. Sie ist nicht durchschossen. Sie könnte ohne Anstand getragen werden, wenn unten noch Soldaten defilierten, die sich auf diese Litzen und Sterne verständen. Und sicherlich wäre am Bett keine Spur von Blut zu sehen. Das alles hier ist eine unversehrte Uhr, die nur stehenblieb, am Abend des 1. Februar 1908, aus irgendeinem Grund. Man brauchte sie nicht einmal aufzuziehen – nur den Pendel müßte man anstoßen. Aber das wagt niemand mehr. Vom Banngebiet der Geschichte gehen Todesstrahlen aus.

Zum Balkon der Königin Dona Amalia flügelte ein Pfau. Er hat, in das Gartendickicht blickend, die schwere Pracht seines Königsmantels über das mit Blumen geschmückte Sims gebreitet. Jetzt wendet er den gekrönten Schlangenkopf, den metallisch schillernden Hals, freier königlicher Gast auf dem Balkone. Aus den Fenstern blickt niemand mehr, der ihm etwas zu sagen hat. Er ist durchaus allein, König in seinem Schloß, ausgezeichnet mit unverlierbarer Krone. Die samtenen, brokatenen, mit den Wappen der Häuser Bragança und Bourbon betreßten Schleppmäntel der Königin, die im Alkoven von der Decke bis zum Boden niederrauschen, sind verblichen. Die unheimliche Macht unzählbarer Augen des Pfauenmantels brach nicht.

Wenn das Abenddunkel oder der Nebel die Öde des Schloßplatzes übermächtigt, reitet der König wieder. Ist es João IV. unter wallendem Federhut, Sebastian, der verirrte Kreuzritter, den der kluge Philipp beerben sollte, der wahnsinnige Bragança Affonso VI., dem sein Bruder Weib und Krone nahm? Oder besteigt Dom Carlos, kein großer König, aber ein König doch, mit seinem Sohn Dom Luís Filipe – wie bald sollte ihr Blut sich vermischen – den Wagen? Das Trittbrett, die Federn, der Sitz ächzen unter dem schweren Gewicht des Königs. Aber schon ziehen die Pferde an. Wohin? Nur über den weiten, leeren Platz, zum Kloster der Augustiner, wo Löwen die Särge der Braganças tragen, in der kaltdüstern Pracht, mit der die Beherrscher des Marmorlandes sich zu umgeben und zu verherrlichen liebten – oder doch weiter nach Lissabon? Und wenn nun, nach der langen eintönigen Fahrt an den Oliven, den geliebten Korkeichen, den Steinen und Herden hin, die Stadt schimmernd über die Höhen sich breitet, die abgründigschöne, von den kalten Kuppeln von São Vicente zur Mauerkrone des Kastells und weiter, sinkend und steigend, zur tönenden Kuppel von Estrêla und hinaus zum Ajuda-Palast, dessen Fenster, in letzter Sonnenkraft, flammend glühn; wenn diese Stadt, irisierend wie eine Muschel in allen Farben des Vergehns, jenseits des Stromes steht, eh die Fähre sich losmacht: ist dann nicht alles Leid vergolten – und bald alles Versagen gesühnt? [Unten treiben bleiche Fetzen der Quallen, die die Schraube zerschlug, und drüben liegt die Menge wie eine schwarze Wolke auf dem Platz.] König dieser Stadt zu sein, für ein paar Jahre, oder nur die Königshoffnung auf sie: ist dieses Glück nicht unwiderruflich, noch im Augenblick, da der Schreck, das jähe Erkennen, der Schmerz die Welt zerreißen?

Die Pfauen schlafen jetzt, hoch oben im Geäst des Kamelienbaumes, und morgen wird der königlichste unter ihnen wieder den Thron besteigen vor den Fenstern des Dom Carlos.

Stadt und Landschaft haben ihren Dichter, ihr Lied. Wo fehlten sie in Portugal? Florbela Espanca [geb. 1894 in Vila Viçosa, gest. 1930 in Matosinhos bei Porto], Tochter der Einsamkeit und der Wildnis, die sich zu maurischen Ahnen bekannte, sah im Ginster der Ebene, der an den Wegen zwischen dem Rosmarin die Augen aufschlägt, das Bild ihrer Seele; sie sah es auch im Leichenstein, der im verlassenen Gebirge aufragend nach den schwingenden Sphären blickt, und sie sah es im herbstlichen See, auf dem die Wasserrosen schwanken, im See, dessen Wellenspiel, dessen Wogensang seiner Tiefe niemand vernimmt, auch der Geliebte nicht. Und doch hat seine Liebe sie zu dem traurigen See gemacht. Es ist ein leiser, kein großer, aber betörender Gesang von Traurigkeit und Leidenschaft und ihrer Unerfüllbarkeit, übermächtig stolzem Anspruch, der sich die Liebe eines Gottes ersehnte [Um nomem? – Quando eu sonho o amor dum Deus! (Ein Name? – Wenn ich die Liebe von einem Gott träume!)], und unaufhaltsamem Zerbrechen; ihre wahre Herrin ist Senhora Dona Morte, der Tod, gewesen; die verhüllte Schwester des Poverello, für sie die Erlöserin, die mit samtenen Fingern die Bezauberung des Daseins zerbricht. Sie war Schwester eines einzigen Bruders und wird keines andern Schwester mehr sein, wie sie dem toten Geliebten nachruft. Jenseits der Leidenschaft ist kein Leben. Aber diese ist durchlebt, ist nur noch Last. Sie kann nicht, wie der Poverello, den Bruder Sonne, das Wasser grüßen. Unter den Stürmen ist das Boot versunken in einem Meer von Qual und Überdruß [em mar de mágoa]. So hat sie der Senhora Dona Morte befohlen zu kommen, wie der große Verwandte Antero de Quental, der sich auf einer Gartenbank erschoß [1891], nachdem er, wie das Kind an einem düsteren Tag, von der Mutter durch Wälder, über Meere, verlassenen Sandstrand getragen worden war. Er wußte, daß er schlafen werde in Ewigkeit, ledig aller Täuschung, von der Todesliebe [Mors-Amor] zerstört, aber in Gottes Hand.

Wußte es Florbela? Ihre Lieblingsstadt soll Évora gewesen sein, Stadt ihrer Jugend, wo sie das Lyzeum besucht hat. Und so führt ihr Lied zurück in die unergründliche Stadt nicht mehr nennbarer Völker, die den Römern vorausgingen, und dieser selbst, der Westgoten, der spanischen Statthalter und Könige, Araber, Kreuzritter, Seefahrer, Inquisitoren, Konquistadoren und Doktoren und den Tod feiernder Mönche, wiederkehrender und wieder vertriebener Herren, der Stadt des heiligen Kronfeldherrn Nun'Alvares. Hinter der Kirche, wo der Unerweckliche schläft, Gott als Tod, breitet sich ein Garten. Unter Olivenhainen und Mimosen führt ein schmaler Weg zu dem kleinen manuelinisch-maurischen Heiligtum, in dem Garcia de Resende begraben ist. Dichter, Musiker, Geschichtsschreiber, Diplomat, Hofmann, fleißiger Sammler portugiesischer Lieder, die er im Cancioneiro Geral überliefert hat [1470-1536]. Das Wasser, in das Treppen hinabführen, spielt und zittert unter einem maurischen Türmchen. Über dem kleinen Kapellenraum ist das Wappen zu sehn: zwei Ziegen, vielleicht von der Art, wie sie eben noch der Hirt vor der Porta da Aviz ängstlich vor dem Wagen zur Seite trieb, zierlich und schwarz, stark gehörnt, mit schneeweiß, in feiner Zeichnung, gefleckten schmalen Köpfen. Ein paar Azulejos in verhaltenem Blau und verschollenem Gelb schmücken den Boden, in den die Grabplatte eingesenkt ist. Dahinter blieb noch eine schmale Nische für den Altar. Das Grab ward Gedicht, und das Gedicht ist Klage. Einige glauben, daß der Vielbegabte, Hofmann Manuels und Joãos III., auch Schauspieler gewesen sei. Wir wissen es nicht. In einem bestimmten Sinne war er Person des abgründigen Mestre Gil Vicente. Er hat ein unvergleichliches Gedicht geschrieben: »Garcia de Resende nas damas«, Garcia Resende an die Damen. Es ist die tragische Ballade von Inês de Castro [»Trovas a morte de D. Ines de Castro«], die König Affonso IV. als nicht ebenbürtige Gemahlin seines Sohnes Dom Pedro, den man später den Grausamen nannte, auf einer Quinta bei Coimbra ermorden ließ [1355]. Camões hat sie in berühmten Versen beklagt und verklärt. Garcia de Resende beschenkte die den König um Gnade Bittende mit der ganzen Gewalt einer schönen und edlen, wahrhaftigen Frau, so daß Affonso weinend seinen Vorsatz ändern möchte. Aber nun tritt einer der Ritter seines Gefolges vor und tadelt ihn hart. Er habe sich mehr über seinen König zu wundern als über die liebende Frau. Der König werde nie mehr gefürchtet werden, wenn er so rasch seine Ansicht aufgebe. Nie werde sein Sohn die gemäße Ehe schließen. Das werde langen Krieg mit den Spaniern verursachen [die den Erbanspruch stellten]. Mit dem Tode der Inês aber werde der König viele Tode verhindern. Er werde seinem Volke zweihundert Jahre Frieden schenken. Und sein Sohn, wie er sich gräme, werde vergessen und dem Lande Erben unangreifbaren Rechtes zeugen. – Der König weiß nichts zu erwidern. Er läßt das Entsetzliche geschehn. –

Das ist Mors-Amor, im Bewußtsein der Geschichte, der Sendung gesehn und angenommen. Der alte Ritter ist Stimme des alten Portugal, beauftragten Volkes, der Notwendigkeit. Der König hatte recht und unrecht. Pedro, sein Sohn, eine bis zur Wildheit oder Narrheit leidenschaftliche Natur, Stotterer, Jäger, Schwelger, empörte sich nach des Vaters Tod, nahm im wörtlichen Sinne kannibalische Rache an einem der Mörder. Das Volk soll ihn dennoch geliebt haben. Er tanzte mit ihm unter Trompetenschall, wenn er über den Tejo gekommen war, in den Straßen Lissabons. Justiz war in solchem Grade seine Leidenschaft, daß er nicht selten selber das Henkersamt ausübte. Er wollte, so heißt es, dem Volke Milde und Gnade erweisen. So wurde er vor ihm zum Gesetzgeber, Justiceiro, zum König, der sein Recht vererbte an einen Königssohn. Die Liebe führt in den Tod. Das Königtum ist mehr; beide sind Verhängnis. Aber es geht um das Gesetz. Und wie das Grab des Garcia de Resende, der sein Gedicht schrieb, um die Damen zu warnen, wie die Tränenquelle vor Coimbra, wo das Blut der Inês floß – sei sie auch nur romantisches Gedicht, viel härter war die

Wirklichkeit –, überblüht sind vom Zauber der Blüten und weichen Lüfte und einer Klage, die nicht enden kann, so erhebt sich über das traurige Märchen von den Königen die Elegie: der Pfau träumt auf dem Balkon des Dom Carlos, ein mit allen Wundern der Bezauberung geschmückter Träumer in Gottes Hand.

Lissabon, 27. Januar 1956

## *Der Ursprung (Guimarães)*

Auf schräg aufgeworfenen Granitblöcken sitzt die Zackenkrone der alten Burg. Prismenförmige Türme halten die Umfassungsmauer, schützen das schmale Tor. Aus der Mitte starrt der um vieles gewaltigere Torre de Menagem in den Himmel. Eben zerrissen die Regenwolken. Leichtes weißes Gespinst fließt im tiefen Blau über die spitzen Zinnen. Eine Zypresse, hoch auf einem der Seitentürme, teilt diese Einsamkeit. Schmal und fest verschlossen ist der Zugang, kein Blick dringt in das Innere, dort ist Schweigen, Erinnerung, Abkehr. Der Bau ist sich selbst genug, Stein und Form in unanfechtbarer Dauer, Feindschaft. Er hat nicht den mindesten Anschein einer für Menschen gebauten Wohnung. Die hinter ihm sich die Höhe hinauf- und hinabbreitenden Gärten, bunten Häuser, Landsitze, Klöster, Kirchen unter, zwischen Orangen- und Kamelienbäumen, an langen Wegen, die bis hoch ins Geäste von Reben umkränzte Bäume säumen: dies alles und das sie durchströmende Leben hat keine Beziehung zum Turm. Er bezeugt seine Herrin und ihre Zeit; Mumadona, Witwe eines galicischen Grafen, hat ihn um das Jahr tausend errichten lassen, nachdem die Normannen in das weite Bergtal des Ave eingebrochen waren. Er sollte das Doppelkloster schützen, das sie unter der Höhe auf ihrem Gute gegründet hatte, so wie es die Bestimmung ihres verstorbenen Gatten, des Grafen Ermegildo Mendes, war. Mönche und Nonnen lebten dort nach der Regel der Eremiten des hl. Pachomius. Gehöfte siedelten sich im Umkreis des Klosters an. Aber die Überlieferung von Guimarães reicht viel weiter zurück; auch hier wie im ganzen Minho lebt römisches, ja archaisches Erbe fort, sei es auch nur im Knarren der Scheibenräder, im Schmuckwerk des hohen Doppeljochs, unter dem die rehbraunen Ochsen zierlich-majestätisch, mit wiegenden Häuptern schreiten, im letzten Pflug nach Väterart, den ein Bauer durch karge Erde zwingt. Noch tragen die Brücken, die die Römer wölbten, noch werden ihre Straßen befahren. Und hier soll Wamba, König der Westgoten, seinen Speer in die Erde gestoßen haben, um ein Zeichen des Himmels herauszufordern, daß er König werden, die auf ihn gefallene Wahl annehmen solle. Der Speer begrünte sich sofort mit Olivenzweigen. Darum heißt die Kirche unten in der kleinen Stadt nach Unserer Frau vom Ölbaum [Nossa Senhora da Oliveira]. Sie soll an der

Stelle stehn, wo Mumadonas Mönche beteten; aber sie weiß von ihnen nichts mehr zu erzählen. Die manuelinische Zeit hat den alten gelben Stein verkleidet, barocke Restaurateure haben die Gewölbe ausgeleert. Doch grünt noch ein Nachkomme des wunderbaren Ölbaums an der Kirchenmauer, und noch ist auf dem Platze das rührende Denkmal erhalten, das ein frommer Kaufmann zum Andenken an die Verwandlung des Königsspeers in das Friedenszeichen gestiftet hat: ein steinernes Kreuz unter würdigem gotischem Baldachin, der, nach einem älteren Stich, einst von Pflanzen begrünt, von Laternen erleuchtet war.

Als João I., Bastard Peters des Grausamen, und sein Feldherr Nun' Alvares, nach Erlöschen der burgundischen Dynastie [1383] gegen die spanische Herrschaft revoltierten, stand der Alcalde von Guimarães in kastilischem Dienst. Frau und Tochter des Nun' Alvares hatten sich hier verborgen. Es gelang einem verwandten Ritter, sie im geheimen nach Porto zu bringen. Der künftige König von Portugal soll mit dreihundert Mann durch List und Verrat hinter einem mächtigen Korb in die Stadt gedrungen sein, wie in den Wind gespien, como cuspidos no vento, wie der Chronist sagt, so überraschend, daß einige Spanier im Hemd geflohen seien. Aber der Kampf am oberen Tor war hart, und das Kastell ergab sich nicht. João I. ließ aus Porto Verstärkung und Belagerungsmaschinen kommen. Die Stürmenden stürzten blutüberströmt samt den Leitern von den Zinnen, die sie gerade mit einem Siegschrei erklommen hatten; unter dem ihnen nachschmetternden Steinhagel blieben sie liegen. Der König nahm einen Waffenstillstand von dreißig Tagen an. Als den Belagerten keine Hilfe von Spanien kam, ließ sich der Statthalter heraustragen, ein kranker, dem Tode naher Mann. Er übergab dem König seine Güter, dem Kronfeldherrn die Stadt. Im Jahre 1401 vermählte dieser, schon als Witwer, in Lissabon seine einzige Tochter Dona Beatriz Pereira mit Joãos natürlichem Sohn D. Affonso, Grafen von Barcelos: es ist die Gründung des Hauses Bragança und seines gewaltigen Besitzes.

König und Kronfeldherr wurden die Wohltäter der Stadt. Vor der Entscheidungsschlacht von Aljubarrota gelobte João Unserer Frau von Guimarães Silber im Gewicht seines Körpers für den Sieg, und er kam im Herbst 1385 als frommer Pilger, seine Gaben niederzulegen. Der Ursprung ist innig mit der Rettung und Wiederherstellung verbunden. Es ist dieselbe Kraft, der aus den Granitblöcken von Guimarães sich hervorkämpfende Quell, an der sich das Volk von Jahrhundert zu Jahrhundert erfrischt. Die Kirche schmückte sich mit den Statuen Joãos und des Nun' Alvares, der Gründer des zweiten Portugal, und ihrer Frauen Filipa von Lancaster und Dona Leonor de Alvim. Hier, im Gerichtsbezirk von Guimarães, hatte Nun' Alvares auf seinen Gütern mehrere Jahre gelebt, waren ihm seine Kinder geboren worden, von denen ihm nur eine Tochter, Dona Beatriz Pereira, blieb. Heute nennt die Stadt mit Stolz Oliveira Salazar ihren Bürger.

Zum Reichtum des Wein- und Fruchtlandes gehört der Stein, heller, blitzender Granit, der sich allen Formen fügt und zu jedem Dienst gebrauchen läßt. Er verwandelt sich gleichsam in Wasserspiele, wie Strahlen sich drehende konische Säulen auf den Dächern, in Vasen, aus denen Opferflammen schlagen, in die Schwermut und Freundlichkeit der Heiligen, eines guten Bischofs, der wie im Domhof zu Braga die Ohrenkranken erhört und sie gerne mit gesunden Ohren nach Hause gehen läßt, für die Ohren aus dünnem Wachs, die sie neben das ihn feiernde Kerzchen hängen. Er ist dann wieder allein, wenn die Glücklichen gegangen sind, allein unter dem rätselvollen Glockenspiel von Braga, der Römerstadt Bracara Augusta, das um Mittag die Toten beschwört, den Grafen Henrique und die Gräfin Teresa, die negerhafte, mit Mitra und Spitzen gezierte Mumie des Erzbischofs im Glassarge und den Infanten, der das Reich hätte erben sollen, aber allzu früh gestorben ist. Er ist allein, Seele im Stein. Ihm drückt ein Engel die Mitra auf, und der abgründige Gesang der Kathedrale von der Vergänglichkeit mag ihn, der ja nur ein steinernes Herz in der Brust trägt, zum Mitleid bewegen mit den Menschen und ihrer Verlorenheit: so mächtig ist ihr Gesang. Und die Menschen sollen nicht taub dahinleben. Sie sollen hören, wie die Toten singen am Mittag.

Der Granit, der den Blitz seiner Kristalle unter dünnem Moos verbirgt, der sanft ist wie eine Melodie und unzerstörbar und hart, Brustwehr, Treppe, Zuflucht, Zinne, von der der Angreifer stürzt, Pfosten, der die Weinlauben trägt und verträumte Gartenmauern, und geschmeidig genug, um Schlangenleiber zu bilden, Blumengewinde, Bänder, Schleifen und zierliche Ringe, ist der Quellgrund der portugiesischen Geschichte. Den Steinkammern, auf denen das Kastell ruht, Mumadonas Turm, ist sie entsprungen. Von hier schäumte sie in das Tal hinab zum Ave, zur Küste, zum sandigen Strand des Atlantik, zum Tejo, an die Küste Brasiliens, hinbrandend an den Kontinenten und Inseln ferneren Ostens, in die Buchten Ozeaniens, Japans und Australiens, ein Wogenschlag von solcher Macht, daß keine Meeresweite widerstehen, ihn auffangen konnte. Hier wurde die Kraft gefaßt. Die Ringmauer und die Mauertürme des Kastells sind der Brunnenrand, in dem der aus dem Granit gebrochene Quell sich sammelte. An den großen befreienden Tagen des Landes und Volkes rauschte er über sie herab wie der Wassersturz, der sich unter den Laubgewölben des Wallfahrtsberges über Braga ins Tal wirft.

Der Turm der galicischen Gräfin bleibt das Symbol, er ist nicht die Bühne der Geschichte. Heute erscheint er, in fugenloser Umwallung, zeitlos, dem Alter nicht mehr unterworfen wie ein römisches Kastell. Und vielleicht wäre es seiner am würdigsten, wenn ihn die Heide des Minho umblühte und umduftete: Stachelginster und Besenginster, der Erdbeerbaum, Lorbeer und Brombeerranken. Im Stolz seiner Sonderart wurde er vom portugiesischen Volk als Sprecher, als Herold seines Aufgangs erwählt. Er ist Gestalt eines Willens. Wie auch dieser sich ausgegeben hat in Gestalten und Taten, in Königsgeschlechtern, Seefahrern, Missionaren sich verströmte bis zum Anschein der Erschöpfung, in Räumen und Zeiten sich fast verlor: der Ursprung wurde nicht vergessen. Es ist ein Moment von solcher Härte, daß kaum ein Werk neben ihm besteht. Ihm ziemt kein Ornament. Der Turm ist gegen die ganze Welt wie sie gegen ihn. Aber er ist bereit. Nur etwa die Kathedrale von Coimbra ist ihm verwandt. Abends, wenn der gelbe Stein ihres Burgtors aufflammt im sinkenden Licht, ist sie fremd und mächtig wie der Turm Mumadonas. Sie gehören zusammen. Von dem Felsen, den er bewacht, sind die Könige gekommen, die die Treppen der Kathedrale herabschritten, bewußt und kampfesfroh, unter der selbstgeschmiedeten Krone. Sie machten aus der Grafschaft ein Königreich, aus einem Lehen Herrschaft. Ihnen verdankt die Welt ein Volksantlitz in eigener Prägung und seine Spiegelung in Taten und Gebilden. Er ist aber die Fülle und Widersprüchlichkeit solcher Antlitze und Vermächtnisse das Leben der Geschichte. Und nur wenn Granit dem Granit entgegenstrebt, wölbt sich die vereinende Halle.

Der erste König, Affonso Henrique, umschloß den Turm mit dem Mantel aus Mauern und Türmen. Wenig unter ihm, durch kahles Feld getrennt, drohen die Trümmer des Palastes, den der erste Bragança in gotischem Stil errichtete auf den Fundamenten oder Resten des Palastes der Könige von León. Affonso VI. von León war hier Herr, seine Tochter Teresa, Gemahlin des Grafen Henriques, seines Lehnsmanns, sollte die Mutter des ersten Königs von Portugal werden. Die portugiesische, die spanische Macht bewohnten in der Zeit ihrer Ursprünge denselben Felsenhorst. Die Teilung der Macht, die die Geschichte der iberischen Völker mit Leid und Siegesjubel überhäufte, war hier einmal sichtbar. Es war, als ob ein Stamm sich gespalten hätte, um die geteilte Krone dahin, dorthin zu neigen. So ist der Felsen von Guimarães eines der großen Zeichen europäischer Geschichte, Wasserscheide zweier Traditionen.

Aus König Wambas, des Goten, Speer war ein Ölbaum geworden – und bald waren die Goten vertrieben worden aus ihren Burgen und Städten. Affonso Henrique blieb sein Leben lang dem Schwerte untertan im Kampf mit den Mauren, den Besiegern der Goten. All die Eroberer, wie die Sueben vorher, wie die Römer und wie der aufsässige Sertorius hatten kein Haus: er aber sollte eins gründen, aufgeschichtet aus Steinen, wie sie heute den Boden der Kapelle decken, grob behauene Blöcke, die mit fast ausgelöschten Wörtern und Zeichen von vergessenem Ruhm sprechen möchten; wie der gewaltige Kelch aus Granit, in dem er die Taufe empfangen haben soll. Die Kreuzfahrer, in Porto, auf dem Felsenufer über dem Douro, vom Erzbischof ermahnt, sprengten ihm das Kastell von Lissabon auf, nachdem er gegen León die Grenzen gehalten, bei Ourique [1139], im Alémtejo, bei Beja, wo auf seiten der Sarazenen Frauen gekämpft haben und gefallen sein sollen, die Kraft der Mauren gebrochen hatte. Er gewann Sintra, die Santarem-Mündung, den Weg über den Strom Almada, Palmella, taucht auf, verliert sich, erhebt sich wieder, verzichtet, beugt sich vor León, nur um die rechte Zeit zu gewinnen, erhebt sich wieder, siegt und steht doch unter dem Schatten des Fluches, den seine Mutter über ihn gesprochen. Spät, so meint der Historiker Oliveira Martins, hat er sich erfüllt, als Affonso, der es als erster wagte, sich König von Portugal zu nennen, sich am Knie verwundet aus der Niederlage von Badajoz nach Santarem schleppte. Die Geschichte und der Mensch, Berufung und Herz sprechen zweierlei Recht. Aber er hatte das Banner aufgepflanzt, wie er es sollte in Évora und weit drüben in der spanischen Estremadura, in Cáceres, Truxilho.

Von der Höhe, auf der er in seinen besten Stunden ritt, ist das ganze Land sichtbar; von hier konnte es scheinen, daß ein Größeres noch möglich wäre. In den letzten Jahren reitet er in den Schatten noch unlösbarer Aufgaben, die Kräfte fluten hin und wider. Errungenes geht verloren. Für den Sohn und Erben Sancho I. zieht ein stürmischer Tag herauf. Aber Affonso Henrique hat doch die Melodie gefunden, die einmal erbrausen wird auf der vielstimmigen Orgel seines Volkes – Orgel, wie sie später, ein Bauwerk aus Stimmen in der Kathedrale zu Braga, über dem Steinsarg seines Vaters erdröhnen wird. Und der Künstler, der Jahrhunderte später nach seinem Tode seine Grabfigur meißelte für das Augustinerkloster zu Coimbra, verstand ihn wohl. Er sah ein edles schmales Haupt, von Fluch und Leidenschaften frei. Den überschweren Helm hat der erste König abgelegt, die Handschuhe sorglich aufgehängt. Unter Waffen war die Seele verborgen. Nun ist sie sichtbar. Er war unsagbar müde. Aber er hat Frieden gefunden.

Auf steiler Höhe über Guimarães liegen Felsbrocken wie versteinerte Tiere. Tief buchtet sich das Tal, übergrünt von Pinien; Korkeichen, Eukalyptus scharen sich zwischen den Wein- und Orangengärten, über die gelbe Flammen der Mimosenbäume wehn. – Die beiden feindlichen Schlösser liegen nun selbst wie versprengte Felsstücke dicht nebeneinander über dem Häusergedränge der kleinen Stadt, unwesentlich in der Größe der Landschaft, die in der Tat »Wiege« ist einer Sendung, einer Notwendigkeit, eine Wiege aus Heide und Granit. Jetzt ist Friede auch hier – Friede im Sturm, der die Pinien beugt, die Mimosen schüttelt.

Weit drüben in Braga singen die Glocken, jetzt um Mittag, unergründliche Strophen von der Zeit und vom Tode über den Särgen des Grafen Henrique und der Dona Teresa, Vorfahren der hier entstandenen Macht. Wer gerade vorüberkam um Mittag, wird den tragischen Wechselgesang nicht vergessen. Wiegenlied? Totenlied? Die grandiose Orgel der Barockzeit ist stumm wie die Mumie des Bischofs, der neben dem Grafenpaar schläft. Aber die Glocken reden miteinander, wie Jahrhunderte miteinander reden. Stimmen und Chöre folgen sich wie die Eimer am Rad, die übervoll aufsteigen, das Geschöpfte vergießen und wieder fassen. Der Ölbaum hat den Speer besiegt. Und wenn die Menschen ermüden unter dem Gehen und Kommen der Schickungen, beten Erz und Stein. Die Treppe der Wallfahrer, die hinter Braga den Berg ersteigt, ist ein solches Gebet. Von Terrasse zu Terrasse, durch Schatten und Licht an den Heiligtümern des Leidens vorüber, ersteigt sie die Höhe in Figuren und Inschriften, die Sinne, die Tugenden, die Gestalt des Menschen preisend und mit ihm alles Geschaffene, immer verschwenderischer sich schmückend mit der Glut streng beschnittener Kamelienbäume. Oben, umrahmt von nordischem und südlichem Gehölz, öffnet sich das Wiesental wieder, wo noch immer hinter dem gutwilligen Schritt der Ochsen das Scheibenrad auf der Römerstraße knarrt, unter dem Turm Mumadonas und dem Taufstein des Affonso Henriques.

Lissabon, 5. Februar 1956

## *Von Fátima nach Alcobaça*

Das Kastell Pombal droht nieder auf das Land; aus einem Tale abseits erhebt sich die strenge Burg von Leiria. Von der Straße nach Tomar biegt der Weg nach Fátima ab. Schafherden suchen zwischen den Steinen, unter Ölbäumen, vor dünnen Gehölzen aus Pinien und Eukalyptus; einige Felsstücke sind der Wildnis für den Gemüsebau abgerungen, andere liegen tot, mit Steinen übersät. Ginster, frische Blüte der Armut, ist mit der Straßenböschung zufrieden. In flachen Wellen und Mulden wogt das Gelände, dürftige Siedlungen und Felsbrocken mittragend, leicht bewaldeten blau schimmernden Höhen zu. Rasch gebaute neue Häuser, ein Unterkunftshaus, Gartenanlagen, die noch nicht recht gedeihen wollen: das sind die Wellenringe, die der Glaube von Fátima gezogen hat. Verlassen fast, auf dem der großen Aufzüge harrenden riesigen asphaltierten Platz liegt die Kapelle, dahinter auf hohen Stufen die grellweiße Kirche, in brennend blauen, sturmerfüllten Himmel ragend. Ein Landmann in zerlumpten Kleidern betet inständig den Rosenkranz unter dem Schutzdach der Kapelle; zwei Priester aus dem Fernen Osten knien nieder; ein Armer schleppt sich heran über die weite Fläche. In der mächtigen Krone der sorgfältig umhegten Korkeiche spielen winzige Vögelchen. Die im Geäst aufgehängte Glocke ist stumm. Hier ist kein Beistand, keine Weisung. Es sei denn der Glaube. Er müßte sich niederwerfen, ringen, fragen, warten. Die grellen Bilder des Kreuzwegs, dessen Bogengang den Platz abschließt, vermögen nichts, und von dem hochüberwölbten Kirchenraum geht keine Tröstung aus. Was Menschen hier getan haben, ist kein Zeugnis, nur Absicht, Anlage, Szenarium. Aber vor nicht langer Zeit noch war hier nichts als arme Natur. Und in ihr verloren sich Kinder. Dies ist das Wort von Fátima: nur die Kinder werden eingehen. Es ist eines der zugleich trostreichsten und furchtbarsten der Schrift, emporhebend die einen, verdammend die andern, denen es nicht gegeben ist, Kind zu werden. Nicht das Gewoge der abertausend Stimmen, der Glocken und Fahnen wird die Kindschaft bewirken, die gemeint ist, aber vielleicht die Einsamkeit und das Ausgeliefertsein zwischen Steinen und Tieren, in kargem Schatten, unter unerbittlicher Sonne, Sturm und Regenflut. Diese Einsamkeit war hilfreicher als die des leeren Platzes. Nun ist es über die Kraft, Kind zu bleiben, zu *wer-*

*den* – und das Werden ist ja das Verdammungswort – angesichts der unvermeidlichen Regie der Verehrung. Wohl entscheidet sich das Christentum am Wunder nicht, sondern an der Gegenwart Jesu Christi: an seiner unmittelbaren Macht. Aber es ist doch offenbar das Erschrecken vor der Verkündigung, daß nur die Kinder eingehen, und zugleich die Sehnsucht, ihr zu entsprechen, die die Menschen beugt vor der Aussage eines Kindes. Das Kind sieht mehr. Es steht noch im Glanze seines Engels, der Gott schaut.

Der Weinstock spreitet die dürren kurzen Arme dicht über der Erde, Wasser fällt in das Tal. Unten lagert sich das Kloster von Batalha, gelb leuchtend, von plötzlich abbrechenden Säulenschäften überragt. Der Wechsel von Unmacht zur Macht des Ausdrucks kann nicht schroffer sein. Hier vollendete sich der Ruhm des Hauses Aviz, wollte er noch über die Vollendung hinaus. Die hohe schmale Basilika und die Grabkapelle Joãos I. [gest. 1433] haben Maß in der Größe gefunden und damit Vollendung. Dom Duarte [gest. 1438], Dom Manuel [gest. 1521] wollten noch mehr. Aber ist die Phantasie, diese Phantasie ohnegleichen, nicht im Recht? Welch ein Traum aus Stein und Licht im Kreuzgang Dom Manuels! In den Bogenspitzen wehen Schleier aus Stein; sie schieben sich voreinander, übergittern das Kirchenschiff, verspinnen sich mit seinen Ornamenten bis hinauf zum Turm. Das ist kein Gotteshaus mehr, ist Ordensschloß, Traumpalast zwischen Orient und Okzident. Das soll nicht wirklich sein wie draußen die Welt. Es ist ein phantastischer Festraum gläubiger Ritterschaft, Sieg der Araber, der östlichen Völker über ihre Besieger. Spiegelung verliert sich hinter Spiegelung in immer fernere Perspektive, und nur im Brunnenbecken, wenn es vollkommen klar wäre, wenn das Altersmoos es nicht trübte, wäre das Gewollte erreicht, würde der Bau sich völlig läutern in schwerelosen Traum – nur noch Spiegelung, zitternde Vision.

Das viel geschwungene, von steinernem Prunk überwachsene Tor der Capelas imperfeitas ist der Eingang einer Moschee. Hier enden Mittelalter und Abendland. Die Säulenschäfte steigen über den Chor der Kirche hinaus. Schon ist alles Bisherige übertroffen. Oben setzen sie mit gedrehten Pfeilern aufs neue an, die Rippen ausstrahlen – in den Himmel, in die Unmöglichkeit. Es ist, als hätte hier die ganze Kraft der Halle und der Traum des Kreuzgangs noch einmal gesammelt weitergegeben werden sollen in einen höheren Bereich, alle bisher gefundenen Formen mit neuen vereint in rauschhaftem Aufschwung. Der Himmel spannt fern ein Segeltuch darüber, in Barmherzigkeit. Wie der Tejo die Schiffe, Herren, Bürger, Bauern hinaustrug in das abgründige Blau – so daß Äcker und Burgen öde liegenblieben –, so verschenken die Pfeiler der unvollendeten Kapellen, was die Kunst, aus der Kraft portugiesischer Geschichte, vermochte, an die Unendlichkeit. Sie sind die unvollendete portugiesische Symphonie, zum Preise des Ruhmes und märchenhaften Glücks des Hauses Aviz – die unvollendbare, wie die deutsche unvollendbar war. Aber das eingeborene Unvollendbare ist das Wesen. Es ist die Seele der Feder, die die kühnen Züge der Geschichte schreibt. Es ist der Stern, der vor geschlossenen Augen steht, von innen die Völker leitend, die Könige und Entdecker, die Baumeister und Dichter. Oben, am Himmel wird er nicht sichtbar werden, wenn die Nacht zwischen die Pfeiler sinkt und den Doppelsarg verhüllt, auf dem König Duarte und die Königin Leonor einander die Hand reichen, Duarte, der Ruhm und Heer und einen seiner Brüder in Tanger verlor. Aber der Stern ward gefühlt. Die Begrabenen und Versunkenen wußten von ihm, von der heiligen Unerreichbarkeit. Wie der Abgrund des Himmels über den Pfeilerstümpfen der Capelas imperfeitas, so steht der Abgrund blaugleißender Fernen draußen vor dem Felsen über Nazaré, wo Vasco da Gama kniete vor der Ausfahrt in der letzten Stunde des portugiesischen Mittelalters.

Wo die Seele eines Volkes ihre Geschichte bezeugt, ist geheiligter Grund. Solche Denkmäler sind dem in der Neuklassik entwickelten Geschmacksurteil nicht unterworfen. Es rührt nicht an das Wesen. Batalha ist das portugiesische Symbol: Aufbruch der Kraft in die Transzendenz, vollzogen in der Stunde weltgeschichtlicher Mission. An den hinaussegelnden Karavellen vorüber fuhr eine unsichtbare Flotte ein, beladen mit den Formen, dem Geiste des Orients und Fernen Ostens. Wo sie mit den im Lande entwickelten oder aus Frankreich und England eingeführten Formen zusammenströmte, erblühte das Wunder der portugiesischen Architektur: höchste Sensibilität und schwüler Traum, getragen von unbeirrbar ins Grenzenlose steigendem Streben. Gott ist Meister der alten Ritterschaft und Sultan zugleich. Er ist auch König Artus. Sein Hof ist der Schauplatz märchenhaften Geschehens. Alle Märchen sind ja schon überboten durch die Geschichte von Manuel und seinem Glück. Und an Ahnungen fehlt es schon nicht, daß dem Gold-Regen der Pech-Regen folgen könnte. Es bedarf starker

Mauern, um den Traum zu schützen – und auch des zweiten Kreuzgangs dahinter. Es ist der ernste, strenge der Mönche, würdig, fast ohne Schmuck. Ihr Wandel ist die Kraft über dem Traum.

Batalha, Schlacht und Sieg Joãos I. und des heiligen Kronfeldherrn Nun' Alvares [1385], für die das Kloster dankte, geschahen draußen auf der Ebene, unter den Bergen, deren blaue Hänge, seltsam gekuppelt, wie Glocken nebeneinander stehn, auf dem Wege nach Alcobaça. Auf ein Gelübde des ersten Königs, Affonso Henriques', dessen Bestimmung es gewesen, von Streit zu Streit zu reiten, sandte Bernhard mönchische Baumeister aus Clairvaux [um 1153]. Sie bauten in drei Schiffen von gleicher Höhe, in Wucht und Strenge, aus dem Geiste ihres Ordens, ihr Gotteshaus, abendländisch, nicht portugiesisch. Stein und Maß, nicht das Ornament waren ihre Sprache. Die feierliche hohe Weite des Mittelschiffs, das gleichsam noch tönt von ihrem strengen Gesang, wird zu beiden Seiten von der schmalen Höhe der Seitenschiffe begleitet. Den Chor umkreisen wuchtige Säulen, ein Halbrund aus versteinerten Mönchen. Sie tragen schmalste Spitzbogen auf der Antike sich nähernden Kapitälen. Das Ganze ist wie für einen immerwährenden Einzug gebaut, der, wenn er den Altar erreicht hat, sich entfaltet und betend stillesteht.

Der Bau ist groß, aber er wäre, trotz der manuelinischen Tür zur Sakristei, die gegen diese Wucht nichts vermag, allein große Form des Abendlandes, erwarteten nicht unter einem seitlichen Gewölbe Dom Pedro I. und Inês de Caserto ihre Auferstehung. Engel halten schon ihre Gewänder, und wenn die Posaune dröhnt, werden sie einander in die Augen blicken; nicht wie Duarte und die Königin Leonor, sondern Fußende gegen Fußende sind sie gebettet. Die Sarkophage erzählen mit der Geschichte des heiligen Bartholomäus und der Könige die tragische ihrer Liebe und der Rache an den Mördern der Inês, die Botschaft vom Gericht. Es mag erlaubt bleiben, die Inschrift auf Pedros Sarkophag auf die alte Weise zu deuten: Ate a Fim do Mundo. Die Liebe reicht über die Welt hinaus. Die Särge sind erbrochen, die Schönheit der toten Frau wurde verstümmelt, wie es die der Lebenden wurde. Was blieb vom Staub? Aber die Hoffnung, die Gewißheit widersprechen allen Erfahrungen der Erde: hier werden sie auferstehen und einander in die Augen blicken, wenn die Welt zerbricht: Inês, die sterben mußte nach dem Gesetz der Krone und der Geschichte; Pedro, der stotternde, von Zorn und Leidenschaft schäumende

König, der zum Rechtswalter wurde, nachdem seine Liebe ermordet worden war. Er liebte das Recht, bezeugt der Chronist, und übte es nach Gerechtigkeit. Und das Volk liebte ihn. Portugal habe keine bessere Zeit gekannt als die zehn Jahre seiner Herrschaft [1357 bis 1367].

Die Kirche ist die Gruft der Zeit. Mysterium und Gebet durchstrahlen sie nicht. Die einst berühmten, wild verknoteten Orangenbäume im Garten des Kreuzgangs, die die ersten des Landes gewesen sein sollten, sind verschwunden. Im Saale der Könige reißt der Reigen der Standbilder mit Joseph, dem König der Erdbebenzeit, ab. Durch die gewaltige Küche, unter dem Rauchfang hin, der vom üppigen Braten und Backen nichts mehr weiß, nichts von der Lebensfreude mönchischer Herren, rauscht das frische Flußwasser in das Fischbecken unter dem Fenster. Es ist zum Labsal der Tauben geworden, sie fliegen durch das Gitter herein, netzen und erquicken sich, verflattern sich wohl einmal durch den Schacht des Rauchfangs, in den durch schmale Öffnung aus weiter Ferne der Himmel blickt. – Das alles ist unwiderruflich gewesen: zu großen Maßes für spätere Zeit. Übermächtig waren die Frömmigkeit der Mönche, der Herrschaftsanspruch des Abtes, der einen großen Titel trug: Dom Abade do Real, Mosteiro de Alcobaça, do Conselho de Sua Majestade e seu Esmeiro major, Herr Abt des königlichen Klosters, vom Rate Seiner Majestät und Oberschatzmeister und Souverän von dreizehn Herrschaften, die sich bis ans Meer erstreckten, übermächtig die Liebe des tragischen Paares. Über alles Vollendete baut sich das Unvollendbare hinaus. Und wenn die Geschichte schweigt oder ruht, keine Tat geschieht, die Bangnis wächst, die Armut darbt in der Steinöde über den verlassenen Palästen des Ruhms – so ist die Frage ganz nah nach dem Wunder. Denn nicht Königen und Helden, Bildhauern und Baumeistern ist die Verheißung gegeben. Sie blicken wartend in den Himmel, der über den Säulenstümpfen ihrer Taten und Werke steht. Aber vielleicht blicken Kinder hinein.

Lissabon, 7. Februar 1956

## *Angler auf letzter Zinne*

Glücklicherweise ist man sich in Lissabon noch nicht darüber einig, ob man eine Brücke oder einen Tunnel nach dem gegenüberliegenden Südufer des Tejo bauen soll. Wer an einem schönen Sonntagabend von jenseits des Tejo zurückkehren möchte und am Schwanzende der Wagenschlange warten muß, bis die Polizisten und Matrosen ihn vorrücken lassen und ihm endlich einen Platz auf der dichtbesetzten Fähre anweisen, sieht ein, wie wünschenswert die Durchführung des großen Projektes ist: sie würde nicht nur die Wirtschaft des südlichen Landesteiles intensivieren, sondern des Landes überhaupt, und gewiß auch im geistigen Leben sich auswirken. Aber wie gesagt, die Entscheidung ist noch nicht gefallen: neben wirtschaftlichen und verkehrstechnischen Fragen wird sie auch militärischen Erwägungen unterliegen: Brücken haben die beste Aussicht, zerstört zu werden. Dem Lande jenseits des Tejo wie ganz Lusitanien wünsche ich von Herzen Frieden und Gedeihen: durch eine bequeme Verbindung der Ufer aber wird sich eine kostbare Einsamkeit ausbluten, die sich in Jahrtausenden jenseits des Stromes verdichtet hat. Die südwestliche Ecke Europas nimmt nur einen bescheidenen Platz auf der Landkarte, einen noch bescheidenern im abendländischen Bewußtsein ein: in Wahrheit ist sie überreich an geschichtlichem und seelischem Gehalt, an Gewalt und verhaltener Schönheit der Natur, an intimem, melancholisch-barbarischem Reiz der kleinen Städte und Landgüter: Sertorius hat dort, in Évora, seine Legionen zusammengezogen und sich empört; Évora war als Residenz und Kriegslager portugiesischer Könige zeitweise wichtiger als Lissabon; der südliche Küstenstreifen, das Königreich Algarve, wurde erst hundert Jahre nach Lissabon, um die Mitte des 13. Jahrhunderts erobert. Es ist immer ein Königreich geblieben, dessen Namen die Herrscher als besonderen Titel führten. Von seiner südwestlichen Felsenspitze fuhren die Entdecker und Eroberer aus: sie barg die Meereswölfe, os lobos do mar, wie ein portugiesischer Dichter sagt.

Der Herr Botschafter hat mir seinen schönen Wagen geschickt mit dem altvertrauten Chauffeur, o senhor Eduardo, und nun will ich mir also ein paar gute Tage machen, sozusagen Ferien von Europa, nach Möglichkeit, und seinen ungelösten Problemen. Senhor Eduardo weiß alles; er spricht gut Deutsch und Französisch, läßt sich aber mein lächerliches Portugiesisch gefallen, ohne die Miene zu verziehen. Wenn man einen klaren Plan mit ihm vereinbart hat und in sein Tun nicht hineinredet, geht alles wunderbar. [Das Hineinreden kann kein Portugiese vertragen.] Wir warten also im sommerlichen Sonnenschein des portugiesischen Frühlings geduldig auf dem großen Platz unter der Kathedrale, und ich unterhalte mich mit meinen klatschsüchtigen Freundinnen. [Ich weiß nicht, ob es nur ein Zeichen geistigen Niedergangs ist oder Folge der vertrackten europäischen Situation – ach, man kommt ja nicht davon los! –, daß ich seit einiger Zeit lieber Zeitungen als Bücher lese, außer etwa naturwissenschaftlichen und einigen alten Poeten.] Nun, Allgemeen Dagblad wird die Denkwürdigkeiten des Dr. Adams veröffentlichen: es bringt nun ein Bild, auf dem der angebliche Frauenmörder ganz menschlich-behaglich aussieht, nachdem er bisher immer mit stechenden tückischen Blicken zu sehen war, und die Redaktion in Rotterdam ist die Unschuld selbst, und es ist die Frage, ob das eigentliche Thema des Prozesses: die Grenzen unseres Wissens, die Verantwortungslast des Arztes und der Krankenpflegerinnen, die wohl am schlechtesten abgeschnitten haben, die Kompetenz der Zeugen und der Justiz und gar der Zeitungen nun ernsthaft erörtert werden. Die Franzosen, wie aus der immer munteren Le Monde zu erfahren, ziehen ihre Generäle vor Gericht, statt ihrer selbst, die Propagandareisen der armen charmanten englischen Königin verraten die Schwäche, die sie verbergen wollen – [erst, wenn das Experiment endlich gelungen sein wird, als dessen Schauplatz die Christmas Islands ausersehen wurden, kann das anders werden]; die Times ist seit langem betreten; Corriere und Stampa sind wach, lassen sich wie immer nichts vormachen, unterscheiden in praktischen Fragen scharf zwischen Realismus und Moral und baden im übrigen in den Landesskandalen, während die Schweden vergeblich versuchen, über die fatalen, einander jagenden Spionageaffären hinwegzukommen; aus Madrid ist seit langem kein Trost zu erwarten; und Macht und Unmacht des Geistes und der Politik, die Gefangenschaft beider, Grandeur und Misère großer Namen werden in Deutschland auf dramatische, aber nicht überraschende Weise, demonstriert. Auf das alles blickt drohend, unbeweglich und undurchdringlich die eiserne Maske der östlichen Macht. Ach nein, es steht nicht gut. Aber jetzt erzittert das geliebte Stadtbild im Wagenfenster, die Fähre ist in Gang gekommen. Da ist mein altes Café in Cacilhas, vor dem die bunt berockten Bauernfrauen ihre ehrliche Ware bieten, und jetzt ziehen die Mauleselchen die mit Korkplatten und weißen Rüben hochbepackten Wagen vorüber, und die Möwen bleiben zurück, und wir fliehen durch den Schatten der lichten Korkeichenwälder, der Eukalyptusgehölze; unablässig hupt der Senhor, denn man weiß durchaus nicht, was einem hier im letzten Augenblick an Kindern, Hunden, Schweinen oder Schafen über den Weg läuft, und die einsamen Straßenarbeiter, die da und dort aus irgendeinem unbegreiflichen Grunde schaufeln oder hacken, sind auch nicht auf einen Wagen gefaßt. Die Armut grüßt freundlich am Wege. Mit nackten Beinen wandern Arbeiter und Arbeiterinnen in die Reisfelder, die, in Rechtecke sorgfältig aufgeteilt und mit Wasser bedeckt, am Wege spiegeln oder sich zart begrünt haben. Ich trenne mich von meinen Freundinnen, und eine große Last fällt von mir ab, und ich dämmre ein wenig, denn ich habe es mir sehr bequem gemacht auf der hinteren Wagenbank, und auf den Senhor Eduardo ist so sicherer Verlaß wie auf den Tod. Er hat mir feierlich versprochen, in zwei Stunden in der Pousada von Sant' Iago da Cacem zu sein – lange Autofahrten kann ich durchaus nicht vertragen. Während aber fast alle Motoristas in Deutschland wie in Portugal auf eine dem Laien unbegreifliche Weise ihren Wagen überschätzen und der Zeit zu wenig Respekt erweisen, kommt der Senhor auf die vorausgesagte Minute an.

Pousada: wenn ein Vögelchen sich auf einen Zweig setzt und ausruht, so ist das eine Pousada. Die Portugiesen haben an wenigen, bevorzugten Plätzen solche Pousadas eingerichtet: eine bezaubernde Synthese von ländlicher Kultur und Komfort. Und nun also begrüßt mich das Pfauenweibchen auf der sonnenheißen Treppe, und das Männchen läßt den grüngoldenen Schweif von der geschwungenen Dachecke im Winde wehen über das Land und die kleine wie eine Marmortreppe zwischen den Ölbäumen aufgebaute Stadt. Fern unten verschäumt das blaue Meer. Der Senhor hat mich mit einem Wort der Leiterin des Hauses empfohlen, ehe er sich diskret entfernt, um zu frühstücken. Wegen des schweren Wagens und der würdigen Erscheinung des Senhor werde ich manches Mal von diesen arglosen Menschen für den Botschafter gehalten – und ich ergebe mich in diese Hochstapelei, die mir eine gewisse Bevorzugung verschafft. Die Weltgewandten merken ohnedies sofort, daß von einer politischen Mission keine Rede sein kann.

Trotz des heißen Frühlings glüht die Holzasche im Kamin – und das ist ganz in der Ordnung –, und die Lehnen der Stühle sind auf ländliche Weise von gespannten Schnüren gebildet, die Tische sind aus schönem Holz, und ein altes Azulejo, ein Jagdbild sind gerade zureichender Schmuck. Man findet nur dezentes Publikum: gepflegte alte Damen und aufmerksame junge Herren, einen höheren Offizier, etwa auch einen Minister mit seinem Stabe, der sich der wirtschaftlichen Belebung anzunehmen gesonnen ist. Die Frauen rufen leise. Als nicht angemeldeter Gast muß man warten, bis die vorgesehene Ordnung abgelaufen ist. Der vordringliche Wunsch nach einem Getränk wird mit abwehrender Geste zurechtgewiesen. Aber dann ist schon ein kleiner Tisch in der Stille gedeckt worden. Die bedienenden Landmädchen sind die Gediegenheit selbst. Sie tragen kleine goldene Kreuze und scheinen wirklich nur Portugiesisch zu verstehen. Ach nein, mit dem Menu ist es natürlich nichts, wie verlockend auch die Gerichte aussehen: Bohnensuppe und Fisch in Reis und ein Bife und Salat und Karamell und Kaffee und die weichen, vollen Orangen... Ach nein, der Senhor hat ja schon ein Wort für mich gesprochen: also zwei rohe Eier, die ich aufschlagen und zur nie ausbleibenden Entrüstung der Zuschauer versalzen kann, die schön gewürzten Karottenscheiben, die hier Vorspeise sind, ein paar Azeitunhas, vor allem Wein, den feurigen, keine Marke, sondern vom umliegenden Land, da região, und das Mineralwasser Pedras Salgadas, von den salzigen Steinen, das eine Gnade des Himmels ist. [Und dann bezahle ich vielleicht ein halbes Almozo oder noch weniger. In Frankfurt und Stockholm bezahle ich mit Vergnügen, was ich nicht gegessen habe.]

Und dann kann ich mich wieder in den Wagen legen, vor dem der Senhor schon wartet. Und er hupt, und wir bummeln weiter, und der Pfauenschweif winkt noch einmal vom Dach. Ohne allzuviel Schmerzen dämmre ich wieder ein, und nun, südwärts, brennen die Geranien auf am Wege, die wilden gelben Flammen des Ginsters wehen, hochstämmige weiße, dunkel gefleckte Blüten mit gelbem Kelch beben im Wind, der Rosmarin duftet und hundert Kräuter und Blütchen, deren Namen ich nicht kenne. Hirt und Hund führen sorgsam die Schafe vorüber: sie haben eigentlich kein Fell, sondern einen Mantel weicher, lichtbrauner Haare; die guten Augen sind schwarz umrandet – ein Dichter hat sie, um wieder auf die geliebten Poeten des Landes zu kommen, allerchristlichste Augen genannt. Und die bezaubernd gefleckten Ziegen tanzen vorbei im königlichen Schmuck ihres Gehörns, und draußen weiden die schwarzgrauen Schweine; auch sie sind leicht gebaut und nicht ohne Anmut, und ein jedes Eselchen, auf dem unter dunkelbuntem Schirm, geschützt vom abgelegten Männerhut und wollenem Nackentuch, ein armes Bauernweib sitzt, verdiente eine Umarmung. Und nun also fahren wir stracks auf das Meer, als wollten wir uns hineinstürzen. Ein Leuchtturm bewacht verfallenes Gemäuer: Kap São Vicente. Hier soll der Leichnam des hl. Vinzenz in frühchristlicher Zeit verehrt worden sein. Ein Hundchen schläft auf den Steinen: er ist die exponierteste europäische Existenz mit einem Fischer, der unten, auf letzter Felsenzacke, seine Leine in die schauerliche gischtende Tiefe wirft. Ein Felsenturm kämpft hoffnungslos mit der Flut. Ein Felsbrocken liegt vor der Steilküste wie ein Wrack, und das Licht eilt hinaus, und unablässig brandet unten der Schaum über das Blau. Von hier sandte Heinrich der Seefahrer, Sohn des Königs Joãos I., des Gründers der zweiten und entscheidenden Dynastie, seine Schiffe der afrikanischen Küste nach: hier verarbeitete er, geleitet von den Überlieferungen der Alten, ihre Berichte: Seefahrer des Geistes, der den bezeichnenden europäischen Blick getan hat: Plus ultra, Europa über Europa hinaus. Er war kein Abenteurer, vielmehr ein nüchterner Mann, bäuerlichen Gesichts, der sich keineswegs in unnütze Wagnisse gab [sowenig wie der Senhor, der nie ein Flugzeug besteigt], aber asketischer Haltung, wie eben die Bahnbrecher Asketen, Opfer einer Bestimmung sind. Und nun spult der Fischer unten auf der letzten Zacke die Leine zurück. Er hat nichts gefangen und steigt gelassen hinauf, und endlich, wie spät, wird mir klar, was mein Leben gewesen ist: der Versuch, an der äußersten Grenze, über den Abgründen, einen Fang zu tun, ein langes Warten. Und nun bleibt nur das Aufbrechen, die unpathetische Heimkehr, die furchtbare Sorge um eine geliebte, an ihre Grenze gestoßene Welt.

Der Senhor hat die goldbetreßte Mütze aufgesetzt, die ihn allenthalben in bedeutenden Respekt versetzt, und wir fahren die schöne Straße nach Lagos entlang der Küste. Hier geben sich die Feigenbäume keine Mühe, hohe Stämme zu treiben: sie liegen wie trächtige Kühe im jungen Korn zwischen den frischgrünen, zitternden Mandelbäumchen und dem mit goldenen Kugeln geschmückten Laub der Mespoles. Die Kakteen tragen grellrote Früchte, und über die Mauern der Landgüter ergießen sich Geranien und Rosen. Gruppen junger Mädchen in schwarzen Tüchern bummeln ein wenig vor die Dörfer: es ist ja Feiertagabend. Schon gleiten wir hupend durch die Straßen von Lagos, zum Erstaunen rundlicher alter Damen, die zwischen den Gardinen am Fenstergitter stehen. Der Senhor hält vor einer kleinen modernen Pension an der Bucht; zwei Ober in weißen Kitteln flattern die Außentreppe herab, und die steige ich nun hinauf, ein wenig mühsam, über dem Goldfischbecken und den Rosensträuchen. Ein kleines französisches Mädelchen, genau acht Jahre alt, aber ganz Persönlichkeit, beschwichtigt alle Sprachverwirrung und erklärt mir das Hausreglement auf das beste. Nein, ein Privatbad gibt es nicht. Aber ich beginne zu einer Zeit, da keine Kollision zu befürchten ist. Noch kann ich ein wenig ins Städtlein zurück, das, wie es scheint, sein leidliches Auskommen findet mit Feigen und Mandeln und Wein und vor allem Sardinen, die hier und in den Nachbarorten in Konserven verpackt und weithin verschickt werden. Vor dem Café lassen sich Damen und Herren die Schuhe polieren und beknallen zum Wermut oder Portwein. Eine Taxe bringt mich zurück. Nun ist der Speisesaal, ein leichtes Gehäuse aus durchbrochenen Wänden und Glas, wohl besetzt. Mit dem Menü ist es natürlich wieder nichts. Aber ich finde ein sauberes Tischchen in der Ecke und genieße den purpurschwarzen Wein und ein paar Scheibchen der gerösteten Kartoffeln, batatas fritas, die weder in Spanien noch in Italien so durchsichtig geraten und so fein mit Pfeffer gewürzt sind.

Dann kommt die schönste Stunde: über der Bucht stehen zwei parallele Streifen gelben Lichts. Es muß erst gestern gewesen sein, da der Maurenfürst sein Königreich aus Gold und Traum verließ, vielleicht kann man seinen Mantel noch sehen oder sein Segel. Das Blumenbeet des Dichters des Algarve, des João de Deus [Campo de Flores, 1896], war in Lissabon nicht aufzutreiben. Aber ich lege mich glücklich zu Bett, und die Glocken setzen rücksichtsvoll aus für die Nacht. Ich nehme ein Bändchen altholländischer Gedichte vor, das ich meistens mit mir trage. Hier findet man so bezaubernde Dinge, Weisheit der Völker am Rand, wie Het »Molentje« [Das Mühlchen] von Jan Luiken:

De dingen die ons tegen staan,
Die doen het stille leven gaan.
[Die Dinge, die uns widerstreben,
Verschaffen uns ein stilles Leben.

Will ein minderjährig Kind,
Daß sein Mühlchen sich bewegt,
Läuft es lustig gegen Wind,
Der die Bäckchen rot beschlägt.
Gegenwind und Gegenstrom
Machen alte Kinder fromm.]

Aber man kann das nicht übersetzen. Ich lese noch einen Abschnitt in Strindbergs »Hämsöborna«, dem wunderbar frischen und gesunden Roman aus dem schwedischen Schärengarten, den er mit seinen blutigen vereiterten Händen in seiner glücklichsten Zeit geschrieben haben muß. Nach dieser kleinen nordischen Erfrischung kehre ich in den Süden zurück zu Antonio Nobre [1867-1903], dessen Gedichtband »So« [Allein] von den Portugiesen als ihr schönstes und traurigstes Buch verehrt wird. Schönheit und Traurigkeit ist dasselbe. Vielleicht ist der Titel ein wenig hart, im täglichen Leben sagt man lieber: sôzinho, alleinchen. Es gehört aber zu den Merkwürdigkeiten der Sprache, daß der Diminutiv eigentlich keine Abschwächung, sondern eine Intensivierung im Sinne einer Verfeinerung und leiser Selbstironie bedeutet, eine höhere Schmerzempfindlichkeit. Antonio Nobre studierte in Coimbra und klagte dann sein Heimweh nach Hirten und Herden und dem Garten der Kindheit aus in Paris, in Köln und Hamburg, irrend, wie er sagte, auf Deutschlands Straßen im Mondschein. »Armes Kind«, sagte ihm seine Amme zum Trost, »das Unsere liebe Frau so unglücklich gemacht hat.« – Meu pobre Menino! que Nossa Senhora fez tão infeliz. Denn auch das Leid ist eine Gnade der Jungfrau. Draußen dämmert die weiche Aprilnacht, und der Rosenduft mischt sich mit der Salzluft des südlichen Meeres. Aber für Antonio Nobre war »düstrer Herbst im Monat April« [Lugubre Outono, no mes d'Abril] und rief nach den Toten in solcher Nacht »Onde estais? Onde estais?« – Es ist nicht auszudrücken, wie einsam man heute ist, wenn man Europa liebt und sich keine Illusionen macht.

Am Morgen bringen mich die kreischende Criada und die kleine französische Dame zum Auto. Dann fliegen die lustigen Städte vorüber: es ist Markt in Silves; unter dem Kastell aus rotem Stein hat sich eine zauberhafte Versammlung grauer Eselchen zusammengefunden; der Hafen von Portimão wimmelt von bunten Schiffen; über der grandios geschwungenen Bucht von Praia das

Rochas schaukeln sich Palmkronen, blühen die Rosen; Faro hat fast schon einen großstädtischen Zug, Olhão, landeinwärts, erliegt dem unbarmherzigen Licht: die niedern Häuser kehren sich mit weißen fensterlosen Wänden von der Straße ab. Hier ist nichts zu spüren von Sehnsüchten und Schmerzen der Gotik und Renaissance: halb verdeckten Gesichts gießt die Maurin gelassen ihren Krug aus in das Becken des Barock. Man müßte den Abend abwarten, um auf einem der Dächer zu sitzen, neben dem zierlichen, mit durchbrochener Kuppel geschmücktem Kamin. Aber es ist keine Zeit mehr. Noch eine Rast in der Pousada von São Braz und die Freude an alter Kultur! Dann blüht die Heide bis hinauf nach Setúbal: ich grüße die kraftvoll phantastische Kirche aus der großen Zeit, wo die Jungfrau zu sehen wäre im Korb eines Streitelefanten, der den Teufel zertrampelt. Aber ich steige nicht aus. Glücklicherweise kreist der Storch im hohen Abendflug über den Dächern. Er pflegt auf dem Rathaus zu wohnen. Man ist nie ganz sicher, was hier mit Vögeln geschieht. Zugvögeln jedenfalls ist nicht zu raten, auf Landsitzen einzukehren: sie geraten allzu leicht in die Netze und von da durch mordgewandte Hände in die Verkaufsgewölbe und Restaurants der Lissaboner Unterstadt. Hier brauchen sie, unter zierlichen Namen, mit sauberen Stäbchen besteckt, nicht lange zu warten auf die weißen Zähne und die spitzen Finger der Schönheit. [Wer sich aber mit diesen Dingen befaßt, stößt auf eine Schwierigkeit: wie soll man einen Unterschied zwischen einem Vogelzug und einem Fischschwarm demonstrieren? Was soll aus den Fischern und Bauern in Trömsö werden, wenn der Hering nicht kommt? Und welches Ereignis, wenn das Gekreisch und Geflatter der Raubvögel, der Wasserstrahl prustender Walfische ihn anzeigt, wie der alte Norweger Jonas Lie das unvergleichlich beschrieben hat! Und warum sollen die Leute im christlichen und arabischen Königreich einsehen, daß sie Sardinen und Krabben und Krebse verspeisen können, aber nicht Lerchen und Schwalben?] Aber schon sind wir in Cacilhas und müssen ein wenig Geduld haben. Denn bei aller Schläue ist es dem Senhor nicht gelungen, sich vorzupirschen. Das bleiche sonnenmüde Gesicht der Stadt kommt näher, und es gibt einen harten, einen europäischen Ruck, wenn die Fähre an ihr Ufer stößt.

Auf dem kleinen Platz des heiligen Mamede, es ist ein Jüngling mit Palmzweig zwischen Löwe und Stier, der das Haus beschützt, ist muntrer Lärm bis tief in die Nacht. Ich bin das gewöhnt. Noch höre ich das Hufgeklapper der leichten Pferdchen, auf denen die Polizeistreife patrouilliert. Drüben, in dem kleinen Teesalon, haben sich sicher die Wellensittiche wieder gefunden: die portugiesische Schönheit mit ihrem exotischen Freund von edlen Zügen, und längst hat die rührende kleine Studentin die leichtmetallenen Krücken ihres Gefährten sorgfältig in die Ecke gestellt, und nun sitzen sie da, über den winzigen Kaffeeschälchen, in weltfernem Glück.

Vielleicht wird der Angler jetzt schlafen, der gestern vom verlassenen Felsen des Seefahrers die Leine vergeblich in die strudelnde Tiefe warf – und auch die zahllosen bunten Vögelchen werden schlafen, die in dem reizenden Wäschegeschäft am Rocio bei offener Tür über der Kundschaft hin und her schwirren und keine Neigung zeigen, ihr Gefängnis zu verlassen. Einmal nur, gegen drei Uhr, wache ich auf – so stark war der Wein des Algarve. Durch die tiefe Nacht schreit ein Pfau. Ich weiß nicht, von woher.

Lissabon, 25. April 1957

# *Odivelas*

Was die Ratten sich eigentlich versprechen, weiß ich nicht. Sie wühlen, sägen und feilen während der ganzen Nacht in den Wänden und unter den Fliesen; wenn sie aber endlich einmal durchbrechen, werden sie in meinem Zimmer nur Ungenießbares finden: Tomaten und Salz und den starken Wein von Viseu. Überhaupt geht es in dem alten Häuschen im Lissaboner Universitätsviertel – das nur zwei Stockwerke hat und einen lustigen Ausguck, eine Mirante – stets munter zu: es gibt einen Ruck oder einen Stoß, und nachts sind Schritte zu hören – ich weiß nicht wohin –, die etwas Geisterhaftes haben, jedenfalls nicht zu erklären sind. Spät beschwichtigt sich der Verkehr, aber die Straßenbahn läßt es sich nicht nehmen, auch des Nachts klingelnd vorüber zu rumpeln; rührenderweise schweigt die Kirchenuhr; gegen drei Uhr erscheinen meine ersten Tröster: die Taxichauffeure mit ihren Wagen, an deren Scheiben grüne Lichter glimmen neben dem Telefon; das beginnt früh schon zu schnurren, und wenn der Mesner einmal die Kirchentür aufgeschlossen hat, belebt sich die Szene: der mit goldener Krone geschmückte Leichenwagen, Tauf- und Hochzeitsgesellschaften lösen einander ab; der Blinde zieht vorüber mit seinem rot-weiß-gestreiften Stabe und spielt auf der Flöte eine traurige Melodie, und ein verkümmertes Jungchen folgt ihm mit der Sammelbüchse; die Blumenverkäuferin trägt auf dem Kopfe in breiter Schwinge alle Herrlichkeiten der Welt…

Heute nacht also waren die Ratten nicht so emsig wie sonst, vielleicht hat das Klima sie bedrückt, über das sich die Menschen hier wie an jedem Ort der Welt beschweren. Nur das leichte Hufgeklapper der Polizeistreife war zu hören: die Reiter tragen glänzende Pickelhauben und malerische Mäntel. In welcher Großstadt hört man noch diesen fliehenden Rhythmus, der so lange die Geschichte europäischer Völker getragen hat? Bergengruens Rittmeister fände hier Trost. Dann fiel leiser Regen auf die Platanen draußen, und vom Atlantik her überhauchte ein zärtliches Rosa den Himmel, wie man es nur an den Wänden alter portugiesischer Landhäuser sehen kann; der gütige leidvolle Priester aus dem Fernen Osten eilte, den Schal um den Hals geschlungen, über den Platz, seine Messe zu lesen, scheu wie die verfolgte Kirche selbst; und dann kam die alte Dame, die unter mir den Rattenlärm erduldet, ohne zu klagen, am Stock, geschützt von gebieterischem Kopfputz, und das zittrige Ehepaar half sich besorgt durch den schon unbehaglichen Verkehr, und die Kavallerieabteilung meldete sich mit kleinen Trompeten, wie das jeden Morgen geschieht. Aber die nassen Straßen und Häuser spiegelten für ein paar Minuten den Himmel über der Île de Cythère, es war eine vollkommene Verzauberung in das 18. Jahrhundert...

An den Hauskatzen kann es nicht liegen, daß die Ratten so zurückhaltend waren diese Nacht: sie haben es aufgegeben, den Nagetieren beizukommen, und suchen ihren Unterhalt, indem sie mittags in dem kleinen, mit einem frommen Fliesenbild geschmückten Speisesaal – wo die alte Dame mit dem Stock durchaus die beherrschende Erscheinung ist – den Gästen um die Beine streichen: das ist eine große Erleichterung, denn es bekümmert den kleinen Ober, wenn man ihm den vollen Teller mit harten Karotten und stacheligem Carcofi zurückgibt; wenigstens der Fisch ist verschwunden. Es sollte in allen Häusern, die für ihre Küche bekannt sind, nie an einer Katze oder einem Hunde unter den Tischen fehlen. Aber endlich fällt mir ein, daß alle Katzen an zierlichen Halsbändern Schellen tragen und ihren Beruf nicht mehr ausüben können. Glücklich, wie sein Name sagt, ist dagegen Felix, Kater auf dem Schiffsgespenst Mayflower II, der, nachdem die Mayflowerfamilien des Atomzeitalters die Pietät aufbrachten, in 20 Tagen 2500 Seemeilen zurückzulegen, seinen ersten fliegenden Fisch gefangen hat. Kurzum: ich habe ein wenig geschlafen und nehme mir etwas vor. Keine großen Ausflüge und nicht viel Sehenswürdigkeiten! Aber bis Odivelas sind es mit dem Wagen kaum zwanzig Minuten. Es gehört eigentlich schon zur Stadt. Denn der letzte Krieg ist, wie zu begreifen, der portugiesischen Hauptstadt, dem großartigen See- und Lufthafen, nicht schlecht bekommen, und noch strömen die Kräfte des Imperiums hier zusammen. In kürzester Zeit ist, gegen Odivelas hin, ein Viertel bunter Hochhäuser emporgewachsen, die unter der milden Aufsicht grellweißer Kirchen stehen. Die charmanten Cafés blicken auf eine gepflegte Avenida. Über die Architektur zu urteilen, ist hier, wie in Rom oder Barcelona, nicht ratsam. Warten wir wenige Jährchen, und es wird alles klar.

Odivelas liegt vor einer bewegten Berglandschaft. An einer weißen Mauer unter einem Feigenbaum, beschützt von karierter Schirmmütze, in zerfetzten Kleidern, dämmert ein Neger hin, aufgedunsenen Gesichts und Leibes. Ich muß an eine überfahrene Kröte denken, die sich gerade noch von der Straße geschleppt hat. Odivelas also ist im Kern ein armes Städtchen aus alter Zeit, das sich viel Mühe gibt, freundlich zu sein. An der Hauptstraße steht ein seltsamer dreitoriger Denkstein in gotischen Formen: von hier soll König Dinis einen Ball geworfen haben. Damit wollte er Gott fragen, wo er sein Gelübde erfüllen und ein Kloster bauen sollte. Dinis muß ein kräftiger Mann gewesen sein, denn es ist eine ganz hübsche Strecke vom Denkstein zum Kloster. Noch sind, freilich heftig restauriert, wie hier das meiste, die Kapelle des Hochaltars und die zwei Seitenkapellen in kraftvoller Gotik erhalten: sie springen vor auf den Platz, wo ein lustiger Springbrunnen zwischen Rosenbüschen spielt; das übrige, die halboffene Halle, die Kloster und Kirche verbindet, die zwei geräumigen Kreuzgänge sind restaurierter Barock im Schmuck alter Fliesen. Heute werden hier junge Mädchen, Töchter der Offiziere und höherer Beamter, erzogen: um das 18. Jahrhundert erfreute sich Odivelas keines guten Rufes. König João V., den unversehens die Silberflut der endlich erschlossenen Minen Brasiliens übergoß, hatte hier zwei schönen Schwestern, die er liebte, ein Schmuckkästlein einrichten lassen: der Historiker Oliveira Martins hat dieses Liebesleben unter Weihrauch ingrimmig beschrieben, auf seine etwas novellistische Weise, so daß ich mich nicht ganz darauf verlassen möchte.

In Odivelas stoßen zwei Lebensformen des Landes zusammen: das Portugal der ersten, der burgundischen Dynastie und das der dritten, des Hauses Bragança. König Dinis jagte hier nach Ebern; die Errettung aus einer Jagdgefahr soll die Stiftung veranlaßt haben: Dinis wird der »Ackersmann« genannt, weil er sich des Landbaus annahm, der schönste Name für einen König; er war zugleich Gesetzgeber, und wenn nicht Dichter der ihm zugeschriebenen schönen Verse, so doch Beschützer der Dichtkunst und Gründer der Universität in Lissabon [1290], die später nach Coimbra übertragen wurde. Er autorisierte die portugiesische Sprache, in dem er sie für amtliche Schriftstücke einführte. In der linken Seitenkapelle steht sein mächtiger Sarkophag. Natürlich ist er geschändet worden, nach einer armseligen Spielregel der Geschichte – die immer auf dieselben Einfälle kommt –, wie die Gräber in Speyer, Saint-Denis, León. Die Heiligen, die den König bewachten, wurden enthauptet, die Hunde und Ungetüme, die die gewaltige Steintruhe tragen, einigermaßen geschont, nicht aber das Antlitz des Königs.

Und doch geht von der mächtigen ruhenden Gestalt noch Hoheit aus, Wucht der alten Zeit. Statt der rechten Hand starrt eine Eisenschlinge in die Luft; die Linke aber zieht mit unnachahmlicher Gebärde die Decke über die Brust. Der König schläft. Die Schändung seines Grabes rührt ihn nicht an.

Seine Gemahlin war die heilige Elisabeth von Portugal, die das Rosenwunder der Wartburg in den Süden trug, Verwandte der ungarischen Königstochter. Hier in Odivelas starb an der Pest die Königin Filipa aus dem Hause Lancaster, Gemahlin Joãos des Ersten, Gründers der zweiten Dynastie, eine der edelsten Frauen, von denen die portugiesische Geschichte berichtet: hier segnete sie sterbend ihre Söhne, den Thronfolger und Fernando, den standhaften Prinzen, und Heinrich den Seefahrer: sie wollten es ihr verheimlichen, daß im Hafen von Lissabon schon die Schiffe warteten, die sie hinüber nach Ceuta tragen sollten, in das bunte Abenteuer. Dona Filipa wußte es längst und betete für die Fahrt, für den Aufbruch des Volkes auf dem Wege seiner Bestimmung [1415]. Nein, sie hielt die Jünglinge nicht ab: günstiger Wind blies der See zu; und nicht in Trauer, sondern in ritterlichen Festkleidern sollten sie die Schiffe betreten.

[Vor dem Sarkophag des Königs Dinis wird mir klar, daß ich zu den hochmütigsten Menschen gehöre: ich halte mich tatsächlich für einen verkleideten König, nicht weil ich mir Einfluß oder besondere Fähigkeiten zutraue, aber eine bestimmte königliche Wissenschaft vom Leid.]

Noch einen Blick in die Klosterküche: alle Wände und der gewaltige Rauchfang sind mit lustigen Fliesen bekleidet; darauf springen die Hasen, jagen die Eber, schießen die Jäger in die Luft; die Segelboote tanzen auf Wellenbergen; Bettler wanken vorüber und der Spielmann und die Nonne und die alte Frau am Stab, und Wundervögel schlagen die Flügel zum Aufbruch ins Nirgendwo. Ein Bild erinnert an den Seefahrer: er blickt neben seinem einfachen Meßgerät in die Weite, von den Felsen von Sagres, auf noch nie befahrene Meere: darüber steht einer jener Verse des Camões, die von lateinischer Größe sind:

Por mares nunca dantes navegados.

Über Meere, die bislang nicht befahren wurden.

Das ist genug für einen Tag. Eine kleine Rast noch unter den mächtigen Palmkronen vor dem Restaurant, von denen die Schlinggewächse niederwehen; die weißen Tauben spazieren über den Rasen, und fernher, unsichtbar, schreien die Pfauen. Eine kraushaarige exotische Familie erfrischt sich an fetten Sandwiches, gesüßtem Eidotter, Reis- und Käsepastetchen und künstlicher Limonade. [Es kann nicht gut gehn.] Und nun steht mir nichts weiter bevor als das allabendliche Drama mit der Criada, dem mich betreuenden Dienstmädchen in der Pension. Denn ich lege mich, tagesmüde, früher als Schulkinder zu Bett. Und sogleich erscheint die Criada – eine respektable stämmige Person, mit Warzen an Hals und Kinn – an der Glastür. Sie klopft vier- oder fünfmal und fleht um Liçenca, eintreten zu dürfen. Ich antworte nicht. Dann tritt sie ohne Liçenca ein, bedauert heftig, daß sie das Bett nicht mehr in Ordnung bringen kann, weil ich schon darin liege, und frägt nach meinen Wünschen. Nein, ich habe durchaus keine, erkläre ich mehrmals in meinem lächerlichen Portugiesisch, und nun beklagt sie meinen Zustand und wünscht mir os melhores für morgen, und noch einmal até amanhã und boa noite und até logo und logozinho, und dann bin ich sôzinho, nämlich allein, im höflichen Diminutiv gesprochen.

Es ist nichts mehr zu besorgen. Um zehn Uhr, zur Besuchs- und Telefonstunde, antworte ich nicht. Für drei Minuten blättre ich noch in den Zeitungen: weder aus London noch Paris oder Rom; weder aus Rotterdam noch New York ist Tröstliches zu vernehmen. Und die Heimat liegt hinter den Bergen, weit, Gott sei Dank!, wie weit hinter den Pyrenäen! Das zärtliche Rosa des Morgens war kein Versprechen der Geschichte, nur ein Trost meiner Traumstadt Lissabon. Der Losverkäufer singt keine Glückszahlen mehr, und das schmutzige Zeitungsjungchen, das mir abends das Diário popular verkauft und sich dann an die an der Straßenbahn quellende Menschentraube hängt – um vor jeder Haltestelle mit bewundernswerter Fertigkeit abzuspringen und mit der nächsten Gelegenheit weiterzufahren: das Jungchen hat sich vielleicht ein Stück Brot und ein paar Sardinen verdient und schläft jetzt in einem Winkel. Oder schläft es, wie der Dichter sagt, in einem kalten Straßenwinkel auf den Zeitungen, die es nicht verkaufte? Aber eine gute Nachricht gibt es doch: zwei Giraffen sind angekommen; nun bekommt die majestätische Trauer, die mir vorige Woche durchdringend in die Augen sah – sehr von oben herab –, Gesellschaft. Ich bleibe sôzinho. Vielleicht aber kann ich die Ankömmlinge noch besuchen, wenn ich Abschied nehme von dem schnatternden und schnarrenden, kreischenden und schwatzenden, trauernden und schweigenden Federvolk, das im Zoologischen Garten das portugiesische Imperium repräsentiert: das unverlierbare, unteilbare Traumreich von Brasilien über die Atlantischen Inseln nach Angola und Guiné und Moçambique und weiter an die Malabarküste, Goa und Damião und Timor und den Goldstrand Australiens, das Reich des Priesterkönigs João.

Schon kommen die ineinanderfallenden leichten Rhythmen der Polizistenpferdchen wieder die Straße herauf. Und ich befehle mich den Ratten an und verabschiede mich für jetzt und immer und ziehe die Decke über die Brust wie König Dinis, der Ackersmann. Um das Brot der heiligen Elisabeth von Portugal vermag ich nicht mehr zu bitten. Wenn sie aber, im Vorübergehen, auf dem Wege nach Odivelas, mir ein Rosenblatt auf die Decke streuen wollte, ein unsichtbares, wie dankbar wollte ich ihr sein!

Lissabon, 1. Mai 1957

# Lissabon

# *Lissabon*

Wie Rom und London liegt Lissabon nicht unmittelbar an der Strommündung, sondern, etwas zurückgezogen, im Mündungsgebiet. Dem Tejo, der die vom Kastellberge und der gegenüber liegenden Höhe herab weit an den Ufern hin sich ausgießenden Stadt in großartiger Breite mit dem Meere verbindet, verdankt sie, was sie ist. Sie ist gleichsam dem Meere entstiegen und den auf ihm herankommenden, aus ihm emportauchenden Geschicken untertan. Sie blickt, vom Kontinent abgewandt, in die atlantische Weite, eine uns noch in mancher Hinsicht verborgene Erfahrungs- und Empfindungswelt, als die westlichste Hauptstadt des Festlandes, vorgeschoben auf das südwestlichste Ufer. Die Zahl der Einwohner hat, in fast beängstigender Beschleunigung des Anstiegs, um das Jahr 1950 die Million überschritten: ein Zeichen nicht allein der wirtschaftlichen Entwicklung, sondern wachsender Bedeutung der geschichtlichen Lage und Aufgabe.

Wie vielleicht kaum eine zweite europäische Groß-Stadt nach Rom bietet Lissabon eine Fülle umfassender Überblicke. Das bezeichnendste Bild entfaltet sich dem, der von der Praça do Comércio, dem königlichen, nach dem Erdbeben aufgebauten Empfangssaal, rückblickend hinüber nach Cacilhas fährt: dann breitet sich die Stadt, höher und höher steigend, sich gegen den Ozean dehnend bis zu dem traumhaft im Dunste stehenden Turm von Belém, erstem, verhaltenen Zeichen der fernöstlichen Welt und doch noch Wachtturm des Abendlands, in ihrer gedämpften Farbenfülle, in zartem Rosa und blassem Blau und Gelb, getöntem Weiß, unter übereinander gestaffelten goldbraunen, geschwungenen Dächern, Dachstuben, Pavillons von den weißen Kuppeln der Kirche São Vicente, landeinwärts über die Zinnenkrone des Kastells, den zwei gezackten Prismen der Kathedrale, und weiter über das Tal des mittleren Straßenzugs zu der tönenden Kuppel der Estrêla-Kirche und über in dunklem Rot leuchtende Paläste hin bis zu der im Abendlicht brennenden Fensterfront des Königsschlosses Ajuda. Wie dieses Bild sich während der Überfahrt vollendet, das ist eines der großen Schauspiele, die europäische Städte für uns bereit haben. Nur Neapel oder Byzanz dürften über Vergleichbares verfügen. Dann kommt das Bild zum Stehen: vielleicht drüben am Ufer in einem der mit bunten Fliesen ausgekleideten Lokale, wo die verschwenderischen Gaben des Meeres, im Zorn erstarrte Langusten, Krabben und schwarzgrüne Muscheln, die schillernden, sich in den Schwanz beißenden Fische – tödlicher Kreislauf des Lebens – zwischen Karaffen dunkelgelben und roten Weines aufgetischt sind, wo anderes Meergetier, schlangenhaft durcheinander wimmelnd, noch eine Stunde unwissenden Lebens durchleidet.

Lissabon gehört zu den Groß-Städten, die am schwersten zu verstehen sind. Gerne wird als legendärer Gründer der Stadt Odysseus genannt; der Schiffbrüchige, Sturmgetriebene würde ihr wohl anstehen. Wahrscheinlich ist sie phönikischen Ursprungs. Die Römer nannten sie »Felicitas Julia«; lange stritten sich Alanen, Sueben und Westgoten um sie. Nach dem Untergang des Westgotenreiches 711 in der siebentägigen Schlacht von Jerez de la Frontera am Guadalete und Salado wurde sie Beute der Mauren, die sie freilich nicht immer vor nordischen Seeräubern schützen konnten, denn die Nordmänner hatten eine feste Burg über Sintra. Im Jahre 1147 eroberte der erste portugiesische König, Affonso Henriques, mit Hilfe nordischer Kreuzfahrer Lissabon; doch lag der Schwerpunkt noch in der Mitte und im Norden des Landes. Erst gegen Mitte des 13. Jahrhunderts erhob sich Lissabon zur Hauptstadt. Maurische Bauweise, maurisches Lebensgefühl prägten noch weite Bezirke des Stadthügels unter dem Kastell und zwischen der Kathedrale und dem Strom, namentlich gegen Osten hin. Vom Mittelalter blieben im wesentlichen nur die Kathedrale, die in der heutigen Gestalt in der zweiten Hälfte des 14. Jahrhunderts erstand, und Teile des ein wenig theatralisch restaurierten Kastells, das König João I., der Gründer des Hauses Avis [1385-1433], zu Ehren seiner englischen Verbündeten dem heiligen Georg anbefahl: die 1387 geschlossene, durch die Vermählung des Königs mit Philippa aus dem Hause Lancaster besiegelte Allianz mit England war in wirtschaftlicher wie in militärischer Hinsicht Stütze des zur Weltmacht aufsteigenden Volkes und Sicherung gegen Spanien. Philippa war die Schwester König Heinrichs IV. von England, der Richard II. vom Throne gestoßen und damit das Haus York gestürzt hatte. Erst Manuel I., der Glückliche – o Venturoso – Urenkel Joãos [1495-1521], verließ den Schloßberg, um einen Uferpalast in der Gegend der Praça do Comércio zu bewohnen; die Geschichte des Landes hatte sich inzwischen zur Seemacht entschieden. Nach Manuel wird die portugiesische Renaissance benannt, eine phantastisch-kühne Ornamentik, Vermischung europäischer und östlicher Stilelemente, die sich vielfach noch an gotische Formen klammert: die Portale von Nossa Senhora da Conceição und Maria Magdalena in Lissabon, das Hieronymitenkloster Belém und sein Turm [von Manuel 1499 nach der Rückkehr der Indienflotte gestiftet], ferner im Lande die Kirche von Setúbal, die Reste des Königspalastes und zauberhafte Privatbauten in Évora, sowie das grandiose Klosterfragment Batalha, Pantheon der Vorgänger Manuels aus dem Hause Avis – Manuel selbst wollte in seiner Stiftung begraben werden, nahe dem Hafen und Strom, die ihn mit Reichtümern überschüttet hatten – vergegenwärtigen im »manuelischen Stil« das Hochgefühl des Entdeckervolkes. Die Ornamente sind wie über die Mauern brandender Schaum, in dem die Symbole der Seefahrt, Schiffstaue, das Sphärenwappen Manuels treiben. Zu seinen Königstiteln von Portugal und Algarve fügte Manuel den eines Herrn der Seefahrt und der Eroberung in Äthiopien, Arabien, Persien und Indien. Brasilien, an dessen Strand Pedro Alvares Cabral nach einem Vorstoß über die Canarias schon im Mai 1500 die Christusfahne entfaltet hatte und die erste Messe hatte lesen lassen, wird nicht eigens genannt. Gott habe alle Unternehmungen des Königs begünstigt, versichert der Chronist. Doch ohne Schatten ist seine Herrschaft nicht gewesen: die Juden wurden mißhandelt, beraubt, ausgewiesen, die Errichtung der Inquisition vorbereitet; sie wurde unter Manuels Sohn Johann III., dem Schwager Karls des Fünften, nach langem Widerstreben Roms vollzogen.

Wer die Architektur, im Sinne der Ästhetik des 18. und 19. Jahrhunderts, im Sinne Winckelmanns, Lessings, Goethes, Schopenhauers und der zünftigen Kunstgeschichte, einem Kanon des Geschmacks und der Prinzipien unterwerfen will, beraubt sich unentbehrlicher Ausdruckswerte der Geschichte. Auch sollte bedacht werden, daß das neuklassische Ideal von einer geschichtlichen Situation abhängig war. Der architektonisch-plastische Ausdruck der portugiesischen Entdeckungszeit, der Begegnung mit dem Orient, des Überwältigtwerdens von fernen Wundern, vom Meer, ist natürlich in neuklassischen Kategorien nicht unterzubringen, so wenig wie die Gotik und der Barock, der in Portugal gleichfalls zu einer eigenen, zauberhaften Ausgestaltung sich entfaltet hat, wie etwa in der kleinen Kirche in Viana do Castelo, – oder wie der platereske Stil der Spanier. Nur vom Geschichtlichen her, in der Nähe des Camões und der zeitgenössischen Dichter, kann diese

Synthese der Renaissance und Gotik mit orientalischer Phantastik und portugiesischer Empfindsamkeit, Traumversunkenheit und Irrationalität gewürdigt werden: um männliche Kraft schlingt sich betörendes Rankenwerk; über die Macht steigt der Traum.

Dem Fall des Jahres 1580 folgt die Wiederaufrichtung des Jahres 1640 unter der dritten Dynastie, den Braganças: ein neues Hochgefühl fand seinen Ausdruck in Kirchen, Klosterbauten und Palästen von vornehmer Wucht. Lissabon steht auf Erdbebengrund; das gehört zum Wesen der Stadt, ihrem Klima, ihrer Aussage, ihrem Zauber: Mensch, Macht, Ruhm und Glück sind hier in Frage gestellt auf Schritt und Tritt und sollen sich in Frage gestellt fühlen. »Der Schiffbruch«, sagt der große portugiesische Erzähler Camilo [1825-1890], »ist des Menschen einzige Chance – hin zu Gott.« Zwischen den großen Katastrophen von 472, 1309, 1344, 1531 und 1755 wären viele Erschütterungen, Mahnungen der Tiefe, zu verzeichnen. Das Erdbeben von 1755 hat der Stadt große Erinnerungen genommen und hat sie wieder zur Blüte gebracht. Der Wiederaufbau hat sie im wesentlichen zur Barockstadt umgewandelt, unter dem Antrieb des Diktators Pombal, dem eine Reihe bedeutender Architekten diente: Eugenio dos Santos hatte in Mafra unter dem großen Barockbaumeister Ludovice gelernt. Dieser hieß auf gut deutsch Johann Friedrich Ludwig, stammte aus Regensburg und baute später für sich und seinen Sohn und Helfer Johann Peter Ludwig das würdige palastartige Stadthaus unter der Kirche des heiligen Pedro von Alcántara. Auch Mafra kann allein nach seinen Ursprüngen als von den brasilischen Silberminen hervorgezauberte Gestaltung barocker Mystik verstanden werden [1717-1735]. Dann erweist sich das Klosterschloß über der Bucht von Ericeira, der portugiesische Escorial, als ein Werk von grandiosem Ernst, als Einheit von Raum und Plastik: die leidenschaftliche dramatische Bewegtheit und Erfülltheit der Figuren weht wie ein Orgelsturm durch die Halle. Neben den Ludovice und Eugenio dos Santos wirkten Machado de Castro, Manuel da Maia und Reynaldo Manuel. Noch in den Jahren 1773 und 1774 sprechen Reisende von der Ruinenstadt. Der eigentümliche Sinn für Größe, der sich in den hohen Fronten der Straßenzüge ausdrückt, entwarf im 19. Jahrhundert die Avenida da Liberdade: ein festlicher Aufstieg vom Meer und von Denkmal zu Denkmal bis zu den überschauenden Höhen, durchgeführt in bewundernswerter Einfühlung in das Gelände. Durch alle Brechungen hat die portugiesische

Geschichte zähe Kontinuität erwiesen. Noch immer müssen wir hoffen und wünschen, daß diese Kontinuität, der Wille zur eigenen Art, in der Architektur sich darstellt und daß diese zugleich die unabweisbaren sozialen Forderungen, die sie belasten, zu erfüllen vermag. In einem gewissen Sinne hat der Portugiese sein Leben, seine Wohnung, seinen Hausrat, seinen Hof und Garten, seine Geschichte gedichtet, und als portugiesisch können nur Formen empfunden werden, in denen dieses Dichterische noch schwingt, sei es auf noch so verhaltene Art.

Der strenge, im Grunde ganz unportugiesische Rationalismus des Wiederaufbaus nach dem Erdbeben, gleichgerichtete Straßen, rechte Winkel, rechteckige Plätze, wird vom Seelenhaft-Spielerischen der Schmuckformen, den Schwingungen der Dach- und Fensterlinien, dem warmen Ton der Mauern und Ziegel überwunden: noch erscheint alles wie mit sensibler Hand geformt, ohne daß der großzügige Grundriß der Mittelstadt zwischen dem Kastell und den Höhen des Carmo, von São Roque und Pedro de Alcántara, verwischt worden wäre. In das stürmische Leben auf den Straßen und Plätzen trägt die Ruine des Klosters São Carmo einen tragischen Klang: es ist der letzte Zeuge des Erdbebens, ist der Stolz auf das alte Portugal, auf das Schicksal und auf die Trauer, die ihm das Meer bereitet hat: das Meer, das Stadt und Land mit den Juwelen des Ostens, den Silberströmen Brasiliens überschüttete; das Meer, das seine todesmutigen Seefahrer und Missionare hinausrief; das Meer, das sich am Allerheiligentag des Jahres 1755 gegen die Stadt erhob, über ihre Plätze und Straßen stürmte, eben als die Menschen aus den Kirchen kamen; das Meer, das den Grund erschütterte nicht nur der Häuser, Kirchen und Paläste, sondern des geschichtlichen Daseins eines Volkes.

Fremd und gewaltig steht die alte Kathedrale in der Barockstadt, die sich an den Rändern, unaufhaltsam wie es scheint, amerikanisiert. Ernst, Strenge und Wucht der Basilika bekunden noch das frühe Portugal. Rechts, in einer Kapelle des Chorumgangs ruht ein ritterliches Paar, Dom Lopo Fernandes Pacheco und seine Gattin. Beide wachen. Denn immer ist Gefahr. Das Leben der frühen Könige wurde im Streite verbraucht: nicht eigentlich der Sieg hat sie groß gemacht, sondern ihre Unbeirrbarkeit, die Besessenheit. Sie waren strenge Gesetzgeber, gezeichnet von tragischen Schicksalen, von der Problematik herrscherlichen Temperaments. Das Glück der Entdeckungen kam nicht von ungefähr: Strom und

Meer, fremde Vorbilder, die Überlieferung der Antike und die der afrikanischen Küstenfahrt hatten unter der Leitung der Könige das Volk für seine Bestimmung erzogen. Mit den Entdeckungen, den ersten Vizekönigen, den Gamas, Albuquerques, dem edlen strengen João de Castro, verströmte wohl der beste Teil der Volkskraft über die Meere. Äcker verödeten, Mühlen blieben stehen. Niemals hat Portugal genügend Korn für seine Bevölkerung hervorgebracht. Die ungeheure Schnelligkeit der Expansion konnte ohne Schwächung und Verwirrung, ohne Mißgriffe nicht geschehen: 1580, nach der afrikanischen Katastrophe des Traumkönigs Sebastian [1578], setzte Philipp II. seinen Anspruch durch. Er hat der Stadt, die, wie zu verstehen, nicht gerne an ihn erinnert werden will, ein Geschenk hinterlassen: die Kirche São Vicente, kühle Marmorpracht, darin der Estrêla verwandt und doch ein Klang, den das Stadtbild nicht vermissen kann. Vom jenseitigen Ufer wird deutlich, wie glücklich der Standort auf der letzten östlichen Höhe gewählt ist: die Kirche stimmt gleichsam die Melodie an, die sich im Auf und Nieder der Häuser, Kirchen, Paläste wiederholt.

Das Heiligtum der Expansionszeit wurde das Hieronymitenkloster Belém mit dem davor in den Strom gestellten Wacht- und Schatzturm, von dem aus die Jungfrau die Schiffe geleitete oder willkommen hieß. An der Stelle des heutigen Klosters hatte Vasco da Gama die letzte Nacht vor der Ausfahrt betend verbracht. Dem Geheimnis von Bethlehem war es geweiht: von hier sollte die Botschaft von der Menschwerdung neu hinausgetragen werden in die Welt, die nun als ein Ganzes, verbunden, nicht geteilt durch Meere, gesehen wurde. In von Elefanten getragenen Sarkophagen fanden Fürsten und Fürstinnen der rasch erlöschenden zweiten Dynastie ihr Grab: Sebastian, der letzte, verscholl in der Schlacht, und noch Jahrhunderte lang wartete das enttäuschte Volk am Tejo auf seine Wiederkehr, auf das Glücksreich des Ersehnten. Auf schmalen, achtkantigen, mit phantastischer Ornamentik überwucherten Pfeilern spielen hochgespannte Gewölbe, Zeltdächer aus Stein: der Osten, dessen Rückstrahlung schon der Turm bezeugt, flutete herein, er baute sich im Kreuzgang einen abendländisch-morgenländischen Traum, der sich, unter dem Fall des Brunnenstrahls, in einem Bassin in der Mitte spiegelte. Welche Ruhe, welches Entferntsein, während draußen die Matrosen sangen, die Schiffsleute hämmerten, die Wagen knarrten!

Hinter dem Westportal von Santa Maria in Belém ruhen die Gestalten Vasco da Gamas und des Luis de Camões mit betend aufgehobenen Händen auf ihren Sarkophagen, der Held und sein Dichter, der Genius der Geschichte und der Genius des Volkes und Landes, Portugals selbst. Wie die Säulen römischer Kaiser, Trajans und Marc Aurels, in aufsteigendem Reliefband das Ganze ihrer Geschichte vergegenwärtigen, so hat Camões rückschauend, leidenschaftlich seine Epoche erlebend, die Zukunft ahnend, Geschichte und Sendung in seinem Weltgedicht zusammengefaßt. Doch wird es nicht von einer Gestalt gekrönt, sondern von der Vision des Kosmos, mit der Vasco da Gama am Ende von seiner Göttin, von Venus belohnt wird: Intacta placet. Das Wesentliche, das Portugiesische ist: daß Venus, die in den Versen in hinreißender Macht erscheint, den Helden führt und damit das Volk; Venus, die zugleich Gnaden verleiht und Verderben bringt, wie Apollo Licht und Tod.

Der Wiederaufbau Lissabons nach dem Erdbeben von 1755 verdient Bewunderung: nicht allein die großartige Aufnahmebereitschaft, die sich in der Praça do Comércio und in den von ihr ausstrahlenden Straßen darstellt, erstaunlicher noch ist in den ansteigenden Straßen unter der Kathedrale die Errichtung sieben- oder achtstöckiger Häuser auf schwierigstem Gelände. Trotz des bedeutenden Volumens fehlt es niemals an Anmut, an feiner Gliederung, an zierlichen Geländern und Estraden, am Reiz der Farbe, an kapriziösen Dachpavillons, um deren Fenster winzige Vogelkäfige hängen, blühende Ranken, kleine Bäumchen grünen. Die Lebensentfaltung hat verschiedene Brennpunkte, deren Bedeutung im Lauf des Tages wechselt: in den schmalen Straßen zwischen der Avenida und dem Schloßberg drängen sich am Morgen die Händler mit ihren Maultieren, die Frauen mit ihren flachen Körben, aus denen die breiten Schwänze der Fische schwappen, die blutigen Mäuler starren; gegen Abend flutet eine heiße Woge vom Comércio gegen das Cais do Sodré; oben, an der Praça de Camões, ist kein Stuhl unbesetzt in den Cafés, während die Tauben die Gestalt des Dichters liebkosen, unten der Tejo droht und, auf dem nächsten Platz, unter verschwisterten Palmen, der große Erzähler und Spötter Eça de Queirós sich galant über seine operettenhafte Muse neigt: er kann die Huld der Dame nicht abweisen. Aber seine Muse ist es nicht.

Die in der Stadt, über die Höhen und am Ufer verstreuten Paläste: Necessidades und Ajuda, der Paço da Independencia und da Foz,

Bemfica und Paço d'Arcos und Da Fundo und Pombals verödetes Zauberschloß in Oeiras und Queluz – welches Licht! – das Schloß Johannes VI., den Napoleon nach Brasilien vertrieb, und so viele noch, haben sich die Heiterkeit des 18. Jahrhunderts bewahrt: der Zeit, da Lissabon, seine Könige, seine Aristokratie sich über das Erdbeben trösteten und ein neues Leben begannen: sie flüchteten in die Buchs- und Lorbeerlauben, an die sanften Brunnen, in den Schatten der Steineichen und Pinien und in das zitternde Licht der Eukalyptuswäldchen und luden sich zur Gesellschaft Göttinnen und Sphinxe und Scheusale des Altertums, deren monströse Leiber sie nach der neuesten Mode, in zierlichem Rokoko, bekleiden ließen.

Wer in der Hauptpost an der Praça dos Restauradores am Abend die Angestellten der großen Banken, Geschäftshäuser, Agenturen beim Aufliefern der Postsendungen beobachtet, sieht die Fäden laufen und zittern nach allen Teilen der Welt. Aber das portugiesische Imperium, das unvergängliche, bekundet sich auf noch viel lebendigere Weise in dem mit Liebe angelegten zoologischen Garten. Das unverwindlich Traurige solcher Anstalten wird nach Möglichkeit durch Poesie gemildert: hinter den Gefängnissen der Tiere wiegt sich die Calla, und zartrosa Rosen, in deren Kelche Tropfen dunklen Gelbs gefallen sind, umkränzen den Palast von Bemfica, portugiesisches Rokoko, zartrosa getönt von melancholischer Heiterkeit. Die dichten Blütenwipfel der Mimosenbäume beschatten die Käfige, Becken und Verschläge. Und nun ist das Imperium da: bunte, kreischende Federsträuße aus Brasilien; Einsame in tief leuchtendem Gelb mit grünem Schweif, von denen das Land über dem Meere die Farbe der Fahne nahm. Und die Marabus mit hellgelben Schnäbeln, in Weiß gekleidet, das in Rosa übergeht und schwarz gesäumt ist, kommen aus Guinea wie die hellgrauen und die weißen Pelikane, die zarte, leise in weiß quer gestreifte und gefleckte Gazelle aus Angola, die ängstliche braune Taucherente wieder aus Brasilien, die Giraffe aus Mozambique: sie erhebt das ernste, von Erfahrung gezeichnete Gesicht über alle Menschen und Tiere, in überkreatürlicher, einer Art göttlicher Trauer. Stumm, unbefragbar liegen die Krokodile im feinen Sand, mit halbgeöffnetem Rachen, halb geschlossenen Augen, graue Steine, versteinertes Leben. Und die über die Enden kahler Stämme hängenden Schlangen, und das lärmende Affenvolk, und seine einsamen Weisen; die Flamingos, verhaltene Windspiele: das ist das ganze Imperium, seine furchtbare Schönheit, seine schlafende Gefahr, seine Kraft, seine zitternde Zartheit und sein unstillbares Leid.

Oben, um São Roque und den Carmo, in den Weinstuben schmaler Straßen girren und schluchzen nachts die melodischen Gesänge der Fados. Immer wieder geschieht es, daß das Lied sich durchsetzt in betörender Schwermut. Es geht nicht um eine bestimmte Erfahrung, ein bestimmtes Leid, vielmehr um das Leid des Daseins überhaupt, um den Kummer ohne Grenzen, um eine Schönheit, die untragbares Leiden ist, und doch um ein Leiden jenseits der Verzweiflung, jenseits der Tragik: saudade ist Gnade, in einem bestimmten Sinne Erlösung, aber heillos ist die Liebe. Wie saudade, so ist magoa ein unübersetzbares Wort; es deutet auf grenzenlosen Kummer, auf ein Meer von Schmerz.

»Vergangener Völker Müdigkeiten« beginnen zu singen. Und es ist mehr: Leben, das sich zerstören muß, das aus der Sehnsucht nach dem Untergange lebt. Das ist der Dämon der Alfama, der verwinkelten, versponnenen, tückischen Maurenstadt auf dem steilen Berge unter dem Kastell, der Treppen und Treppchen, Höfchen und Dämmernisse und Schattensegel; das ist der Dämon hinter halb heraufgeschobenen Fenstergittern und die Sage von mit Gold gefüllten Schatzkrügen, die längst zerscherbt sind. Aber in der Alfama oder dicht davor, unter der Kathedrale, ist der heilige Antonius geboren. Und das ist wohl die letzte Aussage der portugiesischen Hauptstadt: der Dämon der Alfama und Antonius, der das Kind auf dem Arme trägt, der sehnsuchtsvoll-glückselige Selbstzerstörer und die welt-verklärende Liebe haben hier Heimat, verschmelzen, einander widersprechend und umfassend, zur unhörbaren Harmonie.

Tiefe der Stadt! Kein Wort reicht auf den Grund. Sie hat Pombal, den Diktator und Wiedererbauer erduldet, den verhaßten Widerspruch. Das Unglück schaffte Raum, einen grandiosen Bauplatz. Und Pombal hat den Donner des unter der Erde hinjagenden Wagens verstanden. Aber eine jegliche Rettung kostet Freiheit. Und es sollte längst ein offenes Geheimnis geworden sein, daß die Demokratie ohne eine – sicherlich begrenzte – Bereitschaft zur Diktatur heute verloren ist. Das ist eine portugiesisch-europäische Weisheit.

Und es ist wieder Morgen, und die Glocke von São Mamede, meinem Fenster gegenüber im »Quartier Latin« Lissabons, die die

Nacht über schwieg – weit rücksichtsvoller als die in den Mauern und unter den Dielen wühlenden Ratten – fängt zitternd an zu schlagen, dreimal, und dann setzt sie aus, und dann wieder viermal, und dann folgen noch einmal drei Schläge. Morgen ist Gründonnerstag. Am Karfreitag erblickte Camões seine lebenverzehrende Geliebte in einer Kirche Lissabons, die fera humana, die ihn – wie Venus den Helden Vasco auf die Meere, an die Küsten – aus Babylon in die Ewige Stadt trieb. Die rot berockten Mesner tragen Callas in üppigen Garben die Treppe hinauf, und der leiderfahrene gütige Priester aus dem fernen Osten eilt unbemerkt, wie die vertriebene Kirche selbst, zwischen den Wagen hindurch. Die Hochzeitsgesellschaft, der Leichenwagen und die Taufgemeinde werden an der Kirche nicht ausbleiben, und auch die lustigen Regenschirme nicht. Denn der Atlantik ist ungnädig heute, und Platanen und Palmen schauern im kalten Wind. Und morgen oder heute abend schon wird Lissabon wieder aus dem Meere steigen, strahlend-unergründlichen Blicks: es ist nicht mehr das Meer der Entdecker und Eroberer, es ist die Unendlichkeit ohne Sturm und Schiffbruch, in die, wie der Dichter sagte, der Strom der Hoffnung sich verströmt. »Armes Kind, Unsere Liebe Frau hat Dich so unglücklich gemacht«, so ließ sich der einsam frühverstorbene Dichter Antonio Nobre von seiner Amme trösten: er hatte sich hindurch gelitten zur mildesten Form des Leids, zu seiner frommen Schönheit.

# Europa und die Seele Portugals

# *Europa und die Seele Portugals*

Von Europa zu sprechen ist kaum mehr möglich. Es ist alles gesagt, und schon sind wir dazu übergegangen, den Namen unseres Erdteils abzulegen und uns zu »Euratom« und »Euromarkt« zu bekennen. Große Sender halten es für nicht mehr zeitgemäß, die Sprachen der sogenannten »kleinen« Völker zu vertreten. In den internationalen Konferenzen werden diese Sprachen rücksichtslos überspielt. Nun kommt es aber nicht auf die Zahlen an, sondern auf den Lebensgehalt, auf bestandene Geschichte und ihren Fortgang, auf die Seele, die Eigenart des Verhältnisses zur Welt und zu Gott, die allein Geschichte belebt und ohne die keine Geschichte ist. Europa: das ist ein Name von geheimnisvoll mythischem Gehalt, Name der phönikischen Königstochter, die der Gott in Stiergestalt geraubt hat, Mutter der Heroen, die in den Mysterien Kretas göttliche Ehren genoß. Sie, die Verdunkelte, ist dem dunkelnden, gegen Sonnenuntergang gewendeten Erdteil zum Zeichen geworden – während sie unter neuem Namen fortstrahlte in uralt östlich-griechischer Kultur. Sie hat also uns ihren ersten dunklen Namen hinterlassen und sich gleichsam als Mutter und Göttin, als göttliche Mutter, im Osten verjüngt. Sie hat Aufgang und Untergang verbunden, den Orient und Atlantis. Das ist das Wesen Europas: die gleichzeitige Gegenwart des Ostens und Westens, die Spannung zwischen beiden und die Fruchtbarkeit der Vereinung fast zerstörender Gegensätze, die von der in der mittelalterlichen Geschichte und in der europäischen Geistesgeschichte sich auswirkenden Spannung zwischen Nord und Süd gekreuzt wird. Europa: das ist nicht der Name eines politischen, militärischen, wirtschaftlichen Programms. All das würde zur Selbstbehauptung nicht genügen: Europa ist ein bestimmter Blick auf die Welt, nach Westen und Osten, Untergang und Wiederkehr; es ist Bekenntnis zur lateinisch-griechischen Kultur und Widerspruch. Europa ist eine bestimmte Art zu sein, Widersprüche anzunehmen, widerspruchsvolles, in seinen Widersprüchen überquellendes Leben.

Europa ist eine Gemeinschaft von Volkspersönlichkeiten, deren jede ihre besondere Sendung hat; und nur solange sie sich in ihrer Einheit behaupten, ist Europa da. Sicherlich: das Bewußtsein der Einheit muß um einen Grad stärker sein als die Liebe zur Sonderart, aber doch nur um einen Grad. Wollten wir die Profile der Völker verwischen oder verkennen, so ginge alles verloren, was wir wahren und verteidigen sollen. Es lohnte sich dann nicht mehr, den entsetzlichen Forderungen sich zu stellen, die im gegenwärtigen Weltstand eine Verteidigung erhebt. Ich selber – erlauben Sie mir dieses Bekenntnis – bin für mich nicht imstande, sie zu vollziehen. Aber auf dem Staatsmann, der tausendjährige Geschichte und Kultur zu verantworten hat, lasten Gewichte, die ich nicht trage. Alles ist personaler Verantwortung überlassen. Und wohl niemals hing so viel von ihr ab. Wir sind eins in der Schicksalsgemeinschaft, sind eins im Denken, Forschen und Fragen, das in diesen Jahren vielleicht an äußerste Grenzen gestoßen ist; sind eins in der Verpflichtung an die geistige Herkunft, an Athen und Rom: Und wir sind nicht eins und können und sollen es nicht sein in den Forderungen der Traditionen. Europa ist ein Delta: der Strom zerteilt sich vor der Mündung. Aber alle seine Arme münden in dasselbe Meer. Europa in seiner eigentlichen Gestalt ist ein leidenschaftlicher Protest gegen jegliche Vereinfachung, jede plausible Lösung, jeglichen Versuch, Menschen und Völker auf einen Nenner zu bringen. Und eben dieser Protest, dieses glühende Bekenntnis zur geschichtlichen Individualität ist europäische Lebensform, nicht als Verneinung, sondern als Leistung, als Gestaltung in Geschichte und Denken und Kunst. Europa: das ist ein großer Entwurf; ein Wurf über die Meere in Fernen, die geahnt, geschaut, nicht beschrieben werden können. Europa: das ist ein Leben an der Küste, das Plus ultra, die Sehnsucht um der Sehnsucht willen, ein Verlangen über sich selbst hinaus.

Und nun verstehen Sie – ich bitte Sie darum –, warum ich Europa und die Seele Portugals in ihrem Verhältnis zu Europa zum Thema gewählt habe: Portugal ist für mich ein exzentrisch europäisches Phänomen. Hier eben, im äußersten Westen, wo die Küste abstürzt, das mar tenebroso dunkelt als Verheißung, Verlockung und Gefahr, enthüllt sich das Wesen Europas, wie die Beschaffenheit einer Gesteinsschicht an der Bruchstelle. In gewissem Sinne ist Portugal als der südwestlichste Küstenstreifen das europäischste Land, und nur dies, nicht die immense geschichtliche Leistung des portugiesischen Volkes ist das Thema meiner Ansprache, die dem großen Gegenstand natürlich nicht gerecht werden kann. Portugiesischen Zuhörern kann ich nichts Neues sagen: vielleicht unterhält es Sie ein wenig, zu erfahren, was mir Portugal bedeutet; welche Gestalten ich liebe und welche Dichter. Das ist natürlich ganz subjektiv. Werturteile wage ich nicht auszusprechen. Ich verfolge mit Interesse, wie in Zeitungen und literarkritischen Werken die Meinungen auseinanderfallen und einander widerstreiten; wie einem Schriftsteller oder Dichter von der einen Seite Unsterblichkeit, von der andern Vergessenwerden angekündigt werden, wie etwa Fialho de Almeida, der mich fasziniert, aber meinem Verständnis auch manche Mühe macht. Nun, im Widerspruch solcher Art liegt gesunde Selbstkritik, ernstes Ringen um Selbstverständnis. Es schadet dem Schrifttum eines Volkes keineswegs, wenn es durcheinandergerüttelt und -geschüttelt wird: die echten Körner gehen nicht verloren.

Am liebsten würde ich zitieren. Aber ich weiß, daß portugiesische Ohren sehr empfindlich sind. Und das mit Recht: am Verhältnis zu seiner Sprache entscheidet sich in wesentlichem Grade die geschichtliche Existenz eines Volkes, und wenn wir hinabgreifen in die Stromtiefe der portugiesischen Sprache, der Sprache des Königs Dinis, des Ackermanns und Gesetzgebers und Freundes der Dichter, Königs schlechthin, so gleiten uns Geschmeide in die Hand: Ich will nicht von der so viel mißbrauchten saudade sprechen, deren Wesen ihre Unbegrenztheit und Undefinierbarkeit, die in Melodie sich lösende uranfängliche irdische Unerfüllbarkeit der Kreatur ist, der Daseinsschmerz und das Verlangen des Daseins über sich selbst hinaus. Aber welche Schmerzenstiefen schlummern in mágoa, welche Erfahrung menschlicher Existenz im Fala-só und in sózinho! Unamuno – Sie werden es mir nicht übel nehmen, wenn ich einen Spanier zitiere und vor der spanischen Tradition mich in Dankbarkeit beuge, wie fest ich auch überzeugt bin von der Unabdingbarkeit der iberischen Dualität; Unamuno, Baske und Kastilier zugleich, ein religiöser Nihilist, hat das Wort »nada« als Krongut der spanischen Sprache gefeiert. Ich kann die Krongüter der portugiesischen nicht aufzählen. Sie hat nicht allzu viele, aber leidenschaftliche Bewunderer in Deutschland gefunden. Ich erinnere nur daran, daß eigentlich erst die deutsche Romantik das Vermächtnis Portugals entdeckte; daß Goethe weinte über der Standhaftigkeit des Dom Fernando, so wie Calderón ihn sah; Ludwig Tieck den Sänger der »Lusiaden« in einer ergreifenden Erzählung gestaltete; August von Platen, hoher Meister deutscher Form, in wenigen Wochen Portugiesisch lernte und fortan seine Tagebücher in dieser Sprache führte; daß Kant, der nach kurzer Wanderung der Jugendjahre niemals reiste, das Erdbeben des

Jahres 1755 mit bewundernswerter Genauigkeit beschrieben hat.

Der Vers, den August Wilhelm von Schlegel, der große Übersetzer, an die südlichen Dichter richtete, ist noch von typischer Befangenheit:

> Halb Römer, stammt ihr dennoch von Germanen.

Aber im selben Gedicht erwacht die Erinnerung:

> Eins war Europa in den großen Zeiten…

Der Geist der Ritterschaft einte die Völker: für einen Glauben wollten alle streiten:

> Da war auch Eine Poesie erklungen,
> In Einem Sinn, nur in verschiedenen Zungen.

Und ich kann es mir nicht versagen, die Verse zu zitieren, mit denen Platen, nachdem er sich vor Petrarca geneigt hat, dem im Sonett dem Forentiner ebenbürtigen Portugiesen huldigt:

> Und also sang auch manches Abenteuer
> In schmelzend musikalischem Sonette,
> Ein Held, der einst durch wilde Wogenbette
> Mit seinem Liede schwamm, als seinem Steuer.

Das Lied war in der Tat nicht allein des Dichters, es war des Volkes Steuer: im Lied war sein Wesen bewahrt. Und Kraft des Liedes – das ist vielleicht ein einzigartiges Vorkommnis, überdauerte das Vermächtnis die Katastrophe am Ende der Entdeckerzeit: das Gedicht überwand die Geschichte. Es erwies sich als Portugals Unsterblichkeit.

Ich bin hoffnungslos unbegabt, was das Sprechen einer fremden Sprache betrifft, aber ich habe doch schon vor dreißig Jahren die meisten Bücher des unbequemen Spötters Eça de Queiroz mit großer Freude im Original gelesen. Auf Grund einer mir zugegangenen mündlichen Überlieferung möchte ich andeuten, daß Friedrich Nietzsche ihn in französischer Übersetzung kennen- und schätzen lernte. Ich werde Eça, einem Verklärer der Monarchie, immer dankbar sein für glückliche Stunden, ob nun sein Spott noch erträglich ist oder nicht. In vollendeter Eleganz beugt er sich hier in Lissabon auf dem ihm gewidmeten Platz, unter den verschwisterten Palmen, über eine entkleidete Dame, die vorgibt, seine Muse zu sein. Sie ist reizend, aber seine Muse ist sie nicht. Die Muse der »Maias«, der »Illustre Casa de Ramires«, des »Mandarim« ist von bewegender Schönheit, Anmut und Trauer. Ich stand am Grab des Garcia Resende in der Eremitage in Évora, einem echt portugiesischen Gedicht, gewoben aus Gartenschönheit, Liebe und Versunkenheit und Resignation. Seine Romanze von Inês de Caserto scheint mir, was Einsicht und menschliche Größe betrifft, noch die berühmten Strophen des Camões zu übertreffen: sie ist vollkommener Ausdruck der Tragik der Liebe in der Geschichte; der Tragik des Königs; der Tragik der Notwendigkeit. Denn immer steht die Sendung im Widerspruch zum Herzen. Und daß Portugal in gewissem Sinne über das Herz hinwegging um der Sendung willen und dann doch noch das Herz wiederfand in dem großen Schiffbruch, der Schicksal aller Völker ist, und, nach Camilo, die einzige Chance des Menschen hin zu Gott: das scheint mir zu dem Wesentlichen zu gehören, das die portugiesischen Dichter ausgesagt haben; was das portugiesische Volk als geschichtliche Existenz und Persönlichkeit dargestellt hat.

Ich habe verstehen gelernt, daß Camões nicht die einsame Gestalt ist, als die er im europäischen Bewußtsein steht, sondern daß er umgeben ist von einem Kreise bedeutender Dichter – wie ja niemals die repräsentative Leistung eines Volkes völlig einsam und ohne Zusammenhang auftritt. Ich habe mich in den Werken des Oliveira Martins verloren, die Kraft und Leidenschaft seiner Darstellung, die Unerbittlichkeit und Freimütigkeit seiner Kritik und Einsicht bewundert, ohne heute noch zu vielen seiner Urteile zu stehn. Für mich hat es etwas Erregendes, wie innerhalb der portugiesischen Geschichtsschreibung in den letzten Jahren eine Umwertung sich vollzieht; insofern habe ich sehr viel zu lernen aus der Geschichte Portugals von João Ameal. Ich liebe über alles die Chroniken des 15. und 16. Jahrhunderts, die Berichte vom Glück und Elend der Entdecker, vom Vollzuge des Fluches, den der Alte von Restello, geniale Vergegenwärtigung einer scheidenden Volksgestalt, über die Schiffe Vasco da Gamas ausgesprochen hat. Mehr als Oliveira Martins wird mir wahrscheinlich in den kommenden Jahren Alexandre Herculano sagen, dessen ethische Persönlichkeit, dessen klarer Stil ungemein wohltätig sind. Aber von den Vaincus de la vie komme ich doch nicht los. Sie haben uns viel Weisheit hinterlassen, das Königtum der Resignation. Denn es ist ja nicht wahr, daß immer dort ein Weg ist, wo ein Wille ist; sehr oft ist ein Wille da, aber kein Weg; das ist eine mitteleuropäische, neuerdings auch eine englische Erfahrung. Wenn nämlich der Wille sich nicht mit Weisheit, mit Menschlichkeit verbindet, so ist eben kein Weg. Wie gerne besuche ich Anthero de Quental in dem Tälchen des Estrella-Parks, wo er mit den Pfauen und einem melancholischen Storch allein ist, und wie dankbar grüße ich im Vorüberfahren die herbe Gestalt Camilos, der Verderben und Seligkeit der Liebe in ihrer Untrennbarkeit verherrlicht hat! Von Fialho de Almeida, einem Zola Lissabons, in gewissem Sinne, habe ich schon gesprochen; seine Bildersprache macht mir Mühe; er ist in solchem Grade Poet, daß er kaum mehr Prosaist sein kann; aber oben, unter dem urtümlichen Baumgewächs von Nossa Senhora do Monte, wo er wohl einige Jahre gelebt hat, war er mir ganz nah. Kein Leben reicht aus, um zu begreifen, was Lissabon eigentlich zu sagen hat: was es zu bedeuten hat, daß der Dämon der Alfama und der heilige Antonius von Padua desselben räumlichen Ursprungs sind. Es wird Sie wahrscheinlich befremden. Aber darin sehe ich das Geheimnis der portugiesischen Hauptstadt: daß sie in gleicher Entschiedenheit die Heimat des maurischen Dämons und des franziskanischen Predigers ist. Ich bringe keinen Maurenhaß mehr auf. Ich danke Mohammed, daß er seine Scharen an den Tejo geschickt hat – wie an den Guadalquivir. Was wären die kühnen ersten portugiesischen Könige ohne Mohammed und seine Herausforderung, die sie auf den Weg ihrer Bestimmung rief? Was wären wir alle ohne unsere Feinde, ohne Hunnen, Mongolen und Türken? Was wäre Europa ohne den Schatten der Todesgefahr? Und was wäre diese unsere Zeit, wenn sie uns nicht aufriefe zur Behauptung unseres innersten Selbst; nicht zur Waffenmacht, sondern zur wahrhaftigen Existenz: wenn die Gefahr uns nicht geböte, immer europäischer, das heißt – ich übertreibe nicht – immer portugiesischer zu werden; ich meine: Leben und Dasein der Völker und Mächte als Existenz an der Grenze zu verstehen, als Ausdruck des uns eingeborenen Plus ultra, des über alle Grenzen Hinaus. Denn tödlich für Europa einzig und allein ist der Versuch, Welt und Geschichte abzuschließen und auf das Drama des Daseins eine unverrückbare Antwort zu geben, was soviel heißt als der saudade ins Herz zu stoßen und sie für immer zu begraben.

Ich glaube, die portugiesischen Dichter, die Melodie der portugiesischen Geschichte, des Aufbruchs in noch nie befahrene Meere

Por mares nunca dantes navegados

werden Recht behalten, und hoffe es inständig. Denn wir leben nur so lange, wie wir mehr wollen, als wir sind und erreichen. Antonio Nobre, der von der Gottesmutter selbst sein Unglück entgegennahm, begleitete mich an der Küste von Algarve, zwischen den Blumengärten des João de Deus; und auf der Buchmesse auf dem Rocio ging mir – so spät erst – eine Ahnung brasilischer Dichtung auf. Immerfort klingen die Verse mir nach:

Em que espelho ficou perdida A minha face?*
[Cecilia Meireles]

Erst jetzt verstehe ich den Blick Portugals gegen Südwesten, ahne ich eine über den Atlantik herüberwehende exotische Latinität von äußerster Verletzlichkeit.

Ich will, wie der Titel sagt, nicht eigentlich von der erstaunlichen geschichtlich-kolonisatorischen Leistung Portugals sprechen, sondern von seelischen Werten und deren Bedeutung für Europa. Man muß – nur im Vorübergehen gesagt – sehr viel Geschichte erlitten und durchlitten haben, wenn man Portugal verstehen will. Man muß nicht losgekommen sein von der Frage nach Wert und Unwert der Macht, nach der Substanz, auf die sich die geschichtliche Existenz eines Volkes gründet; nach dem Geheimnis einer Sendung und der Weise, auf die sich eine Sendung modifiziert, erneuert und damit forterbt, wenn man die Aussage des portugiesischen Volkes und seines Geschicks in ihrer Reinheit auffassen will. Nun, in den dreißig Jahren, die seit meinem ersten Besuch vergangen sind, hoffe ich ein wenig gelernt zu haben. Sie waren eine unbarmherzige Lektion der Geschichte, die mich, wie ich hoffe, aus deutschen Vorurteilen löste, und von der Sucht zu urteilen und zu kritisieren befreite. Worauf es ankommt: das ist eine Volksgestalt, eine Eigenständigkeit, ein lebendiges Vermächtnis aus ihren eigenen Voraussetzungen, aus der Stunde ihrer Berufung zu begreifen; was für ein Volk groß ist, das ist objektiv groß, ob ein anderes Volk diese Größe zu verstehen vermag oder nicht. Die eigentliche Auf-

* In welchem Spiegel verlor ich mein Gesicht?

gabe der Geschichtserfassung hat mit Kritik gar nichts zu tun; diese ist immer das Leichteste, weil sie ja an die Stelle des Verständnisses tritt und über die Aufgabe, zu erforschen, zu verstehen, zu achten, zu lieben mit importierten Oberflächlichkeiten hinweghilft, mitgebrachte Werte einsetzt, statt Wertverständnis sich zu erwerben. Wie oft, wie lange habe ich geredet, ohne gehört zu haben! Nun aber möchte ich nur noch hören und versuchen, ein reines Echo zu sein. Die Liebe meines Lebens sind Völker gewesen, das portugiesische die früheste; dann erst, nach dem portugiesischen Erlebnis, fand ich zum eigenen Volk, von dem mich natürlich nichts trennen kann – und immer mehr Stimmen – leider nur des Westens – gingen mir auf. Es ist kein Tag, da ich nicht höre, wie sie sich verschlingen und Geschichte bezeugen; wie ihre Vielfalt sich vereint in Harmonie, deren Bedingung es ist, daß eine jede Stimme sich rein erhält, eine jede Sprache in ihrer von der Geschichte geprägten, von ihr gesättigten, Schicksal bestimmenden Aussage.

Die Geschichte eines Volkes ruht auf einer Sonderart, einer ganz bestimmten Seelenhaftigkeit, einem bestimmten Verhältnis zur Welt, das sich am deutlichsten in der Sprache ausdrückt. Für den Gläubigen steht dahinter eine Berufung von oben. Warum das Land und Volk vom Minho zum Algarve eine Wesenheit von durchaus eigener Farbe darstellt, warum diese schmale Aussichtsbank über dem Atlantik von einer Volkspersönlichkeit besetzt worden ist, bleibt so unerklärlich wie alle geschichtlichen Ursprünge. Natürlich wirkten Schickungen mit. Aber der Anfang ist immer ein Rätsel. In seinem Dienst standen die ersten portugiesischen Könige, die, ich kann es nicht leugnen, für mich etwas Unheimliches haben, soviel sie mich auch beschäftigen. Der Fluch der Donna Teresa über ihren Sohn geht mir nicht aus den Ohren. Es ist ein tragischer Vorklang, den kein Dichter hätte besser ersinnen können.

Die teuerste Gestalt, überhaupt, eine der schönsten der europäischen Geschichte, bleibt Nun'Alvares: der Mann, der seinen König zur entscheidenden Schlacht zwingt; bei aller Sicherheit, was die Sendung angeht und wohl gerade durch sie, ein Kind auf den grausigen Schlachtfeldern, an den Stätten des Lasters und der Korruption, ein Mann des Streites, der den Frieden im Herzen trägt; Feldherr, der seine Fahne niederlegt, sein Schwert aufhängt vor dem Altare, der den Armen die Suppe schöpft, die Alten im Hospital erfreut, die Kranken besucht, der zum unscheinbaren, kleinen, gebückten Mönchlein wird auf den steilen Straßen und Treppen dieser Stadt; die vollkommene Einheit von Mission und Verzicht. Ihm ist es gelungen, das ritterlich-kriegerische Ideal in der rechten Stunde durch ein höheres zu überwinden und in klarem Bewußtsein Gott alles zurückzugeben, was Gott ihm gegeben hat, und mit Heiterkeit den Undank der Erben zu ertragen. Ich kenne keine Feldherrngestalt seines Ranges, und ich selbst und nun für mich und nur aus meinem Gewissen und ohne jeden Anspruch auf Verbindlichkeit ein Verneiner des Tötens und der Waffe, wäre doch nicht imstande, das Soldatische als solches abzulehnen, schon um dieses einen Vertreters willen. Tilly, der bayerische Feldherr des Dreißigjährigen Krieges, und Prinz Eugen stehen ihm nahe, aber ich glaube, er war doch anderen Ranges: ein reiner Mensch zwischen abstoßendem Verfall und glorreichem Aufbau, ein Erwählter, eine Gnadenmacht für sein Land, heute und hoffentlich immer.

Heinrich der Seefahrer war ihm wohl am nächsten in der Einheit von Sendung, männlicher Wirkkraft und Verzicht. Ich war vor einigen Tagen am Kap Vicente und habe einen Blick getan über die letzten umbrandeten Felsentürme in das Grenzenlose. Es ist der bezeichnende europäische Blick: Europa über Europa hinaus. Und eben diesen Blick sollten wir nachleben, wenn wir Europäer sein wollen. Denn Europa hat sich immerfort selbst übersteigert, hat über seine Grenzen gedrängt, gewiß aus Verlangen nach Macht, gewiß aber auch aus Fülle, die sich verströmen will in die Welt und also der Welt etwas bringen will, »neue Welten der Welt«, gewiß aus geheimnisvoller Erwählung. Sendung ist geschichtliches Leben, und ohne Sendung und Sendungsbewußtsein wird kein Volk sich halten können, und ebensowenig wird das eine Völkergemeinschaft vermögen. Die geschichtlichen Denkmale über den Meeren, die Portugal heute verwaltet, haben ihre Mission als Orte geistig-religiöser Ausstrahlung. Sowenig wie Europa den Osten, den Nahen wie den Fernen, entbehren kann, sowenig der Osten die Brücke zu Europa, mit dessen Waffen, mit dessen Geist er sich gegenwärtig rüstet. Die große von Portugal ausgegangene Bewegung des 15. und 16. Jahrhunderts ist ja keineswegs in einer Richtung verlaufen. Die Schiffe des rätselvollen Mannes auf dem Felsen zu Sagres fuhren nicht nur aus, sie kehrten zurück, belastet mit Raub, aber geschmückt mit Wundern. Der Tejo ist nicht nur Mündung, sondern Eingangstor. Aber freilich: es hat sehr lange gedauert, bis die eigentlichen Überlieferungen des Ostens entdeckt wurden und ins europäische Bewußtsein drangen. Das ist erst Dreihundert Jahre nach der Fahrt des Bartholomeu Dias geschehen. Und eine große Forderung steht noch offen: die Verbindung, natürlich nicht Verschmelzung, aller echter Religion: sie würde vielleicht zur Rettung der Welt. Der Weg ist noch ganz offen. Heinrich der Seefahrer hat ins Grenzenlose geblickt, in eine Weite, die Frage ist. Und nur von geschichtlichem Vollzug, ich meine: vom Leben und Wirken in diesen Perspektiven, wird eine Antwort zu erwarten sein. Die Mission des Christusritters von Sagres ist keineswegs verbraucht. Denn alle Völker hat Christus gemeint.

Damit komme ich zu Camões und seiner Weltvision, seiner die Antike erneuernden Konzeption des Kosmos. Sein großes episches Gedicht gleicht – der Vergleich ist sicher nicht neu – den Säulendenkmalen römischer Kaiser, Hadrians und Trajans: die aufsteigende Spirale eines grandiosen Reliefbandes vergegenwärtigt die bedeutendsten Szenen, aber nicht eines persönlichen Lebens, nicht eines bestimmten Vorgangs, sondern einer volkhaften geschichtlichen Existenz und Sendung. Folgerichtig trägt die lusitanische Säule des Camões nicht die Statue eines Menschen, sondern die Kugelsphären, das Wappen Emanuels des Glücklichen, das Bild der Weltharmonie. Denn der Anblick der Weltharmonie, nicht Gold und Schätze und Macht ist der Lohn, der Vasco da Gama in dem letzten Bild des Reliefbandes von seiner Göttin und seinem Dämon, von Venus geschenkt wird: ein geistiges Geschenk also und ein geistiger Auftrag, eine Bestimmung, an der Menschen wohl versagen, die sie aber niemals verbrauchen können. Mit der völlig einmaligen Zusammenfassung eines Volksgeschicks, der künstlerischen Versinnlichung einer geschichtlichen Idee, des Gedankens einer geschichtlichen Mission überhaupt, erscheint mir der Blick auf die naturhafte Weltharmonie als das Außerordentliche des Camões. Seine Vision ist zugleich naturhaft und transzendent, nicht platonisch transzendent im Sinne Dantes: sie ist das Weltbild einer Menschheitsära, an deren Aufgang Camões steht, verwandt der Weltharmonik, die etwa hundert Jahre später Johannes Kepler, ein ekstatischer Mathematiker, entworfen hat. Dieses Werk ist ein unvergängliches Wort an die Welt, aufgestiegen aus Geschichte, Geschichte erschließend und überwindend und von seiner Höhe wieder in sie zurückführend. Als künstlerischer Wert steht aber das lyrische Werk des Camões, Sonette, Eklogen, Elegien, Redondilhas zum mindesten auf derselben Höhe. Die Welt wird es vielleicht nie ganz verstehen, es ist zu portugiesisch, und das ist sein hinreißender Reiz: Es ist ein Labyrinth von Grotten, über die Efeu, Glyzinien, Geranien, Schlinggewächse hängen; die Kalla blüht dazwischen, die Eremiten und gefühlsseligen Büßer von Arrabida, den capuchos, von Bussaco haben darin ihre Stätte, aber auch Helden ruhen sich auf weichem Moose aus, verwirrende Göttinnen schweben wie weiße Tauben herein, und der Dichter geht vorüber, leidenschaftlich genießend und klagend und sich über sich selbst hinaus sehnend wie Europa in Sagres und endlich sich verfluchend, den Stern seiner Geburt, das in seinen Eingeweiden gebildete Schicksal, das Lied der Amme, die eben Venus war, die Gnadenvolle und die Zerstörerin; die Welt und ihre Weiten, die er, wie wenige, mit allen ihren Schrecken und Verhängnissen geliebt, geschildert, gefeiert hat.

Venus, und das ist das Geniale, ist es, die Portugals Geschichte in der Vision des Camões führt. Sie ist der Erscheinung verwandt, die der große spanische Dichter F. G. Lorca als »duende« verehrt und gefürchtet hat: Aufgang und Untergang zugleich, Versprechen und Verführung, Glück und Verderb, das Göttliche eben, das im Irdischen, in der Geschichte, zweigesichtig ist. Wenn ich hinüber nach Cacilhas fahre, um den sich entfaltenden Anblick Lissabons zu genießen: der liebste Blick ist mir der von der schwankenden Fähre, und die übereinander steigenden Häuserzeilen und Kuppeln in verhaltenen Farben schimmern und irisieren wie Perlmutter –, so habe ich stets diese Empfindung: Venus ist den Tejo heraufgeglitten im Abendwind auf ihrer Muschel, wie Botticelli sie gesehen hat. Hier stieß die Muschel leise an; die schimmernde Muschel ist Lissabon, Venus aber ist an das Land gestiegen, in das Land hinein; ich weiß nicht, wohin sie ging, aber sie ist da und schwelgt und trauert im portugiesischen Gedicht.

Und nun werden Sie es vielleicht nicht als Übertreibung oder unangebrachte Schmeichelei aufnehmen, ich bitte Sie sehr darum, sondern als Bekenntnis, wenn ich sage, daß Lissabon mir die liebste der europäischen Groß-Städte ist. Ich liebe und bewundere sie alle und fühle mich in allen zu Hause, von Rom bis Helsinki, von Stockholm, Oslo und Kopenhagen bis Amsterdam, von London und Edinburgh bis Paris und Marseille, Madrid und Barcelona und Prag – in Wien bin ich nie gewesen, denn ich fürchtete immer, das Herz werde mir brechen von unsagbarer Trauer, und natürlich liebe ich Berlin, wie es heute ist, zerteilt, zerstört, nicht gebrochen.

Aber in Lissabon drücken die Gewichte des Daseins nicht ganz so schwer auf mich wie irgendwo sonst; um ein Kleines sind sie erleichtert. Die Sensibilität, das Einfühlungsvermögen der Menschen nehmen mir ein Gewichtlein ab. Es ist ihr eigentümliches Gefühl für Leiden, ihre Sympathie für das Leid, die hier das Dasein erleichtern. Aber dieses Persönliche bedeutet so gut wie nichts; es geht vielmehr um ein Großes, ein Allgemeines. Alles Geschichtliche, jede Erscheinung und Leistung, trägt den Tod im Herzen: Camões hat seine Zeitgenossen gefeiert und zugleich verdammt, er hat in die grandiose Vorzeit geblickt und in eine düstere Zukunft, er hat Aufgang auf Untergang gereimt, Glorie auf Schande, Seligkeit auf Vernichtung; er hat im Sinne Marc Aurels in dem einen ihm gegebenen Augenblick, in dem jetzt Vorhandenen, alles erkannt und ergriffen, was in der Geschichte überhaupt möglich ist. Lissabon reflektiert, als Muschel der Venus, Menschen- und Völkergeschick, geschichtliche Existenz. Es steht auf Erdbebengrund, und das Erdbeben gehört zu Lissabon, wie der Diktator Pombal zur Hauptstadt gehört. Und wir alle, wo wir auch sein mögen, leben auf Erdbebengrund. Eine jede Nacht höre ich das Donnern unterirdischer Fuhrwerke. Plötzlich kommen die Brunnen nicht an. Und dem Ungeziefer wird es unbehaglich. Es kriecht aus den Erdrissen hervor, wie die Käfer an den Tejo-Ufern schon etliche Tage vor Allerheiligen 1755. Ich kann es nicht leugnen: ich liebe das. Ich liebe die apokalyptische Atmosphäre europäischer Geschichte. Und darum, das ist der tiefste, Sie wahrscheinlich befremdende Grund, liebe ich Lissabon. Ich lasse mich so gerne daran erinnern, daß alle Uhren, nach einem plötzlichen wilden Stoß auf die ratlosen Pendel, stillestehn werden, daß die Zeit, wie der erschossene Lorca sagte, »schon Horizonte« hat.

Ich muß bekennen, daß ich nie ohne einen Schauer der Bewunderung für rätselhafte Größe an der düstern Gestalt Pombals vorübergehe. Der große Zug portugiesischer Geschichte ist ohne ihn sowenig denkbar und verständlich wie die einzigartige Linie der Avenida von Dom José I. über Pedro IV. von Brasilien zu der Säule des Diktators, an deren Fuß das portugiesische Volk sich in ein ehernes Arbeitsgebot beugt. Pombals Prozeß ist sistiert worden und wird vielleicht nie entschieden werden. Ich bin der letzte, der Zwang und Grausamkeit entschuldigt; ich habe mein Leben lang versucht, dagegen zu kämpfen – sofern eben eine isolierte geistige Existenz kämpfen oder gar wirken kann unter der Diktatur –, wenn aber Oliveira Martins Pombal den »Sohn des Erdbebens« nannte, so hat er auf seine geniale Art etwas richtig gesehen: nämlich die geheimnisvolle Übereinstimmung des Gewaltigen von Queiras mit einem unerklärlichen untergründigen Geschick. Wohl mag es sein, daß er im Jubeljahre 1882 auf eine tendenziöse Weise überschätzt worden ist; daß Mithelfer und Nachfolger für den Wiederaufbau der Stadt und des Landes kaum weniger getan haben als er; daß er in vielem irrte und sich verfehlte. Er bleibt doch eine in höchstem Grade instruktive europäische Gestalt, die einer anbrechenden Ära der Diktaturen gerade in der Übersteigerung vieles vorweggenommen hat. Das Verhältnis zwischen Freiheit und Ordnung, zwischen Persönlichkeit und Staat ist eines der wesentlichen Motive europäischer Geschichte, seit Perikles zu den Athenern sagte: »Mit dieser eurer Herrschaft ist es bereits dahin gekommen, daß sie der Gewalt eines Tyrannen ähnlich sieht; dabei scheint es ebenso ungerecht, sie an sich zu reißen, als es gefährlich ist, sich ihrer zu begeben.« In der römischen Verfassung standen Amt gegen Amt, Vollmacht gegen Vollmacht. Ohne die Bereitschaft, in äußerster Gefahr sich der Diktatur zu unterwerfen, hätte sich das Römische Imperium nicht gehalten. Das Problem, das, freilich auf die krasseste Weise, mit Pombal auftrat, ist ein abgründiges, ein vielleicht unlösbares. Freiheit als geschichtliche Erscheinung kann sich nur in der Bindung an echte, entschiedene Herrschaftsformen behaupten, das heißt: Freiheit ist in einem wesentlichen, aber nicht abzugrenzenden Grade Freiheit des Opfers. Es gibt dafür kein Gesetz. Daß der Freiheitsanspruch die ordnende Macht gefährdet, daß diese den Freiheitsanspruch verletzt; daß hier, auf seiten der Freiheit, eine entweder bedenkenlose oder der Einsicht ermangelnde Subjektivität sich erhebt; von seiten der regierenden Macht aber ein zu großes Opfer an Freiheit verlangt wird, ist ganz unvermeidlich. Es ist ein Widerspruch, auf den die Geschichte, nach bisheriger Erfahrung, gar nicht verzichten kann, der ebenso tragisch wie fruchtbar war und die Entfaltung getragen hat. In diesem Bezirke ist alles offen, und das eben scheint mir kennzeichnend für unser Erbe und Wesen zu sein. Offen ist das Maß, dem Vermögen, der Einsicht, den Möglichkeiten überlassen; fest stehen die Werte als solche: die Herrschaft und die Freiheit.

In der portugiesischen Lebensform also, soweit ich sie eben verstehen kann, in der geschichtlichen portugiesischen Existenz, habe ich die europäische in einer ganz eigenen, mich für mein Leben betörenden, in einer verwirrend schönen und gefährlichen Ausprägung gefunden. Hier hausen die guten einfältigen Kapuziner, die ihre Felsenlöcher mit Korkplatten ausdecken und schmale Schächte in die Felsen wühlen für ihre Toten, neben den Göttinnen, Sphinxen und Monstren von Benfica, am Strande von Cascais und im Schatten von Queluz, und die verwundeten Helden, die Dichter, die, wie Nobre sagte, Unsere Liebe Frau so unglücklich gemacht hat, werden hier freundlich aufgenommen. Von Macht und ihrem Verfall ist in dieser Lebensform alles – nicht gesagt, aber verdichtet, das sich erfahren läßt. Die Augen des einfachen Mannes aber, des Bananenverkäufers, des Polizisten, des Kellners sind, wie Fialho d'Almeida sagte, von jener Sanftheit des Blicks, in dem alle Resignationen strahlen: E essa doçura de olhar em que se estrellam todas as resignações.

Wenn Pombal in seinem natürlich rationalistisch übertriebenen Erziehungsprogramme die Mathematik für alle Disziplinen zum Pflicht-Fach machte, so ist er oder sind seine Berater doch einer bedenkenswerten Einsicht gefolgt, nämlich in die spezifischen Gefahren des portugiesischen Geistes, der portugiesischen Seele. Aus ihren schönen Versunkenheiten, aus ihren Zweifeln, aus der saudade ins Nirgendwo sollte die Mathematik, die Genauigkeit, Folgerichtigkeit, Sauberkeit des Denkens, die sie zu lehren vermag, befreien. Das Problem der estrangeirados ist ein Kriterium der portugiesischen Geschichte. In solcher Entschiedenheit kommt es vielleicht nur noch in der russischen Geschichte seit wenigstens dem 16. Jahrhundert, in schicksalhafter Ausprägung im 18. bis zum 20. Jahrhundert vor: hier wurde es immer mehr zum Verhängnis. Über die portugiesischen estrangeirados aber können nur Portugiesen urteilen. Dem Außenstehenden könnte es scheinen, daß sie ein Lebensprinzip vertreten: Wenn die inneren Gefahren überhandnehmen, der Reichtum der Seele, der Skepsis, die Neigung zur Weltabkehr und zu uferlosem Leid, der Stolz auf die Trauer die Tat hemmen, das Imperium bedrohen, wenn der Individualismus die Bereitschaft, Opfer zu bringen, verliert, so treten Kräfte auf, die als fremd erscheinen, weil sie die Dominante der Ordnung, Herrschaft, Reform gegen die Fülle des Innern vertreten. Vielleicht aber haben sie in Stunden der Gefahr die Kontinuität portugiesischer Geschichte gerettet: den Willen zum Imperium, der allein sie zu tragen vermag.

Das Problem streift an das der portugiesischen Selbstkritik. Sie ist, ohne Zweifel aus heißer Liebe zu Erbe und Volk, im vorigen Jahrhundert wohl überspitzt worden und hat sich noch bis an die Schwelle gegenwärtiger Erneuerung ausgewirkt. Sie ist gleichwohl bewundernswert in ihrem Freimut – und es wäre so manchem Volke zu wünschen, daß es ähnliche Selbstkritik übte. Ich bewundere auch die portugiesische Selbstironie und kann es nicht leugnen, daß ich gewisse kabarettistische Vorstellungen um ihretwillen mit Vergnügen besuche, während so vieles, was anderen dort Vergnügen macht, an mir zwar in muntern Takten, aber nicht geschätzt und meist unverstanden vorüberrinnt. Todos me lavam a cara (Alle waschen mir das Antlitz.): meine Landsleute nämlich, wenn ich das bekenne. Ich bewundere die Selbstironie des Mannes– und die Frau, die gerade den Mann in seiner Selbstironie zu lieben vermag. Ich glaube, so manches könnte uns ein bißchen besser glücken, wenn wir unsere Tatenlust mit dieser Selbstironie würzen wollten: der Mann ist es ja doch, der unsere gegenwärtige, nicht sehr verheißungsreiche Situation zu verantworten hat. Die Frau hat zwar politische Rechte erkämpft, aber sie ist viel zu klug, als daß sie diese ernsthaft ausüben wollte. Und das Wissen, daß so vieles a priori verweigert ist, daß sehr oft kein Weg ist, wo ein Wille ist– etwa am Suezkanal oder vor dem Kaukasus –, dieses Wissen, daß ein anderer mächtig ist und nicht wir, könnte so oft zur rechten Tat leiten. Selbstironie nämlich gehört durchaus zur europäischen Lebensform, und ohne jene ist diese gar nicht vollziehbar: das ist Tradition von Sokrates und vom Aufgang des Christentums zu Cervantes und Molière und Grimmelshausen und Holberg, zu den großen englischen und französischen Satirikern des 18. Jahrhunderts und unserem Lichtenberg und weiter zum österreichischen Volksstück und Schlager, genialen Leistungen, zu Grillparzer und Hofmannsthal, von Kierkegaard gar nicht zu reden.

Damit habe ich den engen Kreis dieses unzulänglichen Bekenntnisses durchmessen, das nur ein Dank sein will. Ich bin wieder bei den sogenannten »kleinen Völkern« Europas, die eben gar keine kleinen Völker sind, sondern Verwalter kostbarer Schätze; sie sind weise geworden an geschichtlicher Erfahrung und wissen, was Macht ist und Sendung, geschichtliche Stunde, Erbe und Freiheit. Ich meine vor allem die Küstenvölker, Norweger und Dänen, Schweden und Holländer und Portugiesen; ein jedes Volk in seinem Eigensein, seiner glorreichen und ergreifenden Tradition; seiner Selbsterkenntnis und Selbstironie; ein jedes Repräsentant Europas in einmaliger, unabdingbarer Gestalt.

Wir leben in der Zeit der Zusammenschlüsse und haben alle Aussicht, daß wir unseren Namen verlieren und »Euratom« werden und »Euromarkt«. Nichts gegen europäisches Gemeinschaftsbewußtsein – sofern eben Europa noch da ist; denn ein wesentlicher Teil ist im Augenblick verloren. Wenn aber das Haupt nicht mehr ist als der Helm, das Herz nicht mehr als die Börse, so ist Europa nicht mehr da. Seine Existenz von innen auf das Äußerste zu intensivieren, die großen Inhalte zu leben als Schicksal und Lebensform: das ist Aufgabe aller. Die Aufgabe Portugals aber ist – so scheint mir – Europa anwesend zu erhalten über den Meeren und die mit dem Kreuz geschmückten Wappenpfeiler, den Madrãu, zu behaupten an den Küsten, die seine Sendboten als erste betraten. Die andere Welt-Mission Portugals aber ist: die Repräsentanz brasilisch-lusitanischer Latinität in Europa in der Einheit des Widerspruchs zur anglo-amerikanischen Welt. Nur wenn beide in Kraft sind, leben wir in Europa. Nicht aber die Macht ist entscheidend, sondern die Intensität der inneren Existenz, das gelebte Dasein der Werte, ohne die jede Macht zerfällt. Portugal hat sich, seit fast dreißig Jahren, erneuert aus dem Ethos des Opfers, der Arbeit, der Liebe. Mich ergreift die Autorität einsamer Leistung, großer Distanz, der Schweigsamkeit. Keine Wahrheit, kein reiner Wille gehen in das Medium der Geschichte ein, ohne gebrochen zu werden. Keine Macht ohne Verzicht, keine Tat und kein Werk, die nicht dem Kreuz entgegenführen, der verhüllten Gestalt der Geschichte! Die Unüberwindlichkeit europäischer Geschichte ist eine Hoffnung wie die der portugiesischen, die ebenso schöne wie gefährliche Sage vom König Sebastian. Ich erinnere an das Kapitol, Herz Europas. Wer in der Nacht den von Michelangelo gestalteten Platz betritt, findet Marc Aurel, im Schein der Lampen, einsam, der Stadt zureitend, der Welt, mit erhobener Segenshand. Ein winziges Stückchen Gold soll noch, nach dem Glauben des römischen Volkes, in seiner Rüstung haften. Es wächst langsam, und wenn der Kaiser ganz in Gold gehüllt ist, so wird Friede sein, Europa geeint sein und die Gerechtigkeit in Macht: das ist unser Leben, unsere Unsterblichkeit: Europa über Europa hinaus.

# Nachwort

An dem Prosaisten Reinhold Schneider, und zwar sowohl an dem belletristischen Erzähler wie an dem dichterisch-einfühlsamen Geschichtsschreiber, fasziniert immer wieder das Höchstmaß von Identifizierung des Autors mit seinem Gegenstand. Dadurch, daß er sich den Gestalten der Vergangenheit tatsächlich beigesellt, daß er in die Landschafts- und Kulturräume unserer Historie gleichsam körperlich eintritt – in einer Weise »real«, für die wir kein zweites vergleichbares Beispiel innerhalb der deutschen Literatur kennen –, erweckt er das Gestern nicht nur zu neuem Leben, sondern stellt er auch unser geschichtliches und kulturelles Kontinuitätsbewußtsein wieder her. Schneiders Leser sind in der Lage eines Gefolges jenes Prinzen aus dem Märchen *Dornröschen*, der, die Dornenhecken durchdringend, die Prinzessin mit einem Kuß aufweckt und damit das ganze schlafende Schloß in die lebendige Gegenwart zurückholt. Der dornige Wall, der das Schloß »Vergangenheit« mächtig wuchernd umwachsen und es den Blicken nahezu ganz entzogen hat, das ist das Gestrüpp aus Unwissenheit, Traditionsverlust und -verachtung, aus Vorurteilen und einer dem flüchtigen Augenblick verhafteten Aktualitätsvergötzung; die wachgeküßte Prinzessin ist Klio, die Muse der Geschichte, die sich an der giftigen Spindel des unverdünnten Wissenschaftsgeistes (= spiritus scientiae absolutus, so wenig trinkbar wie reiner Alkohol) vergiftet hatte und in einen todesähnlichen Tiefschlaf gefallen war; der Kuß schließlich ist Liebesbezeigung des Dichters für die Geschichte, des Historikers für die Poesie, und diese Liebe, die die Vorfahren und ihre Welt nicht verurteilen und richten oder gar hinrichten, sondern verstehen und als Erbe annehmen will – was ja nicht immer Zustimmung bedeuten muß –, hat das Gift neutralisiert: Klio ist erwacht, sie bewegt sich, sie lebt. Im Märchen sind Prinz und Prinzessin ein Paar geworden. Und in gewisser Weise kann man das auch von Reinhold Schneider und der Geschichtsmuse sagen. »Und da wurde«, so lesen wir bei den Brüdern Grimm, »die Hochzeit des Königssohns mit dem Dornröschen in aller Pracht gefeiert, und sie lebten vergnügt bis an ihr Ende.« Vergleiche hinken. Schneider hat nie »vergnügt« gelebt – das wäre das unpassendste Adjektiv für seine Biographie; seine Ehe mit Klio, um an dem Bilde festzuhalten, ist verzehrend gewesen, nicht ohne Stunden des Glücks, gewiß, aber mehr noch leidensvoll und am Ende sogar in eine tiefe lichtlose Glaubensnacht führend... Die »Hochzeit« freilich war »in aller Pracht« gefeiert worden: mit den

Büchern *Das Leiden des Camões* (1930), *Philipp II. oder Religion und Macht* (1931) und *Die Hohenzollern* (1933). *Das Inselreich*, sein größtes Geschichtswerk, aus dem Jahr 1936, signalisiert bereits die »Ehekrise«. Das Konnubium mit Dame Klio wird von nun an zur Qual.

Reinhold Schneider hat die Vergangenheit »vergegenwärtigt« und damit zugleich die Gegenwart als lebendige Summe aller Vergangenheiten zur Anschauung gebracht, und mehr, sie auch tatsächlich *so* erfühlbar und erlebbar gemacht. In seinen historiographischen Werken begibt er selbst sich – und er nimmt die Leser dabei mit – in die Geschichte hinein, betritt er die Räume des Gestern, sucht er die Geister und Herzen der Gewesenen auf. In seinen *in* der Gegenwart und auch *mit* ihr spielenden Tagebüchern und Berichten von Reisen, Begegnungen, Zeitereignissen läßt er das Gestern ins Heute ein, lädt er die Toten als Lebende und in den Lebenden zu Gast.

Obwohl Schneider auch England, Frankreich, Italien und Skandinavien bereist und die Wälder und Seen der Mark Brandenburg ebenso wie die Barockschlösser Wiens und die mittelalterlichen Städte des Reiches in sich aufgenommen hat; obwohl er vor dem lebenden Kaiser Wilhelm II. in Doorn wie vor dem toten Fridericus Rex in der Garnisonkirche zu Potsdam wie an den Kaisergräbern zu Speyer gestanden hat – sein Verhältnis zur iberischen Welt war doch von einer ganz besonderen Intensität geprägt. Sein Leben und sein Werk sind sozusagen »iberisch eingerahmt«, ja genauer noch: portugiesisch. Als dem Dreiundzwanzigjährigen 1926 der Aufsatz des spanischen Philosophen Miguel de Unamuno über Coimbra, Portugals geistige Metropole, in die Hand kam, begann jener eigenartige zarte Identifizierungsprozeß der Seele eines jungen Deutschen aus Baden-Baden, der sich selbst und seinen Weg noch kaum ahnte, mit der fernen Nation am Uferrande des Kontinents, die nur noch von vergangener Größe zu träumen schien. Ein Prozeß von psychologischer Abgründigkeit und Delikatesse – und in der deutschen Literaturgeschichte, soweit ich sehe, ohne Beispiel. Am 3. August 1928 trat Schneider, der seine kaufmännische Stelle in Dresden aufgegeben hatte, von Hamburg aus die Schiffsreise nach Portugal an; am 15. August ging er in Lissabon an Land. Zehn Wochen später, nach ersten Besuchen in Coimbra und Cascais, unternahm er einen spätherbstlichen Abstecher ins benachbarte Spanien. Ende November kehrte er nach Portugal zurück und verbrachte den Winter in Cascais, wo er mit der Niederschrift seines ersten großen Werkes, *Das Leiden des Camões*, begann. Am 18. Februar 1929 verließ Schneider das Land und kehrte über Gibraltar, Tanger und Genua in die deutsche Heimat zurück. Fünfvierteljahr später finden wir ihn wieder auf der iberischen Halbinsel, diesmal für vier Monate, von Ende Mai bis Ende September 1930, in Spanien. Kurz vor der Abreise nach Paris ein knapp bemessenes Wiedersehen mit Portugal, »ein melancholisches Wiedersehen mit den verschleierten Hügeln von Coimbra, dem Inbegriff der Schwermut«. Erst nach einem Vierteljahrhundert konnte Schneider, nunmehr bereits – ohne es zu wissen, aber es doch ahnend und oft auch wünschend – am Ende seiner Lebensbahn, »die Landschaft seiner Seele« wieder betreten: von Dezember 1955 bis zum Februar 1956 weilte er in Portugal, und, gleichsam zum Abschied, im Frühjahr 1957 noch ein letztes Mal in Lissabon.

Mit diesen Daten geht der literarisch-historische Niederschlag der *Lusitanischen Reisen* Hand in Hand. Sehen wir von dem, unter dem 16.-18. Oktober 1928 aus Cascais datierten Manuskript über einen Selbstmordversuch ab, so muß wohl der zweiteilige Zeitungsaufsatz »Camões und das portugiesische Schicksal« – »Das Weltreich des Camões«, erschienen im Dezember 1929 im *Dresdner Anzeiger*, als erstes gedrucktes Dokument der Portugal-Reise gelten. Auch die frühen Erzählungen »Geschichte eines Nashorns« und »Das Erdbeben« greifen in ihrer Thematik das Portugal-Erlebnis auf. Die eigentliche, die kostbarste Frucht jener Begegnung aber war das Camões-Buch, das schon 1930 von Jakob Hegner herausgebracht wurde. Wie das Frühwerk Schneiders steht auch sein Spätwerk im Zeichen der »Lusitanität«: die Geschichte des portugiesischen Kronfeldherrn Nun'Alvares Pereira, eines heiligmäßigen Soldaten des 14. Jahrhunderts, ist die letzte große und die einzige als Roman bezeichnete Dichtung Reinhold Schneiders. Als *Die silberne Ampel* 1956, wiederum bei Hegner, erschien, hatte der Dichter noch eineinhalb Jahre zu leben.

Gemessen an den beiden »portugiesischen« Werken des Eingangs und des Ausgangs, am *Camões* und am späten Roman, könnte man die hier vorgelegten Reiseberichte fast als Nebenprodukte, als »Späne aus der Werkstatt« bezeichnen. Daß es sich dabei – vor allem trifft dies für das 1931 erschienene *Reisetagebuch* zu – um Kabinettstücke deutscher Prosa handelt, würde allein schon die Wiederveröffentlichung rechtfertigen. Doch reicht die Bedeutung dieser wenig bekannten Arbeiten Schneiders weit über das rein Literarische hinaus. Nicht nur wird der Leser in den Bann jener portugiesischen »saudade« – ein unübersetzbares Wort für eine kollektive Seelenhaltung –, jener die lusitanische Nation gleichsam umhüllenden Aura aus Melancholie, Fernweh, Traum, Stolz, Schlaffheit und Heroismus hineingezogen, er erhält zugleich auch einen Schlüssel für das tiefere Verständnis des Autors; eines »homme de lettres«, der als singuläre Gestalt der deutschen Literatur und Geistigkeit unseres Jahrhunderts gelten muß. Der eigenartig-geheimnisvolle Umstand, daß Reinhold Schneider gerade in Portugal der Geschichtsnation und Kulturlandschaft gewordenen Verleiblichung seiner eigenen Natur zu begegnen glaubte, daß er sich sozusagen im Spiegel der »Lusitanität« selbst zu erblicken meinte, bedarf einer näheren Betrachtung.

Schneider trug sein Leben lang an zwei »Hypotheken«, die miteinander korrespondierten: an Schwermut und an Exzentrizität. Als junger Mann unternahm er einen Selbstmordversuch, und das Thema Suizid beschäftigte ihn immer wieder. Ohne Zweifel hatte er an der angeborenen Belastung, an dem Erbe der Schwermut hart zu tragen. Doch war sie ihm auch Reflexions-, Bespiegelungs- und, in gewisser Weise, Kultivierungsgegenstand. Das tiefste Wesen der Schwermut aber ist wohl eben die Exzentrizität, und zwar in dem Sinne, daß Lebenskraft und Lebenswille aus dem Gravitationsfeld der Hoffnung – der theologischen Tugend sowohl als auch des biologischen Optimismus – herausfallen. Wieso das geschehen kann, bei wem und warum, wissen wir im letzten nicht. Auch muß eine solche Erschütterung im Seelen-Kosmos nicht die endgültige Katastrophe bedeuten; es gibt Remission und Heilung. Jene seinshafte »Exzentrizität der Schwermut« bei Schneider hatte ihre Entsprechungen in einer exzentrischen Lebensweise, zu der man wohl die schwer deutbare Verbindung mit der zweiundzwanzig Jahre älteren Anna Maria Baumgarten, vom neunzehnten Lebensjahr bis zum Tode dauernd, sowie die Unstetheit, den Reise- und Wohnungswechsel-Drang und -Zwang wird rechnen müssen.

All diese Züge nun gewahrte Schneider im »Gesicht« Portugals; er entdeckte seine Seele, sein Schicksal in der Seele und dem Schicksal, und das heißt, in der Geschichte und den Menschen, in den Bauten und der Landschaft Lusitaniens. »Portugal«, schrieb er, »ist für mich ein exzentrisch-europäisches Phänomen«, und er meinte damit, daß diese kleine Nation an der Südwestkante unseres Erdteils, kaum teilhabend an den binneneuropäischen Sorgen, Entwicklungen und Kämpfen, ihre Seefahrer und Entdecker, Helden, Heilige und Unholde, ihre Schiffe, Soldaten, ja sogar Fürsten gleich einem irrlichternden Funkenregen über die Meere und Kontinente der Welt versprüht habe, wo er teilweise schnell wieder verlosch, teilweise aber auch, wie etwa in Brasilien, ein bleibendes Licht zündete. Das Mutterland freilich, von dem dieser Funkenregen ausgegangen war, sank wieder in sich zusammen in melancholischen Stolz, in träumerische Selbstbestaunung und -genügsamkeit, in eben jene »saudade«, welche über die harten Wirklichkeiten hinwegtragen sollte, daß Portugal zu klein und zu schwach war, um auf die Dauer ein Imperium zu gründen und zu erhalten, Weltmacht zu sein, daß es auf England angewiesen und bisweilen geradezu abhängig von ihm war, daß es nicht zur inneren politischen und sozialen Stabilität zu finden vermochte.

In dem weitgehend autobiographisch zu verstehenden Rückblick *Die ewige Krone*, aus dem Jahr 1953, findet sich folgende nicht nur für Schneiders Portugal-, sondern überhaupt für sein Geschichts- und Selbstverständnis bezeichnende Passage: »In der Kapelle des Hieronimiten-Klosters Belém bei Lissabon, wo unter dem Gekreuzigten die Särge des Königs Sebastián, Vasco da Gamas und des Camões stehen, fand ich alles gegenwärtig, was das portugiesische Volk, was ich selbst erlitten hatte, bis in die Abgründe und Labyrinthe des Doppelsinns; das Leben am äußersten Rande, am Ufer des Atlantik, vor der Nacht der Sinnlosigkeit, war hier ausgetragen, besiegelt, verkörpert...« Ein solcher Text bedarf, um heute noch verstanden zu werden, der Übersetzung. Womit identifiziert sich in ihm der Schriftsteller? Zunächst einmal mit dem Leiden der portugiesischen Nation in und an der Geschichte; dieses Leiden stellt, so fühlt Schneider, eine Analogie dar zu dem eigenen Leiden in und am Leben – ein Satz, der sich umkehren läßt; und beider, des deutschen Dichters und des lusitanischen Volkes, Leiden, stehen unter dem Kreuz; dort haben sie ihren festen Platz, sozusagen ihre natürliche und endgültige Wohnung. Das »Erlittene« aber wird versinnbildet durch drei Tote, aus denen es »gegenwärtig« hervortritt: durch den jugendlichen König Sebastián, der, in traumhaft-pubertär-bramarbasierender Verkennung der politischen und militärischen Realität, Portugals »alte Größe« wiederaufzurichten versuchte und 1578 samt seinem Heer bei Alcazar-Quibir im marokkanischen Wüstensand zugrundeging und dessen

Leichnam verschollen blieb; dann durch Vasco da Gama, der 1497/1498 den Seeweg nach Indien, um Afrika herum, fand, dreimal die Reise machte, das portugiesische Kolonialreich in Ostindien begründete und 1524 in Kotschin (Vorderindien) starb; schließlich durch den Dichter Luis de Camões, der des Seefahrers, Entdeckers und Eroberers da Gama Taten in den »Lusiaden« besang. Und was ist nun das »Erlittene«, für das diese drei Gestalten symbolisch stehen? Letztlich die überwältigende Erfahrung der Vergeblichkeit, das blutige martervolle Innewerden der »vanitas vanitatum« des Predigers Salomo: alles ist eitel auf dieser Welt, umsonst, nichtig, dem Untergang im Tode geweiht. Die Meere zu befahren, Reiche zu gründen und wieder zu verspielen, Realpolitik zu treiben oder sich in romantischen Tatenrausch zu verlieren – vanitas vanitatum. Am Ende bleibt, vielleicht, ein Abglanz im Gedicht, ein Schimmer und Nachhall vergangener Wirklichkeiten als die nunmehr einzige echte Wirklichkeit. Doch auch diese ist nicht ewig, sie vergeht, verweht im Vergessen- und Nicht-mehr-verstanden-Werden...

Dies die portugiesische Situation, wie Schneider sie sah, und man versteht nun auch das »tertium comparationis« im Vergleich zwischen seinem persönlichen und dem historischen Schicksal Portugals: »Das Leben am äußersten Rande... vor der Nacht der Sinnlosigkeit«, dies glaubt er mit jener kleinen Nation gemeinsam zu haben. Und wie er es dort, in Belém, in Marmor bezeugt findet, aber auch an vielen anderen Orten Portugals und in dessen Menschen, so werden einst auch seine Werke von dem Ringen künden, dem Sog des Nichts in sich zu widerstehen, sich an das Leben bei Licht und bei Tage anzuklammern und den »horror vacui« in sich auszutragen: »Unter dem Gekreuzigten«. Auch darin Portugal »gleich«, das ja fortexistiert trotz und jenseits seiner Heldenzeit, seines Weltreich-Traums.

Wie Reinhold Schneider sich selbst eigentlich von Geburt an im Niedergang fühlte und sein Leben ihm, unbeschadet einzelner Glücksstunden und Erfolgsfreuden, ein einziges langes und langsames Absterben war, so erschien ihm Portugal gewissermaßen als das Opfer, das Europa und das sich selbst den wilden Meeresgöttern und den gefährlichen Ungeheuern der Tiefe zur, allerdings nie ganz gelingenden, Versöhnung darbrachte: Agonie als Existenzform – ohne Tod; Geschichte als perpetuierliches Untergehen – ohne Untergang. Hat nun solche Sicht etwas mit historisch-politischer Realität zu tun oder ist sie nur Dichtung? Handelt es sich bloß um das »Portugal« betitelte Psychogramm eines deutschen Schriftstellers mit endogenen Depressionen? Oder haben wir es mit einem Fall von Erkenntnis aus »Kompassion« zu tun?

Als Schneider 1928 das Land erstmals betrat, hatte gerade, von der Welt wenig beachtet, eine neue Epoche der portugiesischen Geschichte begonnen: Antonio de Oliveira Salazar war zum Finanzminister ernannt worden, ein mönchisch-asketischer Gelehrtentyp, der zum Diktator Portugals aufstieg und vierzig Jahre lang den Staat regierte. Seine Persönlichkeit und sein Werk haben bis heute noch keine wissenschaftlich fundierte, umfassende und gerechte Darstellung gefunden. Schneider erwähnt ihn nirgends und enthält sich überhaupt der Stellungnahmen zur aktuellen politischen Situation auf der iberischen Halbinsel. Auch über das Geschehen von Fátima äußerte er sich sehr zurückhaltend: lediglich in »Wiedersehen mit Portugal« machte er einige kurze Bemerkungen über das geistliche Fazit, das er für sich persönlich aus der Madonnenerscheinung zog. Das Ereignis von 1917 selbst, das doch von so großer Bedeutung für den Wiederaufstieg und für die innere Erneuerung des portugiesischen Volkes gewesen ist und auch über Portugal hinaus gewirkt hat, indem es der Weltkirche starke Impulse der Marienfrömmigkeit gab, wird von Schneider nicht behandelt. Das mag erstaunen, wenn man bedenkt, wie oft er mit Bewunderung auf den Marqués de Pombal, einen der politischen Exponenten der europäischen Aufklärung zu sprechen kommt, der nach dem großen Erdbeben von Lissabon, am Allerheiligentag 1755, das Land im Sinne des aufgeklärten Absolutismus – romfeindlich, die Societas Jesu geradezu hassend und die strikte Prädominanz des Staates über die Kirche durchsetzend – reorganisierte. So sehr Schneider auch einen »sensus religiosus« in Sachen Geschichte besaß – sie war für ihn in Tragik verhüllte Heilsgeschichte–, so ließ er sich doch nicht zu gleichsam metapolitischen Umgewichtungen der Historie verleiten. Es ist für ihn charakteristisch, daß er so etwas wie ein objektives historisch-politisches Qualitätsgefühl besaß, das ihm einem Calvin, einem Cromwell, einem Pombal gleichermaßen gerecht zu werden erlaubte.

In den wenigen »Politik« überschriebenen Seiten des Reisetagebuchs aus dem Jahr 1929 besitzen wir eine brillante Kurzfassung des politischen Klimas in Portugal *vor* dem gestrengen Paternalismus Salazars. Schneider vermag da nur Politik als »leidenschaftlichen Sport«, betrieben im Kaffeehaus, zu erkennen, Politik als »Vehikel der Vitalität«, im Grunde ein Gesellschaftsspiel, zu dem eben gehört, daß es widerstreitende Standpunkte geben muß: »Das Wesentliche ist«, schreibt er, »daß der Zündstoff im Menschen verbrennt und seine Flamme wirft; ob ihn ein gelbes oder ein rotes Streichholz entzündet, was liegt daran?« Wenn das wirklich so wäre, dann erschienen die vier Jahrzehnte des autoritären Regimes nicht nur als verständlich, sondern geradezu als unvermeidlich, und die Dauerhaftigkeit der Republik von 1974 müßte skeptisch betrachtet werden. Wahrscheinlich dürften die Portugiesen, zumindest die von heute, Schneiders Interpretation zurückweisen. Als dieser ein Vierteljahrhundert später an den Tejo zurückkehrte, hat er sich über das heikle Thema nicht mehr ausgelassen.

Wir sprachen davon, daß es, in bestimmter Weise, die Exzentrizität und die Schwermut des portugiesischen Wesens gewesen seien, welche in Schneider den Identifizierungsprozeß mit ihm ausgelöst haben. Jetzt wäre als drittes noch die Fremdheit, eine Schwester der Unstetheit, zu nennen. Portugal war oder fühlte sich lange Zeit als Fremdling in Europa, ja in der Welt; gerade deshalb fühlte es sich immer wieder angetrieben, seine Kräfte in die Welt hinein zu verströmen und sich dabei, sich übernehmend, bis zur völligen Erschöpfung auszugeben. Auch diesen Satz könnte man ohne weiteres auf Reinhold Schneiders Lebensweg und -werk übertragen. Exzentrizität – Schwermut – Unstetheit – Fremdheit: das ist ein Zirkel, aus dem der Dichter-Historiker nicht anders auszubrechen vermochte als durch den Tod. Nun, und was Portugal in dieser Hinsicht betrifft, so ist das letzte Wort noch nicht gesprochen. Schneider war sich über sein eigenes Fatum im klaren. »Nur die Reise«, schreibt er bereits 1930 an Friedrich Singer, »kann mich von meinen Gedanken befreien...« Die Reise, nicht das Bleiben, denn, so lesen wir in dem Kapitel »Land des Glücks«, »es ist schön, fremd zu sein, mit allen Städten vertraut, nirgends daheim zu sein«.

Als 1947 das Portugal-Buch, um fünf Kapitel gekürzt, im Insel Verlag neuaufgelegt worden war, schrieb Katharina Kippenberg an den Verfasser: »Sie haben einen tiefen Blick in die Seele des portugiesischen Volkes getan und sie, wie mir scheint, von Grund auf durchschaut und verstanden.« Ob die Briefschreiberin dabei an jene Stelle dachte, wo es heißt: »Diese Seele wollte im tiefsten

Grunde das Unglück, weil sie klagen wollte, denn sie war niemals zufrieden in der Welt, die ihr keine Heimat bot«? Eine Aussage Reinhold Schneiders über Portugal, die, und hier schließt sich der Kreis, Selbstaussage gewesen ist.

Peter Berglar

# *Quellennachweis*

*Portugal. Ein Reisetagebuch,* Georg Müller Verlag, München 1931

*Wiedersehen mit Portugal*
Wiedersehen mit Portugal · Das Monument · Jenseits des Stromes · Der Ursprung [Guimarães] · Von Fátima nach Alcobaça · Angler auf letzter Zinne · Odivelas
Erstmals veröffentlicht in *Schicksal und Landschaft,* hrsg. von Curt Winterhalter, Verlag Herder, Freiburg i. Br. 1960

*Lissabon,* Verlag Knorr und Hirth, München 1957

*»Europa und die Seele Portugals«,* Vortrag, gehalten im Mai 1957 im Deutschen Institut in Lissabon. Entnommen *Verpflichtung und Liebe,* hrsg. von Curt Winterhalter, Verlag Herder, Freiburg i. Br. 1964

## *Reinhold Schneider im Insel Verlag*

Gesammelte Werke in zehn Bänden. Herausgegeben im Auftrag der Reinhold-Schneider-Gesellschaft von Edwin Maria Landau

Band 1 *Camões. Philipp II.* Redaktion und Nachwort von Pirmin A. Meier

Band 2 *Das Inselreich.* Nachwort von Peter Berglar

Band 3 *Der große Verzicht.* Vier Erzählungen und das Drama *Der große Verzicht.* Auswahl und Nachwort von Edwin Maria Landau

Band 4 *Zeugen im Feuer.* Erzählungen. Auswahl und Nachwort von Renate Vonessen

Band 5 *Lyrik.* Auswahl und Nachwort von Christoph Perels

Band 6 *Dem lebendigen Geist.* Essays. Auswahl und Nachwort von Carsten Peter Thiede

Band 7 *Geschichte und Landschaft.* Essays. Auswahl und Nachwort von Hans Dieter Zimmermann

Band 8 *Schwert und Friede.* Essays. Auswahl und Nachwort von Rita Meile

Band 9 *Das Unzerstörbare.* Essays. Auswahl von Edwin Maria Landau und Bruno Stephan Scherer. Nachwort von Peter Meinhold

Band 10 Die Zeit in uns. *Verhüllter Tag. Winter in Wien.* Redaktion und Nachwort von Josef Rast

*Tagebuch.* Redaktion und Nachwort von Josef Rast

Reinhold Schneider, *Lektüre für Minuten.* Auswahl und Nachwort von Pirmin Meier

Reinhold Schneider, Leben und Werk im Bild. Von Edwin Maria Landau, Maria van Look, Leni Mahnert-Lueg, Bruno Stephan Scherer. *insel taschenbuch* 318

## *Im Suhrkamp Verlag*

*Las Casas vor Karl V.* Nachwort von Edwin Maria Landau. *Bibliothek Suhrkamp* 622

*Verhüllter Tag.* Nachwort von Josef Rast. *Bibliothek Suhrkamp* 685

*Die silberne Ampel.* Roman. *Bibliothek Suhrkamp* 754

*Macht und Gnade.* Nachwort von Pirmin Meier. *suhrkamp taschenbuch* 423

*Der Balkon.* Nachwort von Pirmin A. Meier. *suhrkamp taschenbuch* 455

*Elisabeth Tarakanow und andere Erzählungen.* Auswahl Edwin Maria Landau. *suhrkamp taschenbuch* 876

*Über Reinhold Schneider.* Hrsg. von Carsten Peter Thiede. *suhrkamp taschenbuch* 504

*Der Friede der Welt.* Auswahl von E. M. Landau, Nachwort von Wolfgang Frühwald. *suhrkamp taschenbuch* 1048

## *Alphabetisches Gesamtverzeichnis der suhrkamp taschenbücher*

Abe, Die vierte Zwischeneinszeit 756
Achternbusch, Alexanderschlacht 61
– Das letzte Loch 803
– Der Neger Erwin 682
– Die Stunde des Todes 449
– Happy oder Der Tag wird kommen 262
Adorno, Erziehung zur Mündigkeit 11
– Studien zum autoritären Charakter 107
– Versuch, das ›Endspiel‹ zu verstehen 72
– Versuch über Wagner 177
– Zur Dialektik des Engagements 134
Aitmatow, Der weiße Dampfer 51
Aldis, Der unmögliche Stern 834
Alegría, Die hungrigen Hunde 447
Alewyn, Probleme und Gestalten 845
Alfvén, Atome, Mensch und Universum 139
– M 70 – Die Menschheit der siebziger Jahre 34
Allerleirauh 19
Alsheimer, Eine Reise nach Vietnam 628
– Vietnamesische Lehrjahre 73
Alter als Stigma 468
Anders, Kosmologische Humoreske 432
v. Ardenne, Ein glückliches Leben für Technik und Forschung 310
Arendt, Die verborgene Tradition 303
Arlt, Die sieben Irren 399
Arguedas, Die tiefen Flüsse 588
Artmann, Grünverschlossene Botschaft 82
– How much, schatzi? 136
– Lilienweißer Brief 498
– The Best of H. C. Artmann 275
– Unter der Bedeckung eines Hutes 337
Augustin, Raumlicht 660
Bachmann, Malina 641
v. Baeyer, Angst 118
Bahlow, Deutsches Namenlexikon 65
Balint, Fünf Minuten pro Patient 446
Ball, Hermann Hesse 385
Ballard, Der ewige Tag 727
– Die Tausend Träume 833
– Kristallwelt 818
Barnet (Hg.), Der Cimarrón 346
Basis 5, Jahrbuch für deutsche Gegenwartsliteratur 276
Basis 6, Jahrbuch für deutsche Gegenwartsliteratur 340
Basis 7, Jahrbuch für deutsche Gegenwartsliteratur 420
Basis 8, Jahrbuch für deutsche Gegenwartsliteratur 457
Basis 9, Jahrbuch für deutsche Gegenwartsliteratur 553
Basis 10, Jahrbuch für deutsche Gegenwartsliteratur 589
Sylvia Beach, Shakespeare and Company 823
Beaucamp, Das Dilemma der Avantgarde 329
Becker, Jürgen, Eine Zeit ohne Wörter 20
– Gedichte 690
Becker, Jurek, Irreführung der Behörden 271
– Der Boxer 526
– Jakob der Lügner 774
– Schlaflose Tage 626
Beckett, Das letzte Band (dreisprachig) 200
– Der Namenlose 536
– Endspiel (dreisprachig) 171
– Glückliche Tage (dreisprachig) 248
– Malone stirbt 407
– Molloy 229
– Warten auf Godot (dreisprachig) 1
– Watt 46
Das Werk von Beckett. Berliner Colloquium 225
Materialien zu Beckett »Der Verwaiser« 605
Materialien zu Becketts »Godot« 104
Materialien zu Becketts »Godot« 2 475
Materialien zu Becketts Romanen 315
Behrens, Die weiße Frau 655
Bell, Virginia Woolf 753
Benjamin, Der Stratege im Literaturkampf 176
– Illuminationen 345
– Über Haschisch 21
– Ursprung des deutschen Trauerspiels 69
Zur Aktualität Walter Benjamins 150
Beradt, Das dritte Reich des Traums 697
Bernhard, Das Kalkwerk 128
– Der Kulterer 306
– Frost 47
– Gehen 5
– Salzburger Stücke 257
Bertaux, Hölderlin 686
– Mutation der Menschheit 555
Beti, Perpétue und die Gewöhnung ans Unglück 677
Bienek, Bakunin, eine Invention 775
Bierce, Das Spukhaus 365
Bingel, Lied für Zement 287
Bioy Casares, Fluchtplan 378
– Tagebuch des Schweinekriegs 469
Blackwood, Besuch von Drüben 411
– Das leere Haus 30
– Der Griff aus dem Dunkel 518
Blatter, Zunehmendes Heimweh 649
– Schaltfehler 743
Bloch, Atheismus im Christentum 144
Böni, Ein Wanderer im Alpenregen 671
Börne, Spiegelbild des Lebens 408
Bohrer, Ein bißchen Lust am Untergang 745
Bonaparte, Edgar Poe, 3 Bde. 592
Bond, Bingo 283
– Die See 160
Brandão, Null 777
Brasch, Kargo 541
Braun, J. u. G., Conviva Ludibundus 748
– Der Fehlfaktor 687
– Der Irrtum des Großen Zauberers 807
– Unheimliche Erscheinungsformen auf Omega XI 646
Braun, Das ungezwungne Leben Kasts 546
– Gedichte 499
– Stücke 1 198
– Stücke 2 680
Brecht, Frühe Stücke 201
– Gedichte 251
– Gedichte für Städtebewohner 640
– Geschichten vom Herrn Keuner 16
– Schriften zur Gesellschaft 199
Brecht in Augsburg 297
Bertolt Brechts Dreigroschenbuch 87
Brentano, Berliner Novellen 568
– Prozeß ohne Richter 427
Broch, Hermann, Barbara 151
– Briefe I 710
– Briefe II 711
– Briefe III 712
– Dramen 538
– Gedichte 572